U0716736

西安交通大学
XI'AN JIAOTONG UNIVERSITY

研究生"十四五"规划精品系列教材

应急管理理论与应用

主编 郭雪松 石 佳

西安交通大学出版社
XI'AN JIAOTONG UNIVERSITY PRESS

国 家 一 级 出 版 社
全国百佳图书出版单位

图书在版编目(CIP)数据

应急管理理论与应用 / 郭雪松,石佳主编
. — 西安 : 西安交通大学出版社,2023.3
ISBN 978 - 7 - 5693 - 2885 - 1

Ⅰ. ①应… Ⅱ. ①郭…②石…Ⅲ. ①突发事件-
公共管理-研究生-教材 Ⅳ. ①D035

中国版本图书馆 CIP 数据核字(2022)第 210120 号

书　　名	应急管理理论与应用
	YINGJI GUANLI LILUN YU YINGYONG
主　　编	郭雪松　石　佳
责任编辑	李逢国
责任校对	郭　剑
装帧设计	伍　胜

出版发行	西安交通大学出版社
	(西安市兴庆南路 1 号　邮政编码 710048)
网　　址	http://www.xjtupress.com
电　　话	(029)82668357　82667874(市场营销中心)
	(029)82668315(总编办)
传　　真	(029)82668280
印　　刷	西安日报社印务中心

开　　本	787mm×1092mm　1/16　　印张　11.625　　字数　294 千字
版次印次	2023 年 3 月第 1 版　　　2023 年 3 月第 1 次印刷
书　　号	ISBN 978 - 7 - 5693 - 2885 - 1
定　　价	45.00 元

发现印装质量问题,请与本社市场营销中心联系。
订购热线:(029)82665248　(029)82667874
投稿热线:(029)82664840
读者信箱:xj_rwjg@126.com

前　言

　　20 世纪 80 年代以来,随着全球化、现代化进程的加快,科技创新的持续推动,国际政治的深刻变化,人类社会发生了深刻的系统性结构转型,进入了一个高度不确定和高度复杂的"全球风险社会"时代。在该背景下,新兴风险不断涌现,复合型灾害频发,气候变化、网络攻击、金融危机、恐怖袭击、水资源短缺、食品安全等问题凸显,全球安全面临严重威胁。

　　传统工业社会的知识生产已经不能满足风险社会的需要,亟须发展新的学科、培养新的人才,为风险社会的实践生产知识。在对风险社会的回应上,对"风险""灾害""危机""安全"等知识、概念还需要进一步发展;在知识生产方式上,上述局部知识需要整体化。这两个过程并行不悖,局部知识的深入有利于整体知识的涌现,整体知识的涌现也可以反过来引导局部知识的发展。因此面向风险社会的应急管理整体性知识都不应该是传统意义上的学科,而应该是基于多学科合作与跨学科交互的知识生产。

　　中国是世界上自然灾害最为严重的国家之一,各类事故隐患和安全风险交织叠加、易发多发,随着社会的发展,影响公共安全的因素日益增多。此外,我国社会面临的风险呈现出多元化、复杂化趋势,应急管理已经成为贯穿公共治理过程的重要工作。近年来,新冠肺炎疫情等危机事件的暴发充分暴露了当前社会面临的风险问题。完善风险治理工作、提升应急管理水平已经成为全社会的共识。加快应急专业人才培养、推动应急学科建设,是实现国家应急管理体系和能力现代化的重要保证。

　　基于此,本书主要从理论、方法等层面对应急管理问题进行阐述,并通过研究示例系统展示该领域相关问题的研究思路及分析范式,为学生实际研究活动提供借鉴。

　　全书分为理论篇及案例篇两部分,包含五章理论讲解及三个教学案例。第一章侧重于应急管理主要问题及理论视角的介绍,主要对人为灾害、复合型灾害以及新兴风险等问题和主要理论视角进行系统阐释;第二章针对风险治理理论与方法进行阐释和概括总结;第三章主要聚焦风险评估理论与方法问题进行阐释,具体依托风险评估理论,结合脆弱性、韧性等视角,对风险评估流程、方法等问题进行讲解;第四章主要针对应急管理理论与实践问题进行讲解,全面展示应急管理活动的分析框架及研究路径;第五章主要针对应急管理体系中的组织协调、资源调度、危机学习等问题进行重点介绍。在案例篇中,本书主要通过三个案例,对理论篇中的知识点进行深入探析,以利于学生深化对风险治理、应急管理知识点的理解。

　　全书框架、章节提纲的制订及写作体例设计由郭雪松负责,书稿审定、统稿与校对工作主要由石佳负责。本书各章节具体分工如下:第一章内容由张玉娇编写,第二章、第三章内容由赵慧增编写,第四章内容由石佳编写,第五章内容由黄纪心编写。案例篇编写与整理工作由赵宇负责,第二章、第三章阅读研讨资料的整理工作分别由王子爻、杜静负责,张晓璇、袁紫梦等参与了资料汇总及校对工作。书中案例及部分阅读资料来源于陕西省新文科研究与改革实践项目"新文科背景下公共管理人才培养体系研究"以及国家自然科学基金青年项目"城市民生公共政策社会风险评估的多元主体参与研究"(72104193)阶段性成果。

编者

2022 年 8 月

目　录

理　论　篇

案 例 篇

理论篇

第一章　应急管理涉及的主要问题与理论视角

　　人类社会本质上是一个充满非线性与不确定性、脆弱性与风险性的复杂系统。在全球化与风险社会相伴相生、复合叠加的时代背景下,全球性威胁成为应急管理领域面临的主要问题[1]。人口爆炸、环境污染、资源短缺、金融危机、政治问题、恐怖主义、核安全、网络安全、粮食安全等重大问题困扰全球,经济、制度、环境、社会、技术和地缘政治等领域的风险显著增强,风险规避与风险盈利成为推动社会发展的重要力量,全球治理开始转变为全球风险社会治理[2]。

　　目前我国经济面临的风险隐患总体上可控,但也必须看到,伴随着经济发展环境和形势的变化,一些领域积累的风险因素需要消化,一些新的风险因素也在增加,需要我们未雨绸缪、保持高度警惕。随着世界经济不确定性上升,以"一带一路"沿线国家为代表的新兴市场和发展中国家面临的经济和金融逆风加剧,风险因素不可忽视。在推进"一带一路"建设过程中,要树立底线思维,增强忧患意识,精准有效处置重点领域风险。要平衡好稳增长和防风险的关系,坚持稳中求进总方针,稳步推进"一带一路"金融合作,坚决打好防范化解包括金融风险在内的重大风险攻坚战。

　　从我国发展的外部环境来看,世纪疫情和百年变局交织,外部环境更趋复杂严峻和不确定,既要高度警惕"黑天鹅"事件,也要积极防范"灰犀牛"事件。从国内发展形势来看,城市化进程伴随而来的人口膨胀、资源配置不均、多源头环境污染等突出结构性治理问题导致了复合型城市风险,且城市风险在灾害类型、发生时间、发生地点等方面愈来愈呈现高度的不确定性,如重大突发公共卫生事件、气象灾害等一旦发生将会严重影响人们正常的生产和生活。因此,既要有防范风险的先手,也要有应对和化解风险挑战的高招;既要打好防范和抵御风险的有准备之战,也要打好化险为夷、转危为安的战略主动战①。

　　习近平总书记在主持中央政治局第十九次集体学习时强调,应急管理是国家治理体系和治理能力的重要组成部分,承担防范化解重大安全风险、及时应对处置各类灾害事故的重要职责,担负保护人民群众生命财产安全和维护社会稳定的重要使命②。尤其是进一步深化中国特色应急管理的理论体系创新,既要以强调动态、有机、整体的系统治理思维的系统理论为学科基础,又要以强调防御力、恢复力和稳定性的韧性能力建设的韧性理论为建设路径③。本章主要以应急管理涉及的主要问题为切入点,重点关注人为灾害、复合型灾害、新兴风险,并对其研究的主要理论视角,如韧性治理、网络治理等进行阐释,为后续学习奠定基础。

---

① 人民财评:正确认识和把握防范化解重大风险[EB/OL]. (2022-02-10)[2022-03-12]. https://baijiahao. baidu. com/s? id=1724321357802927873&wfr=spider&for=pc.

② 习近平. 积极推进我国应急管理体系和能力现代化[EB/OL]. (2019-12-02)[2022-03-12]. https://baijiahao. baidu. com/s? id=1651779358229590469&wfr=spider&for=pc.

③ 詹承豫. 坚持中国道路,推进应急管理体系和能力现代化[EB/OL]. (2021-12-18)[2022-03-12]. https://www. mem. gov. cn/xw/ztzl/2021/xxgclzqh/zjjd/202112/t20211218_405215. shtml.

第一节 应急管理涉及的主要问题

一、人为灾害

(一)人为灾害的内涵

近年来,人类社会面临的灾害风险水平不断上升。究其原因,往往是"人患"大于"天灾"。具体而言,人类生产活动不断扩展,对自然及人类本身的影响不断加深,人为因素导致的灾害频繁发生。例如,核能的开发利用在解决能源危机的同时,也引发了三里岛、切尔诺贝利及福岛等重大核事故;化学工业的发展,使有毒化学品在生产、存储及运输过程中的泄漏风险不断增大,博帕尔毒气泄漏事故即是史上最严重的工业灾难;人类对海洋资源的开采,造成海洋生态系统的巨大破坏,墨西哥湾漏油事故就是典型例证。

根据亚洲减灾中心①(Asian Disaster Reduction Center,ADRC)的定义,灾害是指一系列超过社会自身资源应对能力,并造成人员、财富、环境损失,使社会功能遭到严重破坏的事件。国际上一般将灾害分为自然灾害和人为灾害两大类。自然灾害是由一定自然致灾因子诱发,经由致灾因子与受灾主体间相互作用而产生的灾害。其致灾因子包括地震、飓风、密集降雨、干旱、热浪、冰冻、雷暴及闪电等自然事件和过程。联合国开发计划署②(The United Nations Development Programme,UNDP)指出,自然灾害应被理解为致灾因子与人类脆弱性共同作用的结果,社会应对能力会影响损失(灾害)的范围和程度。与自然灾害清晰定义相对,人为灾害的界定一直比较模糊。借鉴自然灾害的定义,"人为灾害"可从如下两个层面进行理解。

应急管理发展
的主要背景

第一,人为致灾因子诱发的灾害,包括生产、生活两方面。生产方面主要表现为因技术操作失误或使用不当而导致的"技术灾害"或"事故",如毒气泄漏、工业污染、核泄漏、工业火灾爆炸等。生活方面主要表现为因人类聚集生活导致环境恶化而引发的"环境灾害",如生活污染、交通事故与拥堵、空气质量恶化、噪声污染等。此外,战争、犯罪、骚乱及恐怖打击等人类行为,也属人为灾害范畴,学者唐彦东称之为"社会灾害"。美国"9·11"事件之后,这类灾害引起了人们的高度关注,学者Godschalk等就倡导将打击恐怖主义和构建韧性城市等议题进行综合考虑。

第二,主体脆弱性及应对能力缺乏是导致或加重人为灾害的主要原因。致灾因子最终是否引发灾害及受灾程度大小,还取决于受灾主体脆弱性及应对能力。较少风险暴露和脆弱性,较强应对能力,能够使致灾因子影响最小化,减少其破坏力,使"大灾变小灾,小灾变无灾"。相反,过度风险暴露、脆弱性及应对能力不足则会导致灾害程度加深,使"无灾变有灾,小灾变大灾"。

Mileti和Gailus指出:"自然灾害与人为事故并不是相互独立的事件,灾害发生是一个标志,意味着广泛而深远社会问题的集中爆发……过去的实践和研究表明,自然灾害和技术灾害是

---

① Asian Disaster Reduction Center. Glossary on natural disasters [EB/OL]. (2003 - 08 - 10) [2022 - 03 - 12]. https://www.adrc.asia/project/index.php.

② The United Nations Development Programme. Reducing disaster risk:a challenge for development [R]. New York: The United Nations Development Programme,2004.

相伴而生的,绝非各自孤立。"这段话说明,大多数所谓"自然灾害",背后往往暗含着诸如发展观错误、技术应用失当及社会系统失灵等人为因素,也应被视为人为灾害,或称为"人为自然灾害"。

自 20 世纪 60 年代以来,全球的自然灾害和人为灾害频发,造成了大量人员伤亡和财产损失。Mrner[3]总结、归纳了 23 种对人类造成威胁的灾害,具体如图 1-1 所示,包括太阳耀斑、地震、海啸等自然灾害,水坝溃堤、核污染、废弃物污染等人为灾害,以及全球变暖、海平面上升、海洋酸化等潜在灾害。其中,潜在灾害是目前尚无直接证据表明会对人类生产、生活造成影响的灾害类型,也被称为想象的灾害(imagined disaster)。

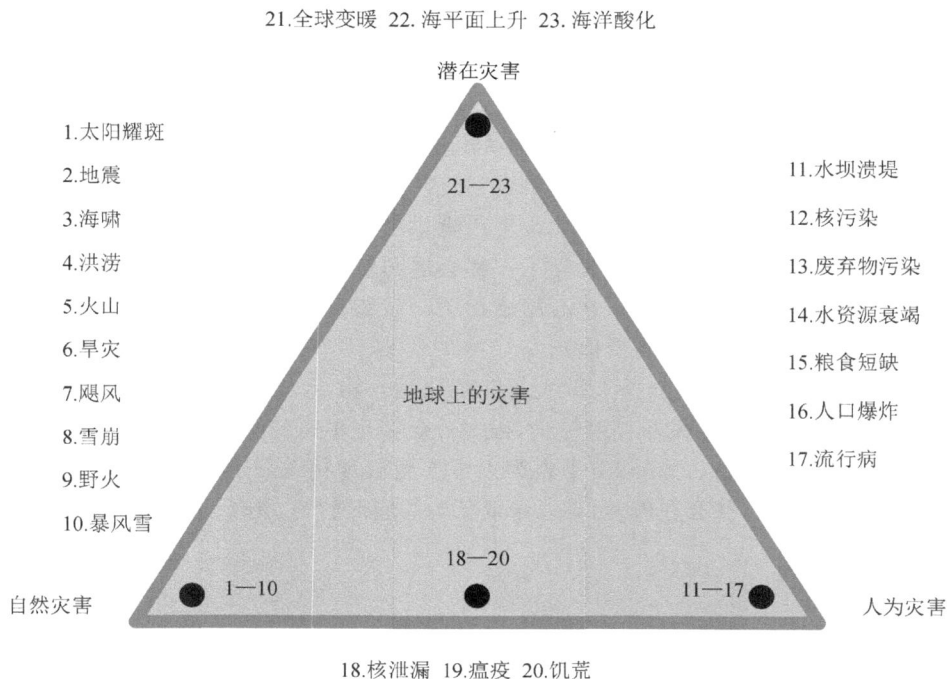

21.全球变暖 22.海平面上升 23.海洋酸化

潜在灾害

1.太阳耀斑

2.地震

3.海啸

4.洪涝

5.火山

6.旱灾

7.飓风

8.雪崩

9.野火

10.暴风雪

21—23

地球上的灾害

11.水坝溃堤

12.核污染

13.废弃物污染

14.水资源衰竭

15.粮食短缺

16.人口爆炸

17.流行病

18—20

自然灾害

1—10

11—17

人为灾害

18.核泄漏 19.瘟疫 20.饥荒

图 1-1 灾害事件分类图

现有灾害研究的范式主要包括心理测量范式(psychometric paradigm)和启发式(heuristics)研究范式。其中,心理测量范式是较流行的灾害研究方法,它由 Fischhoff、Slovic 和 Lichtenstein等在 1978 年首次提出,主要运用调查问卷测量人们对风险和收益的感知以及对不同风险/收益权衡的偏好,包括对测量结果进行排序、相关分析、因素分析等。Lai 和 Tao 在研究香港市民的风险感知时,更新了 Slovic 的结构理论,发现"已知和恐惧风险"与"可控制的风险"这两个因素更能反映风险感知的结构特征。在此基础上,心理测量范式在灾害领域的研究得到进一步拓展。金非等以苏州市公众为研究对象,运用心理测量范式的研究方法,比较分析公众对温室气体灾害与其他 7 种灾害的风险感知水平,并分析影响公众温室气体风险感知水平的因素;薛莹莹采用问卷调查和访谈的方式对西安、郑州和武汉三个城市常住居民的内涝灾害风险感知现状展开研究;冯东梅和宁丽君以抚顺西露天煤矿区居民为研究对象,采用线性回归方法分析矿区地质灾害公众风险感知水平及影响因素。

与之相较,启发式研究范式则侧重将复杂问题简单化,进而利用既有经验,选择应对方案,主要包括可得性启发式、代表性启发式以及锚定和调整启发式等研究思路。运用启发式的灾害研究经常结合案例分析或访谈进行，其特点是在解决问题时，利用过去的经验选择已经行之有效的方法，而不是遵循系统的、确定的步骤去寻求答案。程晓陶基于实地调查，剖析、反思2021年郑州"7·20"特大暴雨洪涝灾害郭家咀水库案例，认为要做到既支撑发展又保障安全，须谋求关口前移的风险防范模式。卢赓等在总结各种极端天气对电力系统影响的基础上，提出了一种涵盖极端气象因素的电力系统发展路径构建方法，即"规划—建设—应急管理—评估"抗灾体系。

（二）人为灾害的主要特征

最初，人为灾害的危险源一般来源于人类活动，如兴建水坝、核电站、化工厂等。此外，科技发展不成熟也是导致人为灾害发生的另一诱因。由于安全监测技术的局限性和技术使用环境的变化，科技的一部分副作用并未被完全识别和认识，所以时常会出现一些意料不到的不利后果。

人为灾害涉及复杂的利益冲突，极易引发"邻避"(not in my backyard，NIMBY)问题。化工厂、核电厂、垃圾处理场等可为社会生活、生产提供必不可少的原料、能源或者便利，具有比较明显的正向外部性。但其建设、运营等工作都会遇到较大阻力甚至遭到反对，这是因为公众认为相关设施是为整个社会服务的，自己却承担了与所得利益相差甚远的风险（如健康损害）甚至利益损失（如周围地价房价的贬值）。

信息不足和难以理解是公众损失扩大的客观原因。由于人为灾害本身的社会敏感性，与自然灾害相比，人为灾害信息发布相对较少，很多公众甚至不清楚自己周围是否存在危险源，进而难以做出有效的预防准备。另外，由于人为灾害产生机理相对复杂，且常涉及技术因素，所以公众对相关信息的理解往往存在偏差，难以采取正确的应对行为，无法对灾害进行有效应对。

二、复合型灾害

（一）复合型灾害的内涵

复合型灾害(compound disasters)，是比单独发生的单个灾害更严重的多重连续灾害事件。从2005年的美国卡特里娜飓风、2011年的"3·11"日本地震，到波及全球的新冠肺炎疫情（中国已于2023年1月在《新型冠状病毒感染防控方案（第十版）》中将"新型冠状病毒肺炎"更名为"新型冠状病毒感染"），都是典型的复合型灾害。复合型灾害源于多种风险要素的叠加、耦合，是一系列灾害共同作用的结果。

政府间气候变化专门委员会①(The Intergovernmental Panel on Climate Change，IPCC)认为复合型灾害是极端气候事件的一个特殊类别，是两种以上极端气候事件的组合。复合型灾害既可以是由性质相近的灾害事件形成的组合，也可以是由完全不同类别的灾害事件形成的组合，具体可以从如下几个层面对该类灾害进行理解：①两种以上的极端事件同时或者相继发生；②极端事件的组合会放大事件的影响；③单独的事件发生时，其本身强度可能并不极端，但是由于复合效应，导致复合型灾害成为极端事件。《2015—2030年仙台减轻灾害风险框

---

① IPCC. Managing the risks of extreme events and disasters to advance climate change adaptation[R/OL]. (2012 - 03 - 11)[2022 - 03 - 12]. https://www.ipcc.ch/site/assets/uploads/2018/03/SREX_Full_Report - 1.pdf.

架》①指出，复合型灾害研究应关注两方面内容，一是新风险的产生，二是减少受灾体的暴露和脆弱性。国内学者史培军将复合型灾害事件定义为遭遇事件，指的是由两种或两种以上本源上没有成因关系的灾害事件同时发生或相继发生，即使单个事件本身并不极端，也会由于复合效应而使危害扩大的事件[4]。

为了区分灾害类型，Gianluca 和 David[5]构建了一个包含五种不同复杂灾害的整体性框架，如图 1-2 所示。其中，复合型(compound)灾害涉及不同极端事件或驱动因素之间的相互作用，如风暴、气候变化和海平面上升；相互作用的(interacting)灾害涉及可能产生主要和次要影响的环境驱动因素，如地震引起的质量运动；相互联系的(interconnected)灾害包括自然和人类系统的相互作用，具体包括自然风险引发技术风险事件；级联(cascading)影响则会扰乱关键基础设施和紧密联系的组织系统。

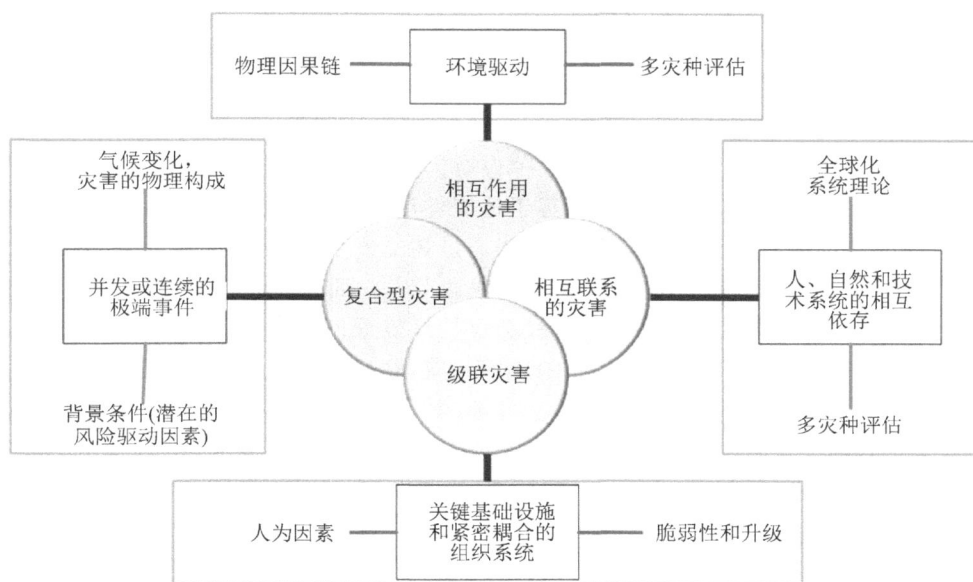

图 1-2　复杂灾害整体性分析框架

(二)复合型灾害的主要特征

复合型灾害是自然风险与人为风险、主观风险与客观风险、常规风险与意外风险共同作用的结果。特别是随着基因技术、人工智能、大数据、云计算等新兴技术的发展，自然-社会系统的复杂性和不确定性不断增强，复合型灾害影响也日益凸显。

在灾害后果上，复合型灾害往往表现为次生风险与灾害事件的并发、串联，且极易在级联效应的作用下形成系统性公共危机。例如，在日本"3·11"地震中，除了地震灾害本身，海啸、溃坝、洪水、泥石流、核电站爆炸、核泄漏事故、余震、崩塌、滑坡等一系列次生灾害也造成了巨大破坏。

---

① UNISDR. The sendai framework for disaster risk reduction 2015-2030[R/OL]. (2015-06-03)[2022-03-12]. https://www.preventionweb.net/files/resolutions/N1516716.pdf.

　　在影响范围上,复合型灾害具有典型的跨域性特征,不仅有着超出特定时空边界的深远影响,还在组织结构、职能等层面突破了传统风险与应急管理模式所划定的组织边界。复合型灾害在成因、后果、影响等层面的高度复杂性、严重性、跨域性,给传统的风险与应急管理模式带来了严峻的挑战。防风险(源头)、降危害(结果)是传统减灾策略的核心要义。其中,传统的灾害风险管理多着眼于单一领域的特定风险,以风险防控为管理目标,强调将特定风险控制在既定的可接受范围之内;而传统的灾害应急管理则以各类突发灾害事件为对象,以降低事件危害为目标,强调及时有效的应急处置。面对复合型灾害风险的挑战,传统管理模式与减灾策略往往应对乏力。一方面,复合型灾害风险的多样性和耦合性加大了灾害风险识别与评估的难度;另一方面,复合型灾害带来的严重后果与跨域影响使得传统风险与应急管理模式下的"碎片化"问题更加突出,从而制约了风险治理的整体效果,也难以形成长效机制。

　　针对复合型灾害的研究,具体可归纳为以下四类:一是基于风险治理视角的研究。此类研究旨在克服传统风险分析流程在应对和管理不确定性、复杂性、模糊性风险时的不足,进而通过主客观风险综合性评估及评估反馈机制提升风险沟通水平。二是基于整体性治理视角的研究。此类研究聚焦复合型灾害风险应对过程中的"碎片化"问题,主张将整体性治理应用于灾害管理实践,突破以传统单一部门、单一灾种应对为主导的灾害管理模式,建立跨地域、跨领域、跨部门的灾害风险管理体系[6]。三是基于适应性治理视角的研究。此类研究多着眼于自然-社会系统的复杂性和不确定性等特征,主张通过树立发展型的治理理念、运用综合性的政策工具,实现对系统外部环境的动态适应和自我调节[7]。四是基于包容性治理视角的研究。此类研究主要着眼于灾害风险管理与生态社会可持续发展间的冲突问题,主张重视和发挥风险因素、生态环境因素与政策规制因素间的协同效应,通过风险识别、跨部门协同规划促进减灾与包容性发展[8]。

三、新兴风险

(一)新兴风险的内涵

　　新兴风险(emerging risks)的概念主要是欧洲学者提出来的。目前,学术界主要从工业技术发展层面对其进行讨论。国际风险管理理事会(International Risk Governance Council,IRGC)认为新兴风险包含两种不同的类型:一种是新兴条件下的风险,即伴随新技术(如转基因技术)、新材料技术产生的风险;另一种是新环境中呈现新特质的传统风险,如液化天然气处理过程中面临的技术风险。欧洲职业安全和健康署①(European Agency for Safety and Health at Work,EU－OSHA)将新兴风险定义为新的或者不断增强的职业性风险。"新"主要包含三种含义:一是由新程序、技术、工作地点或社会、组织变化造成的,在历史中没有出现过;二是社会认知或政治环境发生改变,将原本存在的议题新纳入风险范畴;三是知识的增长促使长期存在的议题被新纳入风险范畴。"增强"的含义也有三种:一是风险源数量增加;二是风险暴露程度变高,涉及人群数量增加;三是对职工健康的危害增强。

　　此外,经济合作与发展组织(Organization for Economic Cooperation and Development,

---

　　① BROCAL F, GONZÁLEZ C, SEBASTIÁN M A. Technique to identify and characterize new and emerging risks: a new tool for application in manufacturing processes[J]. Safety Science,2018,109:144－156.

OECD)在 2003 年发布《新兴风险：21 世纪的行动日程》①,强调人口、生态环境、技术和社会结构变化改变风险传递路径,最终产生综合性影响。国家科学院(National Academy of Science)认为,新兴风险主要用于指代一个新事物以不透明、不可估量的方式造成损害的可能性。在此基础上,Mazri 认为每类风险在最初诞生时都是新兴风险,应当按风险成熟程度进行定义,即一种或一类风险在成熟到可用传统风险方式治理之前都是新兴风险。他将新兴风险分为三个层次:一是隐藏风险,即已客观存在但人类未知或没有引起关注的风险,这类风险还没有进入学术或社会讨论范围;二是存在科学争议的风险,即学术界认为某一事件具有风险,但缺乏足够的知识对其进行确认;三是虽然没有足够的科学证据和研究结论,但已造成人类风险感知程度明显变化的风险事件[9]。

近年来,国内学者也开始对新兴风险问题展开研究。马宁和刘玮将新兴风险解释为原有风险的新变化与新兴领域的风险。李晓翾和赵绰翔从企业管理角度将网络风险视为企业不容忽视的新兴风险。张海波进一步将其定义为新近表露的风险,并将新兴风险与应急管理结合起来研究,以探索预防应急失灵的有效策略。潘颖指出,新兴风险可归为两大类型,即未知领域产生的新风险和陌生情境下可能会发生异变的传统风险,并以金融风险为例进行了较为系统的研究。胡尚全认为新兴风险是在经济社会发展中新近出现的风险,其发展和演化包含"新近出现"和"不确定性"两层核心内涵。

传统风险(traditional risk,TR)管理框架已无法适用于新兴风险研究,需要针对其内涵、特征探讨研究框架及分析路径。Brocal 等将新兴风险分为三种类型,主要包括新出现的风险(new risk,NR)、新出现且不断增加的风险(new & increasing risk,NIR)和增加的风险(increasing risk,IR)[10]。这三种新兴风险类型与呈 S 曲线的技术生命周期(technology lifecycle)演化阶段有关,可以通过技术生命周期的四个阶段来解释新兴风险随时间的演变,如图 1-3 所示。

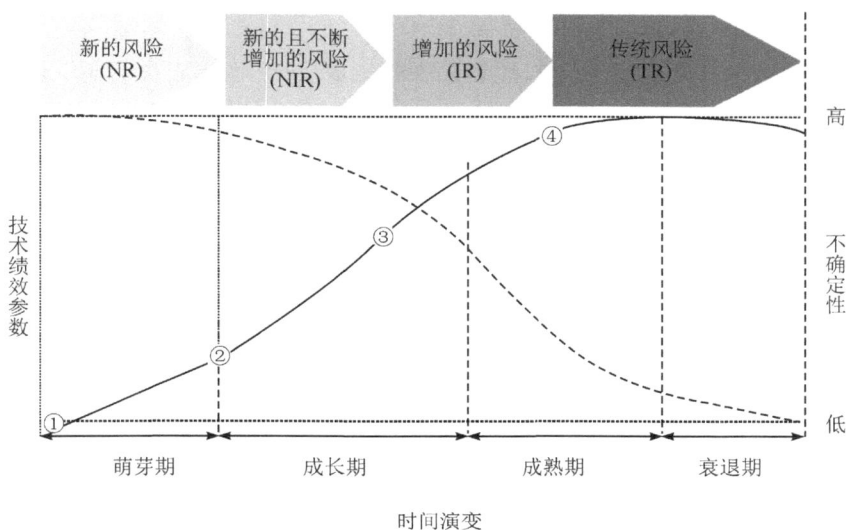

图 1-3　新兴风险演化过程示意图

---

①　HOOD J. Emerging risks in the 21st century：an agenda for action[J]. Risk Management，2005，7(2):69-70.

如图1-3所示,最初,在新技术的萌芽期(①—②),新兴风险是新出现的风险(NR),在以前从未出现过;其次,NR开始增加,在成长期的部分时间内(②—③),新兴风险是新的且不断增加的风险(NIR);再次,在后续成长期和前段成熟期(③—④)之间,该风险进入人类的认知水平并引起关注,不再是新的,只是增加的风险(IR);最终,在后段成熟期之后(④之后),由于对风险认知的不断深入,该风险最终就被纳入传统风险范畴。同时,在动态风险管理框架以及开放式定性方法观点基础上,Brocal将不确定性纳入新兴风险理论框架,对不确定性和随技术生命周期演化的新兴风险进行了综合考虑。不确定性与新兴风险成反比,如图1-3中虚线所示,新出现的风险在技术萌芽期不确定性最大,而随着新兴风险逐渐被人类熟知(即已成为传统风险),其不确定性大幅减少。

此外,经济社会发展进一步加剧了新兴风险演化的复杂性。首先,随着社会发展、技术革新、制度变迁,为了应对风险而采取的风险决策、风险管理活动又会产生新的风险。其次,全球化和信息化使新旧风险均展现出一种无界状态,风险开始跨越地理、社会、产业和组织边界产生、升级和传递。此外,现代社会子系统数量繁多,系统间、主体间交互关系复杂,导致各类风险要素无序交织,呈现出与以往不同的形态。在实践层面,科技创新、气候剧烈变化和不可控性等均给人类生产生活带来巨大风险。

(二)新兴风险的主要特征

从其表现形式看,新兴风险主要有两个特点:一是未知性,二是不确定性。未知就是难以对其进行分析和预判;不确定就是无法对该类风险做出明确描述和判定。同时,新兴风险是社会发展的产物,只要社会在向前发展,就会有新的风险出现,它因时而生、因事而兴,有其自身的特征与演化发展态势,具体包含如下特征。

第一,已知性与未知性交织。已知性和未知性因素交织,既有已知风险,又有未知风险。由于承载主体自身复杂性和外部环境的多变性,新兴风险未知性愈发明显。加之风险本身是动态变化的,变化之中也蕴藏着未知。因此,人们很难对其进行判断并做出预测,也很难找到相对应的解决方法,这成为风险治理的难点。

第二,陌生性与不确定性共存。不确定性因素和一些始料未及的风险,可以视为一个新的风险社会来临的表征。对于新出现的风险,人们对其尚缺乏足够的认知,甚至无法准确感知,传统应急管理手段,如突发事件分类、分级,风险预测、预判、预警、预控等很难具有操作性,这进一步增加了新兴风险应对与现行公共安全治理体系之间的冲突。同时,也正因为新兴风险的陌生性,人们对其特征、特性以及产生、发展、转化和演化规律都缺乏充分认知和足够把握。因此,新兴风险的陌生性与高度的不确定性并存,成为应急管理的又一难点。

第三,关联性与耦合性并联。在现代社会,各类风险主体之间的联系更加紧密,联结关系更为复杂,进而成为诱发危机事件的强大动力。例如,危险化学品在生产、储存、运输、转运、投用、治污等一系列过程中,都会在生产系统内部和外界环境之间产生高度关联,稍有不慎,就会引发爆炸、泄漏、污染等生产安全事故。

第四,发展、转化、演变的模糊性。新兴风险的高度不确定性和高度关联性使其发展、转化与演变呈现出较为明显的模糊性。一方面,新兴风险呈现出线性与非线性兼有的发展演变模式;另一方面,新兴风险转化和演变规律较为复杂,在一定条件下,可能在不同领域间转化(如自然、社会等领域)。例如,各类风险借助网络空间传导的趋势正在突显,线上、线下风险相互交织、同频共振,风险形态将更加敏感和复杂。因此,在目前技术水平下,很难对其演变规律进行全面把握。

📖 阅读材料

材料一　　　　　　　　**日本福岛核事故**

2011 年 3 月 11 日,日本东北太平洋地区发生里氏 9.0 级地震,继而发生海啸,该地震导致福岛第一核电站、福岛第二核电站受到严重的影响。2011 年 3 月 12 日,日本经济产业省原子能安全保安院(Nuclear and Industrial Safety Agency,NISA)宣布,受地震影响,福岛第一核电站的放射性物质泄漏到外部。

2011 年 4 月 12 日,日本原子能安全保安院将福岛核事故等级定为核事故最高分级 7 级(特大事故),与切尔诺贝利核事故同级。

2021 年 4 月 13 日,日本政府正式决定将福岛第一核电站上百万吨核污染水排入大海,多国对此表示质疑和反对。对这一关系本国民众、周边国家人民切身利益和国际公共健康安全的大事,日方不与周边国家和国际社会充分协商,其一意孤行的做法极其不负责任。据报道,日本复兴厅 2021 年度预算中有关福岛核事故的公关经费大幅提升至 20 亿日元,是 2020 年的四倍。7 月,福岛核电站再次发生核废弃物泄漏。11 月,研究表明福岛核事故泄漏物质铯抵达北冰洋后回流至日本。12 月 14 日,东京电力公司启动钻探调查,计划在近海 1 公里处排放核污水。12 月 21 日,东京电力公司向日本原子能规制委员会提出福岛第一核电站核污染水排海计划申请。

【讨论题】

1.日本福岛核泄漏造成的影响有哪些?

要点:环境、经济、公众。

2.日本福岛核事故对应急准备和应急响应的启示是什么?

要点:应急体系、应急决策支持能力、信息公开。

福岛核事故泄漏的放射性物质已扩散进入北冰洋(视频来源:闪电新闻,2021 – 12 – 16)

材料二　　　　**"7·20"郑州特大暴雨**

2021 年 7 月,郑州经历了"7·20"特大暴雨。在 7 月 20 日郑州一小时内降下了 201.9 毫米的超级暴雨,刷新了国内陆地小时降雨量的极值。一小时之内降水 201.9 毫米是什么概念?如果单单陈述气象学上的数据不够明了,我们换一种表述方式:郑州 7 月 20 日 16 时至 17 时的降水量,等同于 106 个西湖的水量,也就是说,郑州在一个小时内要接收 106 个西湖的水量。地铁 5 号线列车被困于隧道中,车厢外积水高过车厢内,积水无法被及时疏导,以致积水漫过乘客胸口乃至乘客脖子,最终导致 12 人死亡,这些都是血淋淋的代价。多条高速封路,高铁停运,部分车次甚至滞留超过 30 个小时。这场持续了近三天的特大暴雨、千年一遇的水灾,围困了这座人口超过 1000 万的城市。洪水涌入街道、地铁、医院、商铺,也淹没了周边的村庄、道路。幸运的是,各地救援在不断地、有序地展开。在被暴雨洗劫后,这座满是伤痛的城市,正在慢慢地恢复往日的生机。塌陷的路段正在慢慢修复,公共交通也陆续恢复。

正当人们满怀期待地恢复到正常的生产生活和工作的过程中时,不幸再一次降临了。在市内的某个区域,开始陆续出现新冠肺炎确诊病例。各种社交媒体上关于疫情的消息此起彼伏,这加深了人们内心的恐慌和不安。郑州全员多次进行核酸检测,开始分类实行"足不出户""足不出院""非必要不出市"等管控措施。这次疫情开始于医院内部,在短时间内,郑州感染新冠肺炎的人就超过百人。在疫情下,郑州无奈开始全面封控,严格执行出入政策。在这一个月,郑州像是被按下了暂停键。经历了一个月的封控管理、不断的核酸检测,8 月 28 日郑州疫情防控小组终于宣布郑州全面解封。

【讨论题】

1. 郑州"7·20"特大暴雨反映出当前城市灾害风险的哪些特征?

要点:灾害成因复杂、影响后果严重、影响范围跨域。

2. 城市灾害风险治理面临的新挑战有哪些?

要点:系统思维、主动应对、学习与变革。

暴雨、雷电、大风!河南多地强降雨再度来袭(视频来源:新华网,2021-7-20)

材料三 **网络安全六大风险**

当前,网络安全问题可谓屡见不鲜。它围绕着我们的日常生活,用人们的俗话说:刷个脸或者下个软件,都存在着数据隐私泄露的风险。这些风险轻则使个人安全和财产受到影响,重则损害行业、社会以及国家的利益,令人猝不及防。概言之,网络安全主要有六大风险。

第一是设备漏洞。人无完人,计算机也一样,无论是计算机软硬件或网络系统,都是由人创造、由程序员编程而来的,不可避免地会有漏洞与缺陷,而这些漏洞则为网络攻击遗留了机会,一旦遭受病毒的攻击,文件可能不能正常打开,系统可能面临瘫痪。所以应该及时做好防护或补丁,充分利用云端免疫技术。

第二是数据泄露。网络普及,数据流通加快,这也是问题滋生的源头。过去的系统都是尽量地不联网,但现在几乎已经不可能。数据泄露分为内外部,外部包含政企用户的供应链、第三方供应商以及各种通过搜索引擎公开的代码仓库等所导致;内部就是有内鬼,比如内部人员或终端木马窃取,有数据显示,目前超过 85% 的网络安全威胁都源于内部,它的危害程度远远超过我们的想象。

第三是 DDOS(分布式拒绝服务)攻击。不熟悉计算机的人一定没有听过这个名字,大部分的 DDOS 攻击是经过僵尸网络产生的,它可以让用户的服务器或网络溢出,拒绝服务。比如确定了用户的 IP 或域名后,控制者便可发出攻击指令,指令可以在僵尸程序中自如地传播与行动。大家应该注意服务器禁止开放与业务无关端口,并在防火墙上对没用的端口进行过滤。

第四是匿名体系。在现在的网络匿名体系架构下,大家互相都不知道各自的真实身份,人们没有了这层束缚,网络行为也就失去了约束,网络犯罪行为增加。做好自我管理,注重网络安全显得尤为重要。

第五是新技术应用。伴随着"新基建"的促进,人工智能、5G、物联网等一系列新技术得以应用,而这些新技术本身也可能存在难以猜测的安全风险,同时有可能成为网络犯罪的帮凶。

第六是流量劫持。大家上网时常常遇到流氓软件自己下载、广告弹窗怎么都关不掉,还有许多令人烦恼且尴尬的网址跳转的情况,这些都是流量劫持的表现。它是指在系统中植入恶意代码或者安排恶意设备等,以此篡改流量数据与走向。我们可以使用一些技术手段去解决它,比如 https 加密。

【讨论题】

1. 技术进步与社会安全之间有什么关系?

要点:技术进步引发更多社会安全风险,同时技术进步也更会保障社会安全。

2. 防范和化解网络安全风险的策略有哪些?

要点:落实社会主体责任、打造安全的网络环境、增强风险应对能力。

第二节　主要理论视角概述

一、韧性与韧性治理

(一)韧性的内涵

韧性理论经历了工程学、生态学和社会生态学的演进研究,结合"系统说""恢复能力说""扰动能力说"和"适应能力说"的主要观点,强调韧性是复杂系统的固有能力。目前,学术界尚未形成对"韧性"的统一定义。以社会生态学为基础韧性内涵的研究,强调在自然界与人类社会相互依存的社会生态系统面对高度不确定风险时,维持各组成系统的持续和稳定发展,表现为复杂系统回应压力和限制条件而激发的变化、适应、调整、自我恢复的可持续能力,并注重人作为客观世界的主宰,发挥主观能动性,制定社会管理制度,开展城市改造运动等。

近年来,韧性概念已得到广泛应用,涉及减灾防灾、风险评估等诸多领域。韧性思维推动应急管理向全灾种、全过程管理模式过渡,强调提高系统韧性以应对外部环境的不确定性和变化[11],这进一步拓展、丰富了应急管理领域的研究议题。通过发掘突生组织网络在应急响应中的特征,Zhang 对应急响应所需的资源和信息进行识别,以提升应急响应网络的韧性。Lai 和 Hsu 发现,在不同灾害背景下,响应网络表现出不同的韧性能力。Steen 和 Morsut 提出了涵盖韧性能力的研究框架,凸显了韧性能力在灾害学习等方面的重要意义。赵方杜等从韧性视角出发,认为社会韧性理念与思维有利于化解"中国式风险社会"在风险累积与叠加、风险转移与分配等方面的治理困境,并提出社会韧性建构的实现路径。蓝煜昕等聚焦城市社区治理问题,提出了结构韧性、过程韧性、能力韧性和文化韧性等议题。

Singh-Peterson 等学者将韧性界定为"社区面对和应对灾害风险的能力,以及它们适应气候变化的能力",强调社区自组织、学习与适应能力,并以澳大利亚阳光海岸为例,从社会、经济、环境、机构和基础设施等方面归纳了灾害韧性的影响因素,如表 1-1 所示[12]。

表 1-1 影响灾害韧性的因素

影响因素	具体指标
环境因素	自然环境/生态系统
制度因素	应急管理规划和程序 各部门之间的伙伴关系 持续的研究和学习系统 公共预警系统 预防和缓解活动 危害和风险评估 政府政策、优先事项和政治承诺 法律和监管体系 初始响应的快速性 沟通传播的速度、准确性和多元方法 明确的命令和控制结构 土地使用和土地使用管理 国家应对灾害的方法 响应所需的资源协调 资源与服务的获取
基础设施因素	建筑环境(即建筑物、道路) 关键基础设施(即水、电、公共卫生、交通) 供应链管理(即食品和燃料供应)
社会因素	社区联系、合作和支持系统(即社区志愿者组织) 人口特征(例如健康、幸福感、年龄) 社区的知识和技能 除了更广泛的社区之外,能够满足不同群体(例如不同文化、老年人、残疾人、儿童)的需求 区域面临灾害-后续灾害的频率(从先前事件中学习并应对频繁发生的灾害事件) 社区适应(即社区内通过社会学习而获得的对灾害事件的即兴反应和应对能力)
经济因素	社区经济(即金融资本、就业)

韧性量化评估较为复杂,在方法论层面,指标选择、凝练成为当前研究的热点问题。Lam 等学者[13]从灾害风险暴露(exposure)、灾害损失(damage)和灾害恢复(recovery)三个维度入手,建立了灾害恢复力推断(resilience inference measurement,RIM)模型,如图 1-4 所示。具体而言,RIM 模型围绕脆弱性与适应性的关系,揭示了从灾害风险到灾害损失转换过程所体现的城市脆弱性程度。在 RIM 模型中,城市灾害恢复力水平被设定为四种状态,由高到低分别为回弹型(usurper)、抗灾型(resistant)、复原型(recovering)和敏感型(susceptible)。其中,回弹型城市具有低脆弱性和高适应性特征,抗灾型城市具有低脆弱性和平均适应性特征,复原型城市具有平均脆弱性和平均适应性特征,敏感型城市具有高脆弱性和低适应性特征。

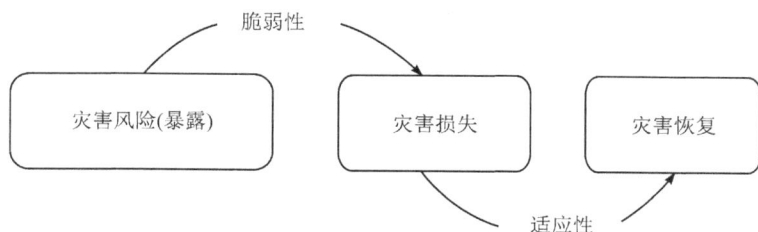

图 1-4 灾害恢复力推断模型

综上,不同学科不断尝试创建韧性研究范式,使其从一个简单的属性描述逐渐拓展为相对完善的理论体系,作为一种重要的发展与规划理念,韧性理论为实现可持续发展目标提供了新的途径,正在国际范围内影响着区域发展的重构与政策制定。具体而言,韧性理论关注系统自组织、系统记忆、系统反应和系统非线性发展过程,承认外来冲击和干扰的不可预测性,强调个体、组织和社会应对这些影响的复杂动态变化过程,其主要学术观点包括:①系统能够承受一系列改变并且仍然保持功能和结构的控制力;②系统有能力进行自组织;③系统具有能够建立和促进学习自适应的能力。

(二)韧性治理模式

灾害风险正日益呈现鲜明的复合型特征,传统灾害风险与应急管理模式已经无法对其进行有效治理。在这一背景下,应以提升系统适应能力为目标,探索面向全灾种、全过程的韧性治理模式[14]。具体而言,可以从以下四个方面理解韧性治理的内涵。

(1)韧性治理是以复合型灾害在成因、后果、影响层面的高度复杂性、严重性和跨域性为现实情境提出的,旨在克服传统灾害风险与应急管理模式在复合型灾害应对中的低效问题。

(2)韧性治理的目标是提升治理主体及其所在城市和社区系统对于复合型灾害风险冲击的适应能力。治理主体的适应能力主要体现为对于复杂风险环境的主动适应与自我调适能力,城市和社区系统的适应能力则主要体现为在经历复合型灾害冲击后可以快速恢复并维持其基本结构与功能的能力。

(3)韧性治理是多主体合作参与全灾种、全过程灾害治理的新模式。在复合型灾害情境下,多种灾害风险的叠加、耦合,多重灾害事件间的相互作用,以及灾害后果与影响的严重性、跨域性,决定了韧性治理必然需要吸纳多主体合作参与、涵盖不同灾害风险领域,且贯穿于灾害治理的各个阶段。

(4)组织学习机制是确保韧性治理得以长效推进的核心动力。韧性治理中的组织学习意味着对于过往灾害治理实践的系统反思,既包括对防灾减灾经验的总结提炼,也包括在此基础上实现的政策变迁与制度优化。从韧性治理过程来看,韧性被视为预见、准备和适应变化条件的能力以及承受、应对和迅速从断裂中恢复的能力。因此,韧性治理从时间上可划分为适应与恢复两个阶段。韧性治理在风险环境中与风险因素是交互影响的关系,这种互构性使得韧性治理与传统的风险分析及应对方法需共生,即在刚性治理和柔性治理之间进行治理时间的延长和治理空间的伸展,以建构可变的韧性治理时空[15]。如图 1-5 所示,在以政府行为为主的刚性治理区间和以社会和市场行为为主的柔性治理区间中,形成了多元行为主体互动的韧性治理区间,该区间具有明显的动态性,能根据风险的流动发生动态的自我适应和自我恢复。根据风险的发生范围进行治理行为的自我调适,并形成恢复阶段治理惯性,从而达到善治之目标。韧性治理就是以这种动态治理的方式进行治理边界的时空延展,以应对风险的复杂性和不确定性。

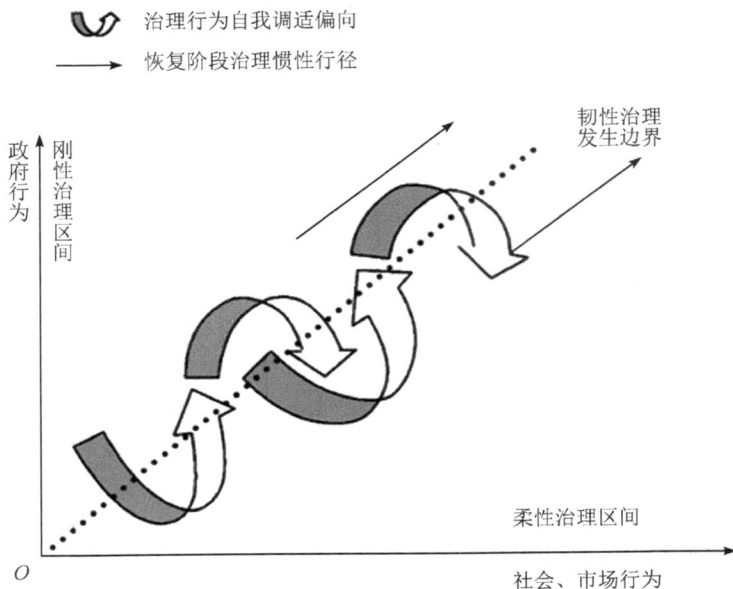

图 1-5 刚柔并济的韧性治理交互过程

　　综上,韧性治理是新形势下回应复合型灾害治理挑战的治理升级。立足于我国现行的应急管理体系和灾害治理实践,由传统的风险管理、应急管理迈向韧性治理,需要关注以下三个方面:一是树立"发展-安全"同构的治理理念,构建常态与应急结合的灾害治理体系;二是完善多主体合作治理体系,促进政府与社会间的增权赋能;三是重视和加强组织学习,将制度优势转化为治理效能。

阅读材料

上海建设韧性城市"样板间"

　　从新冠肺炎疫情到极端天气,城市的抗风险能力被不断推上"考场","韧性城市"成为高频热词。如何建设更具"免疫力"的韧性城市,走出一条城市治理新路子? 作为一座超大城市,上海正在积极谋划、先行先试,力争打造具有中国特点、上海特色的全球韧性城市"样板间"。

　　在普陀区甘泉公寓 3 号地下空间,双山居委会主任在进行日常的巡查。除他之外,在这处地下空间里,还有着 24 小时值守的"警卫员"——藏在角落的全景摄像头和各类传感器。这些"警卫员"收集到的各类信息,不仅能被所属街道随时获悉,也能被区民防办实时掌握。2021年 9 月,普陀区地下空间"一网统管"正式上线运行,通过打通数据壁垒,搭建了一个"平时风险防控、特时精确预警、及时高效处置"的综合平台,将预警触角从地上延伸到地下。借助数字化转型的契机,通过加强监测预警提升城市"免疫力"已经成为上海建设韧性城市的重要一环。

　　城市韧性的提升,不仅要靠未雨绸缪的监测预警,还要靠主动规划的风险调控。在杨浦区政立路,一处曾经荒废多年的都市隙地,经过同济大学刘悦来博士和他带领的团队重新设计,变成了周围居民享受田园牧歌的创智农园。在这处社区会客厅,白领们可以在工作间歇赏花踏青,退休在家的老人可以做做农活,孩子们也可以下课后来这里亲近大自然。这样一套把绿色低碳生活搬进高密度社区的生态方案,已经在全市推广。这些家门口的社区农花园,也是"15分钟社区生活圈"的重要组成部分。在15分钟步行的范围内,满足市民对生态、教育、文化、医疗、养老、体育等各种需求,上海正在加快建设这样配置完善的"大城小圈",一个个"15分钟社区生活圈"就如同城市细胞。功能越是齐全,面对新冠肺炎疫情等突发危机,整座城市也就越有抵抗力,就越能快速恢复。

　　建设韧性城市,还需要"软硬兼施"。在优化规划布局、基础设施、应急体系等"硬支撑"的同时,上海也在提升社区组织动员能力,涵养共享共治的风险意识,培育公民的科学素养,夯实能够应对各种挑战的"软实力"。作为超大城市,上海未来将面临更多复杂而不确定的挑战。韧性城市的建设,并没有终极蓝图,一直在动态变化。

让城市更具"免疫力"上海建设韧性城市"样板间"(视频来源:上海教育电视台,2021-10-31)

【讨论题】

1. 韧性视角下的城市风险防控关键点有哪些?

要点:社会韧性、技术韧性、工程韧性、制度韧性等。

2. 推进我国城市安全发展的韧性城市建设策略有哪些?

要点:城市建设规划、城市风险评估、城市减灾体系、多元主体参与。

二、网络治理

(一)网络治理模式

　　网络治理理论的出现弥补了治理理论的诸多局限,提出了更具实践操作性的方案。该理论为政府、市场和社会三者的合作提出了明确的框架,建立了明确的合作构建机制,合作过程中的信任、沟通等协调机制以及最后的效果评价机制。姚引良等将网络治理的基本理念归纳为以下四个方面:一是分权导向,从一元化到多元化;二是社会导向,寻求建立新型的国家与社会关系;三是服务导向,从统治行政走向服务行政;四是市场导向,重构政府与市场的关系。芮国强和郭风旗根据政府发挥作用的不同,将治理网络分为三种类型:一是由政府构建一个网络,政府在其中承担管理角色;二是网络中存在多元行为主体,政府作为其中一个主体但并不是权威中心,而是提供一个让各方直接交流的通道;三是网络实质是一个平台,多元行为主体具有平等的地位,就共同关心的问题、公共事务进行协商、合作,达成一致意见并执行。在此基础上,按照政府在治理网络中的作用,姚引良[16]等将其分成政府主导型、政府参与型和自组织网络(政府可作为网络之外的独立监督者)三种类型,如表1-2所示。

表1-2　地方政府网络治理分类对比

	政府主导型	政府参与型	自组织型
政府参与程度	高	低	几乎不参与
形成路径	制度型变迁(政府发起为主)	混合型路径	诱致型变迁(其他组织自发)
基本特征	政府为网络核心主体	政府为网络一般主体	政府为网络外主体
政府发挥作用	组织、协调、控制	协助、参与	规范、服务
治理基础	政府权威	契约关系	信任关系
治理机制	行政命令、协调	互动、利益整合	信任、利益共同体

(二)应急管理网络

结合应急管理情境,Bryson 等进一步分析了应急协作网络的过程、结构和产出等问题。Kapucu 等主要针对应急管理过程中的多主体治理和网络可持续性等问题展开分析。Sapat 等探讨了灾害援助网络合作中的组织同质性和资源依赖性问题。钟开斌将应急管理中多元主体间关系划分为政府与社会之间、横向不同权力系统之间、纵向不同层级政府之间、横向不同政府部门之间四个方面的内容[17]。卢文刚等以泛珠三角应急管理跨区域协同实践为例,对应急管理区域合作所涉及的应急管理培训、应急预案编制项目等内容进行探讨[18]。张海波提出,发展应急管理跨区域协同是发挥我国应急管理体系的特色与优势、积极推进应急管理体系与能力现代化的一条重要路径[19]。在此基础上,相关学者对应急管理网络结构及运行模式问题进行了深入探究。Wolbers 将组织间的治理结构分为两种:一是集中指挥和控制结构(centralized command and control structures),二是相对来说较为分散的网络结构(network structures)。Johansson 等人认为从网络结构视角研究应急响应过程可以更好解释组织间协调问题。

此外,危机事件日益呈现出跨域性(transboundary)特征。随着现代社会各个环节关联性增强,危机事件日益呈现出鲜明的跨域性特征(学术界将其称为"跨域危机",即"transboundary crisis"),主要体现在如下方面:①跨越行政边界。很多危机事件具有跨越行政边界的特征。横向上,由于危机事件对多个城市、地区、国家产生威胁(例如传染病、金融危机等)而需要不同区域政府展开横向合作;纵向上,主要涉及不同层级部门之间的组织协调问题。当横向、纵向都需要主体之间进行组织协调时,危机治理活动将呈现异常复杂的特征。②跨越功能边界。许多危机事件已经跨越了功能边界,其影响涉及多个领域。而不同领域管理运行模式的差异性则使得危机事件应对难度进一步增加。③跨越时间边界。很多危机事件往往在相当长的一段时期对社会生活产生影响。例如美国"9·11"事件、金融危机以及全球气候变暖问题等。相关主体需要在相当长的一段时期对危机进行持续关注与应对。

危机事件跨域性特征要求不同专业部门形成共同应对危机的共识并采取一致行动。但危机事件发生、演化的高度不确定性,以及由此产生的应对方案不确定性等问题,对治理活动提出了严峻挑战。综上,构建科学、合理的应急管理网络以完成信息、资源整合是实现跨域危机整体性治理的关键[20]。

三、其他研究视角

(一)复杂系统理论

复杂自适应系统理论(complex adaptive system,CAS)强调个体对环境的主动性与适应性。该理论认为,系统复杂性来源于其适应性,主体能够与环境以及其他主体发生交互作用是系统发展和进化的基本动因。

就具体危机应对而言,突发事件、救援力量、应急环境共同构成了应急管理的复杂情境。无论是自然灾害还是人为灾害都具备突发性、偶然性、蔓延性以及不确定性特征。即使是同样的灾害类型,不同的诱发因素也会造成结果的巨大差异。如何通过资源、信息等要素的有效整合,实现对应急管理动态情境变化的有效适应,是需要解决的重要问题。

因此,基于复杂系统的模型化分析方法对解决现实应急管理问题具有重要意义。基于复杂系统视域,应急管理可视为面对外部环境变化、扰动而进行的系统自适应行为,并据此提出较为完备且具有操作性的分析模型。

(二)危机传播理论

由于自身庞大的用户体量、信息传播的便捷快速以及开放性与包容性等特征,社交媒体的发展和普及引发了危机沟通模式的重大改变。在新媒体时代,危机管理者如何引导大众传媒发挥积极功能,控制谣言等负面传播,是应急管理的重要问题。基于此,危机传播理论成为应急管理领域的重要研究视角。

危机对政府、企业等主体最重要的影响是名誉和公众形象的损失,因此形象修复是危机传播的一个核心问题。危机传播是从公关角度出发,在危机前后及其发生过程中,在政府部门、组织、媒体、公众之内和彼此之间进行的信息交流过程,进而实现形象修复。当前国内学界的主要研究内容涵盖危机传播与历史、危机传播实践案例、危机传播中的媒体功能、危机传播的本土化研究、危机传播中各方的互动关系及危机传播与新媒体等方面。在危机面前,大众传媒可以成为社会风险的守望者和预警者、社会舆论的引导者、集体行动的沟通者、不当行为的监督者、社会心理的救治者。

(三)灾害经济学

灾害经济学从成本与效益的角度对灾害进行研究。这里的"灾害"不是专指自然灾害,而是指"针对人类社会而言并受人类社会的生产、生活活动范围制约的各种异常的自然、社会现象"。有学者认为,灾害有以下四项规律[21]。

规律一:不可避免规律。古往今来,各种灾害都是客观的自然、社会现象,其在总体上都具有不可避免性。当然,灾害与灾害损失可以减轻。

规律二:不断发展规律。人类社会是不断发展的,灾害与灾害损失也是不断发展的。灾害发展的一般表现形式有:灾害的种类不断增加,危害的对象增多,造成的经济后果绝对数额不断扩大,造成的影响日益巨大。当然,随着人类社会的发展,个别曾经威胁过人类安全的灾害来源被大幅减少甚至被消灭。

规律三:人灾互制规律。这既包括人对灾害的制约(人类在一定程度上控制或减轻灾害,或助长灾害),也包括灾害对人类经济发展的制约。

规律四:区域组合规律。灾害的种类、数量、频率及危害程度、危害对象在不同的区域具有不同的组合。而且,在不同层次的区域范围内,灾害的组合是不同的,显示出区域组合规律的层次性。

(四)灾害心理学

灾害心理学研究灾害发生中及灾害过后人们的心理与行为发生的特点与规律,并探索如何对受灾者进行灾害心理救助。具体可以从三个方面理解:一是重视个体的灾害心理活动的发生、发展和变化的规律;二是强调不同身份的个体在灾害心理特点上的差异性;三是关注如何对灾害时间序列中的不同群体进行有效的心理救助。在此基础上,研究者给出了灾害心理应对的建议。在灾害救援方面,学者们提出了政府、军队领导干部和救援人员的胜任特征要求、紧急心理危机干预的指导原则,重点分析了灾难早期人们的心理行为。在灾区重建方面,学者们关注灾区重建的心理适应问题,特别就医院伤病员心理关爱、灾区学校心理教育以及灾区企业心理重建等问题提出了对策建议。

应急管理问题多学科
的分析视角(之一)

应急管理问题多学科
的分析视角(之二)

Z 推荐书目

1. 中共中央党史和文献研究院,《习近平关于防范风险挑战、应对突发事件论述摘编》,中央文献出版社出版。

内容简介:习近平围绕防范风险挑战、应对突发事件发表的一系列重要论述,立意高远,内涵丰富,思想深刻。认真学习习近平关于防范风险挑战、应对突发事件的重要论述,对于切实做好防范化解风险挑战各项工作,战胜前进道路上各种艰难险阻,实现"两个一百年"奋斗目标、实现中华民族伟大复兴的中国梦具有十分重要的意义。《习近平关于防范风险挑战、应对突发事件论述摘编》分 6 个专题,共计 404 段论述,摘自习近平 2012 年 11 月 15 日至 2020 年 7 月 17 日期间的讲话、报告、谈话、演讲、指示、批示等 180 多篇重要文献。

2. 童星、张海波等,《中国应急管理:理论、实践、政策》,社会科学文献出版社出版。

内容简介:本书在厘清应急管理概念、梳理国内外相关理论的基础上,结合中国实践对政府应急管理提出了具有可操作性的建议。书中在应急管理领域有多方面创新,最突出的是将灾害、危机、风险三大概念加以整合重构,提出"三位一体"的战略治理,即系统治理、动态治理、主动治理,首先完善现行的应急管理体系,进而推动公共危机治理,最终达成对社会风险的主动治理。

第二章　风险治理理论与方法

风险是现代社会全人类关注的重大议题。不同层面、领域的风险因素交汇累加,使风险治理问题日趋复杂,如果防范不及、应对不力,就会传导、叠加、演变、升级,使小的矛盾风险挑战发展成大的矛盾风险挑战,局部的矛盾风险挑战发展成系统的矛盾风险挑战,国际上的矛盾风险挑战演变为国内的矛盾风险挑战,经济、社会、文化、生态领域的矛盾风险挑战转化为政治矛盾风险挑战,最终危及党的执政地位、危及国家安全①。因此风险治理对于党和国家事业发展,特别是对于全面建成小康社会、夺取新时代中国特色社会主义伟大胜利、实现中华民族伟大复兴的中国梦具有重大意义,应将风险治理置于治国理政的突出位置。

同时,我们也越来越深刻地认识到,安全是发展的前提,发展是安全的保障。必须坚持统筹发展和安全,增强机遇意识和风险意识,树立底线思维,把困难估计得更充分一些,把风险思考得更深入一些,注重堵漏洞、强弱项,下好先手棋、打好主动仗,有效防范化解各类风险挑战②。为奋力夺取疫情防控和实现经济社会发展目标双胜利,城市联动开启"抗疫歼灭战""经济发展战""风险化解战",抓住防控化解工作窗口期,着手研究"灾后综合征",早做准备、做好预案,下好先手棋、打好主动仗,力求把矛盾化解于未然,把风险解决于无形,以实现风险治理和经济社会的统筹发展③。

未来几年是我国各方面风险不断积累并集中显露的时期,风险量大、面广,流动性加快,关联性增强,呈现出境外向境内传导、网上向网下延伸、单一向综合升级、经济领域向社会领域蔓延等新动向,决不能掉以轻心④。当前,我国及世界其他国家往往通过总结经验教训,进一步完善风险治理制度,但这种基于经验的风险治理之道在当今遭遇了越来越多的挑战。面对百年未有之大变局,我们要摒弃"以不变应万变"的经验思维,认真思考突发事件的可能变数,重新界定风险治理的内涵,提升以变应变、创新求变的水平,在制度建设中平衡好变与不变、集中与分权、统一指挥与灵活响应等关系⑤,在深入理解现代风险形成、演化机理基础上,探析风险治理基本理论、方法,推进风险治理高质量发展。

基于此,本章对风险治理领域的研究成果进行归纳,从风险治理理论、研究方法及现实应用等层面对相关领域知识进行系统介绍。

---

① 习近平.在省部级主要领导干部学习贯彻党的十八届五中全会精神专题研讨班上的讲话[R/OL].(2016 - 01 - 18)[2022 - 01 - 05].http://www.xinhuanet.com/politics/2016 - 05/10/c_128972667.htm.

② 有效防范化解各类风险挑战!总书记这样强调[EB/OL].(2020 - 11 - 24)[2022 - 01 - 05].https://baijiahao.baidu.com/s? id=1684175322621697940&wfr=spider&for=pc.

③ 陈一新.联动开启"抗疫歼灭战""经济发展战""风险化解战"[EB/OL].(2020 - 03 - 15)[2022 - 01 - 05].https://baijiahao.baidu.com/s? id=1661199408785767147&wfr=spider&for=pc.

④ 孔祥涛,胡志高.习近平总书记关于风险治理的重要论述及其重要意义[EB/OL].(2019 - 10 - 29)[2022 - 01 - 05].http://www.china.com.cn/opinion/theory/2019 - 10/29/content_75351879.htm..

⑤ 王宏伟.找准新发展理念下应急管理新定位 推进应急管理高质量发展大家谈[EB/OL].(2021 - 03 - 30)[2022 - 01 - 05].https://baijiahao.baidu.com/s? id=1695640076808662806&wfr=spider&for=pc.

第一节　风险治理研究概述

一、风险治理理论与进展

风险是现代社会发展过程中所面临的内在共性问题,随着各类具有社会风险的突发事件在人类生活领域的反复上演及其影响范围的不断扩展,风险治理逐渐成为一项重要议题。在风险社会的背景下,理性选择理论、道格拉斯的文化理论、帕森斯与卢曼的系统理论以及人类生态学理论都是风险社会的理论基础。

在国际理论界,玛丽·道格拉斯较早对风险问题展开探讨,其研究主要针对公众风险意识和科技化风险景观展开论述;乌尔里希·贝克提出了风险社会理论,认为风险是指"系统地处理现代化自身引致的危险和不安全的方式";作为研究现代性的重要代表人物,安东尼·吉登斯认为风险是现代性发展导致的,是"在与将来可能性关系中被评价的危险程度"。在我国社会风险不断加重和蔓延的态势下,对风险和风险社会的研究不断得到中国理论界的关注。我国较早研究风险的主要有李伯聪、杨雪冬等人。李伯聪将风险定义为"针对个人、集体或人类社会而言的有可能在未来带来有害后果的不确定性";杨雪冬则将风险定义为"个人和群体在未来遇到伤害的可能性及对这种可能性的判断和认知"。虽然风险存在着差异化的定义,但学者普遍认为目前的风险是"人造风险",大多是由于人类知识增长、技术进步不断改造客观世界带来的危害,揭示了风险的潜在性、危害性、不确定性与可能性的属性。

风险与治理密不可分,"风险治理"一词最初就是基于治理理论提出的。如果说风险是一种特殊的不确定性,那么治理就是通过克服该不确定性,进而走向确定性的过程。以"治理"概念为基础,风险治理被定义为指导和约束多元主体集体活动的机构和社会政治程序,其目的在于影响并指导实践过程中的风险应对行为。相应地,风险治理形成了以下三方面的特征:第一,将风险描述和风险评估作为风险决策的核心;第二,基于整体性和适应性治理理念开展风险描述与风险评估;第三,将利益相关者沟通与整合作为提升风险应对包容性和参与性的重要活动。

二、风险治理研究框架

20世纪末,随着风险理念的不断深化和发展,学术界、国际组织和企业相继形成了各具特色的风险治理框架,如澳大利亚应急管理局提出的应急风险管理框架(emergency risk management framework,ERM)、亚洲减灾中心提出的全灾害风险管理框架(total disaster risk management,TDRM)、德国技术合作公司提出的灾害风险管理框架(disaster risk management framework,DRM)等。ERM的特点是除一般的风险管理流程外,还突出了全程的沟通与监控行为,以确保达到有效的和动态的风险管理;TDRM包括灾害风险管理流程、灾害风险管理周期和减灾的具体措施等三部分内容,并提出在风险管理过程中需要遵循"考虑到全部利益相关者"和"应用到灾害风险管理全部阶段"的原则;DRM以风险评估为核心,把风险理念渗透到灾害管理的防灾、减灾、备灾、恢复和重建等各环节,形成一整套减灾方案和技术体系。

除上述偏向自然灾害的风险治理框架外,也有一些针对公共卫生风险和社会风险治理的研究框架。如雷恩提出的 RDTE 风险管理模型(regulation-deliberation-technocracy-economic balancing, RDTE),该框架是基于政治规制、协商参与、技术专家和平稳经济的风险管理模型;PSEE 风险治理模型(political system-society system-expert system-economic system, PSEE),该模型为基于政治系统的法治规制、公民社会的参与关注、专家系统的风险评估、经济系统的工具决策的风险治理模型。

此外,国际风险治理委员会(International Risk Governance Council, IRGC)提出了较为系统的风险治理框架(risk governance framework),IRGC 风险治理框架①。该框架将风险治理定义为"一个包括行动者、规范、习惯、过程和机制在内的整体,涉及相关风险信息如何被收集、分析、沟通,以及风险如何管理与决策等内容"。IRGC 风险治理框架认为,风险治理是一个全过程的治理活动,通过有计划、有组织地控制主体活动,综合运用风险评估手段,建立相应的评估机制,将可能发生的风险化解于萌芽之中,或者将已产生的危害程度降到最低,促进社会良性发展。

在 IRGC 风险治理框架中,风险治理活动划分为预评估(pre-assessment)、风险评价(appraisal)、风险特征与评价(characterization and evaluation)、风险管理(management)、跨领域方面(cross-cutting aspects)等五个环节。其中,风险评价包括技术评估与关注评估两部分。技术评估是对风险基于可测量的物理特性的评估,如风险发生概率、风险估算以及风险源和潜在危害等;关注评估主要侧重相关个体、群体对风险后果的感

风险治理研究框架

知,强调利益相关者参与。风险管理则强调在风险评估基础上,在事前、事中、事后采取相应风险防范措施,减少或化解风险的过程,具体包括风险管理备选方案设计、风险管理备选方案评估、风险管理备选方案评价、风险管理备选方案选择、风险管理备选方案实施和风险管理备选方案实施效果分析等过程。在方法层面,IRGC 风险治理框架还为不同类型风险提供了相应的管理策略与方法,如表 2-1 所示。

表 2-1　IRGC 风险管理策略与方法

信息描述	管理策略	适用方法
简单风险	常规风险分析策略	应用传统的决策方法: • 风险收益分析 • 风险权衡取舍分析 • 反复试验法(试错法) • 技术标准 • 经济驱动 • 自愿协议

① International Risk Governance Council. Introduction to the IRGC risk governance framework[EB/OL].(2020-01-01)[2023-02-18]. https://dx.doi.org/10.5075/epfl-irgc-282243.

信息描述	管理策略	适用方法

复杂性所导致的风险	风险因子及因果关系	描述可以获取的数据信息：
		• 专家达成共识的方法
		  √ 德尔菲法或者是一致性协商
		  √ Meta 分析
		  √ 情景分析等
		• 流入常规操作的结果

	鲁棒性提升策略	通过以下方法提高风险标的的缓冲能力： • 增加额外的安全因子 • 设计冗余的和多样的安全设施 • 提高应对能力 • 建立可靠性高的组织
不确定性风险问题	风险因子识别与预防策略	通过危害的特征,如持续性、普遍性等,作为风险评估的代用指标。方法包括： • 抑制方法 • 抑低方法 ALARA • 尽量低方法 ALARP • 可用的最好的控制技术 BACT
	系统弹性提升策略	提高应对突变的能力： • 用多样的方法来到达设想的收益 • 避免高脆弱性 • 考虑灵活弹性的响应策略 • 提高适应性的预备工作
模糊性风险问题	多主体参与及沟通策略	应用达成共识或容忍性的冲突解决办法进行风险评估结果和管理方法的选择： • 综合利益相关者的讨论结果 • 强调风险沟通和社会广泛的讨论

阅读材料

思想纵横:不断提高防范化解重大风险的能力(节选)①

风险治理的内涵及操作流程

　　我国应急管理体制机制特色和优势不断彰显,为有效应对和化解各类重大风险挑战发挥了重要作用。进入新时代,人民美好生活需求日益广泛,不但对物质文化生活提出了更高要求,而且在安全等方面的要求也日益增长。同时,我国公共安全面临许多新情况、新挑战,各类突发事件处于易发、多发期,矛盾风险挑战之多前所未有。习

---

　　① 马宝成. 思想纵横:不断提高防范化解重大风险的能力［EB/OL］.（2021-01-13）［2022-01-05］. https://baijiahao. baidu. com/s? id=1688731212766989394&wfr=spider&for=pc.

近平总书记强调:"我们要打赢防范化解重大风险攻坚战,必须坚持和完善中国特色社会主义制度、推进国家治理体系和治理能力现代化,运用制度威力应对风险挑战的冲击。"我们必须更加注重发挥制度优势,抓紧补短板、强弱项,不断提高防范化解重大风险的能力,有效应对各类突发事件,确保人民群众享有更多、更直接、更实在的获得感、幸福感、安全感。

发挥党的领导这个最大优势。实践证明,只有加强党对风险防范化解工作的集中统一领导,才能有效统筹发展和安全,做到有力防灾减灾救灾,切实维护人民群众生命财产安全。2020年,面对突如其来的新冠肺炎疫情,以习近平同志为核心的党中央统揽全局、果断决策,成立中央应对疫情工作领导小组,建立中央统一指挥、统一协调、统一调度,各地方各方面各负其责、协调配合,集中统一、上下协同、运行高效的指挥体系,推动各地区各部门全面加强疫情防控工作。党的坚强领导为全国人民抗击疫情坚定了信心、凝聚了力量、指明了方向。在抵御重大风险挑战中,要充分发挥党的领导这个最大优势,把党的领导贯穿到风险防范化解工作的全过程、各方面。

发挥综合指挥体制优势。2018年4月,应急管理部正式挂牌,整合了11个部门的13项职责。两年多时间里,及时处置了多种险情,应对突发事件的整体性、协同性显著增强。为有效应对疫情挑战,建立了联防联控工作机制,成员单位包括32个部门,下设多个工作组,有效加强疫情防控的综合协调,形成强大向心力、凝聚力、战斗力。这一综合协调指挥体制对于有效整合各方力量、高效应对各类突发事件起到了重要作用。长期来看,要在风险防范化解工作中进一步加强协调指挥,充分调动各方积极性,支持社会力量深度参与常态减灾、应急救援、过渡安置、恢复重建等,形成共同做好防范化解重大风险各项工作的强大合力。

发挥协调联动运行机制优势。经过多年努力,我国应急管理协调联动运行机制更为成熟。上下协调联动,要求处理好应急管理的纵向关系,按照分级负责、属地管理的原则,强化不同层级主体的协同。左右协调联动,要求处理好应急管理的横向关系,使各行业主管部门能够按照职能分工,发挥各自专业优势,共同承担突发事件应急处置职责。进一步健全风险防范化解机制,提升多灾种和灾害链综合监测、风险早期识别和预报预警能力。加强应急预案管理,健全应急预案体系,落实各环节责任和措施。强化应急管理装备技术支撑,依靠科技提高应急管理的科学化、专业化、智能化、精细化水平,将协调联动运行机制优势不断转化为攻坚克难的应急管理效能。

【讨论题】

1. 结合资料内容,讨论如何发挥我国制度优势和制度效能来应对风险挑战。

要点:党的领导、综合指挥体制、协调联动运行机制。

2. 以中国抗击新冠肺炎疫情的实践为例,结合资料说明如何不断提高防范化解重大风险的能力。

要点:增强风险意识,引导培育健康社会心态;加快补齐短板,推进治理向现代化转型;平战结合演练,推动社会正向流动发展等。

第二节　风险感知理论与研究方法

一、风险感知理论与发展

最初,风险感知(risk perception)概念是在核风险研究时最先提出的。针对其含义,国内外研究者进行了多样化界定,Slovic 认为风险感知是特定环境中,个体对风险的认识与主观感受,同时强调个体社会经验对其风险感知的影响。英国皇家学会指出,风险感知是"人们对危险与收益的信念、态度、判断和情绪,以及在更加广泛意义上的文化和社会倾向"。Wildavsky认为,风险感知是个体对日常生活中各种不确定消极影响因素的主观心理体会和认知,是一种反映表征、价值历史经验与意识形态的文化与社会建构。Cutter 提出,风险感知是人类理解特定风险并进行风险评估的过程,具体包括对风险程度的判断、对风险的评估,以及在此基础上采取的特定行动。综上,风险感知是用来描述人们对风险的直觉判断和基本态度,是个体对客观事件危险与收益的总体感受。

20 世纪 50 年代以来,风险及风险感知研究逐步受到西方学者关注,成为解释社会风险的重要视角。风险感知研究源于当时激烈的社会争议,即传统技术分析导向的风险评估对社会真实风险的描述并不总能解决核废料、新型化学品、污染物处理等危险活动中呈现的新问题。西方人类学家、社会学家及心理学家较早围绕风险感知问题展开了一系列理论和经验研究,并逐渐形成了两大流派:一是风险的心理测量理论流派,其代表性学者包括 Slovic、Kasperson、Sjoberg 等。该流派主要采用心理学范式研究风险问题,侧重从主观层面来测量风险特征与感受。二是风险的文化理论流派,其代表学者为 Douglas、Wildavsky 等,主张从生活方式出发解释风险感知及其相关行为。

二、风险感知的主要测量范式

(一)心理测量范式

美国俄勒冈大学决策研究小组的 Slovic、Fischhoff 和 Lichtenstein 等人于 1978 年在风险心理学研究中引入和发展了风险的心理测量范式,提出了感知的风险和现实的风险两种概念,引发了对"可接受的风险"及风险感知、风险沟通和管理的研究热潮。风险感知的心理测量范式目标指向个体,依托理性行为理论,表现出人是自我利益计算者的功利主义哲学观念。在风险的心理测量理论中,最重要的前提假设就是风险的主观性,即风险是由心理、制度和文化等多种因素影响的个体主观认知所建构的。Slovic 等人主要是运用问卷调查法直接询问人们对风险的认识以及对不同风险的偏好,并依据影响人们风险感知的各类主观特征(如恐惧程度)对不同风险进行排序,进而归纳出人们对于特定风险的主观认识。

相关研究表明,科学专家和社会公众对于风险有着不同的理解,在风险感知和风险态度等方面差异很大。专家对风险的判断基本上接近对死亡率的估计,而一般公众对风险的判断则受到诸多其他因素(如恐惧、可控性、致命性、熟悉性、公平性等)的影响。换句话说,公众对那些不熟悉的、可致命的、不可控的、会带来恐惧等特征的危险有着更高的风险感知,但专家们则较少受上述因素的影响。此外,Slovic 等的研究还发现,风险感知与"污名化"(stigma)紧密相连。"污名化"最主要的推波助澜者是新闻媒体,它们通过社会放大过程来完成包括工程项目在内的"污名化"。

心理测量范式的研究具有以下三方面的特征[22]。

1. 表达性偏好的研究特征

为了适应现代社会风险的多元与分化的现实情况,Slovic 等人继承并发展了 Starr 的研究,提出的心理测量范式体现为表达性偏好(expresses preference)的风险分析方法,即通过标准化问卷来获得公众的风险感知偏好,以适应和满足社会发展的需求。通过澄清影响风险感知的因素,为风险政策的制定提供基础,确保风险政策能够正确反映公众的心态,体现公信力,为公众接受和认可,最大程度发挥政策预期的社会效果。通过心理测量范式进行风险研究所遵循的理论逻辑是:风险是一种心理学概念,也是一种社会建构的现象。风险本质上是主观的,它建立在人的感知基础之上。风险感知不只是对特定危险量的属性的感知,还是对特定危险质的属性的感知,如意愿性、可控性和潜在性等。一种特定危险的风险不是只有单一的质的属性,而是有着多元的质的属性。与公众风险评估紧密相关的是危险的质的属性,这些属性随着情景的不同对风险感知发挥不同的影响。同时随着人群、危险和环境的变化,质的属性起到作用的权重将发生变化。

风险的心理测量范式关注风险的主观属性,如为什么专家与公众在风险感知上存在很大的差异?什么决定人们对风险所采取的态度各异?心理测量范式的主要目标为澄清和确定哪些质的属性对风险感知起着关键影响?并且在情景变化时,这些质的属性对风险感知的影响是如何发生变化的?

2. 风险感知的主观属性

在现实生活中,人们表现出不同的风险态度和风险感知,即对有些风险非常重视和警惕,而对有些风险无动于衷。研究风险的一条重要路线是发展关于危险分类学,借助危险分类学帮助研究者分析与理解人们对不同类别风险所产生的不同反应。心理测量范式能够以心理量表为主要工具获得原始数据,采取心理物理标准和多元分析技术,对感知到的风险、感知到的利益以及感知到的其他方面(如活动的致命性等)进行定量分析。Slovic 采用心理测量范式研究得出每一种危险都有其独特的风险感知模式,对公众而言,大多数风险可从"可怕性"(风险所引起的恐慌后果的程度)和"熟悉性"(风险的已知和可控程度)两个维度进行定位。

3. 风险感知的差异性

现实生活中,公众的风险感知与专家的风险感知往往存在裂隙。风险感知研究的核心目的是获得理解人们对于风险形成判断的方式,从而形成技术专家、社会管理者和普通公众之间风险信息的有效沟通,并且不断提升这种沟通的水平。心理测量范式常被用作一种重要的手段,通过经验法则形成对公众所面临的风险意义和严重性的判断,用以说明、弥合甚至消除风险感知上公众和专家的分歧,使得公众的认知能够与科学知识相结合。

(二)文化测量范式

传统现实主义风险观由于缺乏对文化价值观、行为偏好等主观因素的关注,忽略了风险中社会群体的观点、动机与行为。自此,风险文化理论应运而生,它开创性地运用文化视角来看待风险,并在跨学科对话的思潮下日益丰富与完善,弥补了原有理论在建构视角中的不足。玛丽·道格拉斯(Mary Douglas)首先开启了运用文化视角来认识风险的新时代。1970 年,她在《自然符号》一书中,首次提出了"网格/群体"图式。1983 年,道格拉斯和阿隆·维达夫斯基(Aaron Wildavsky)在著作《风险与文化》中,尝试运用文化理论来分析现实社会的风险。20世纪 90 年代,斯科特·拉什(Scott Lash)回顾了道格拉斯等学者的研究成果,提出了文化视角的自反性现代化的观点,最终确立了该理论在风险社会学理论中的一席之地。

与风险的心理测量理论类似,风险的文化理论也认为风险是主观的,强调风险是文化、社会、政治等因素综合作用的产物。文化偏见、礼仪习俗、道德规范、社会行动规则及社会经济背景等因素影响甚至决定了人们的风险感知与决策。根据风险文化理论,制度结构是风险感知的最终原因,人们应对风险时主要依据的是他们对于社会方式以及各种制度、程序、规则的认知。Douglas 在其与 Wildavsky 合著的《风险与文化》一书中,讨论了人们对环境污染的不同态度,由此阐明文化也可以被用来预测风险的感知,以及风险管理中的决策偏好。具体而言,"等级主义者"最关注的是那些威胁社会秩序的各种风险,他们倾向于信任权威,也更容易接受专家拟定的风险标准和风险管理战略;"平等主义者"则更关心那些由制度本身所引发的风险,因而往往对权威抱有怀疑态度,主张采取开放式决策;"宿命论者"通常把风险事件视为命运的安排,认为对于既定的风险后果,人类的任何努力都是徒劳;"个人主义者"则主张根据个人选择积极应对,并基于经济因素特别是成本-收益分析做出决策。

由于文化理论风险观不可避免地带有建构主义的固有缺陷,因此,诸多跨学科领域的学者,都尝试为风险文化理论构建具体化、操作化的方法论工具,推动了该理论的不断丰富、延伸与拓展。例如,用数学模型来测量网格/群体模式的英国学者史蒂夫・雷纳(Steve Rayner),提出第五种文化类型的英国哲学家迈克・汤普森(Michael Thompson)和强调跨学科综合视角、将文化变量融入风险分析框架的德国风险治理学者奥特温・伦内(Ortwin Renn)等。

史蒂夫・雷纳等学者一方面肯定了文化理论的地位,认为其在理论层面影响深远;另一方面,也积极尝试为文化理论构建方法论工具,以试图解决该理论在实际运用中受限的问题。汤普森将风险文化理论的核心内涵向前推进了一步,他在与维达夫斯基合作的书籍《文化理论》当中,提出了三个命题[23]。第一,兼容性条件要求,非个体的社会关系,与共享价值观、文化偏好之间的关系,应该相互支持,而非彼此对立,其具有一致性与连贯性;第二,基于不可能性定理,网格/群体维度中可行的文化偏好类型,应该而且也只能有五种;第三,根据必要多样性条件,由于各种文化偏好存在特定的盲点,如果它们没有被其他群体"纠正",势必会导致严重的灾难,换言之,每种生活方式,都需要通过竞争对手来定义自己。奥特温・伦内长

利益主体风险感知差异及互动

期致力于跨学科的风险治理研究,提出了社会风险放大理论,并将文化的作用融入主流的风险理论之中,使文化影响的测量能在实证研究中趋于操作化。伦内为了解释单一的风险观点无法合理、全面地回应复杂的风险挑战,以个人与结构、客观主义和建构主义为维度,以风险的有害结果、发生概率的确定性和现实状态三种因素为区别,划分出七种风险概念的类型,并分别分析了各自适用的领域及其存在的局限性。

阅读材料

社会风险化还是心理风险化——对贝克风险社会理论的反思(节选)[①]

在新冠肺炎疫情的背景下,贝克的风险社会理论再次受到了人们的关注。似乎新冠肺炎疫情的暴发,进一步论证了贝克风险社会理论的合理性。但实际上,这其中有许多可以讨论的问题。例如,究竟是人类社会的风险进一步增加,还是人们的风险承受能力减弱? 换言之,是社会的风险化,还是心理的风险化?

---

① 张宪丽,高奇琦.社会风险化还是心理风险化:对贝克风险社会理论的反思[J].探索与争鸣,2021(8):71-79,178.

人类社会的风险是在增多还是减少?

在贝克的风险社会理论中,有一个核心结论至关重要,即进入工业社会之后,人类的风险比之前大大增加。贝克明确指出,风险的"基础是工业的过度生产"。贝克认为,伴随着人类现代化的进步,社会风险不可避免地增多,这似乎是人类社会的一种悖论。贝克明确指出,"占据中心舞台的是现代化的风险和后果"。进入工业社会之后,虽然人类社会之前面临的三大风险中的部分挑战仍有上升的趋势(如瘟疫),但是从整体来看,它们对人类社会的影响却在下降。因此,并不能简单地得出结论:在工业革命的背景下,人类社会进入了风险社会。风险社会这个概念本身可能存在定义的瑕疵,因为人类社会从一开始就是高度风险性的。

风险感知的增加及人类脆弱性的增强

贝克的理论也反映了人类的一种普遍焦虑:虽然我们已经进入丰裕社会,但是我们的不安全感却大大增加。这就出现了一个问题,就是绝对风险的减少和对风险感知的增加,成为后工业社会或信息社会的一个普遍特征。人们应对风险的能力,特别是心理承受能力似乎在减弱。在前现代社会中,非正常死亡是常态。进入现代社会之后,人类的平均寿命从30岁左右增长到70岁左右。随着人类社会伦理知识的进一步进化,人们越来越不能承受非正常死亡。在信息技术和传播媒介高度发达的今天,每一个生命非正常死亡的例子,都会瞬间变成新闻热点。换言之,从绝对意义上讲,这样的非正常死亡的数量减少了,但是由于新媒体的存在和人们伦理意识的增强,这样的生命故事会不断地在媒体上传播,让人们感觉到这样的风险似乎是更多了。因此,就形成了一个"绝对风险减少和人们感知到的风险增加"的悖论。贝克似乎也看到这一点:风险部分源自"普遍的缺乏信心和'风险倍数'(risk multiplier)"。另外,现代社会给每个人提供的尊严和舒适感,使得现代人越来越不能承受舒适之外的任何其他感受,如今人们对风险的承受能力变得越来越弱。

在危机当中,最大的风险并不来自风险本身,而来自人们对风险的错误认知。例如,人们对风险的恐慌往往很容易导致社会信任的消失,形成踩踏事件,在社会危机暴发期间,一些地方发生入室抢劫事件等,这都属于社会信任的消失。再如,新冠肺炎疫情暴发之后,美国许多人会去超市买枪支。在危机暴发之后,恰恰是人们对危机的恐慌造成了社会危机。疫情的暴发本身是以一种新冠病毒为基础的公共卫生危机,而危机升级后产生的更大危机是人们社会信心的消失。

最大风险是人类团结的消失

因此,在面对类似于新冠肺炎疫情这样的公共卫生危机时,疫情本身是一种风险,但更大的风险是社会团结的消失,以及人类社会重新回到短缺时期的社会心理。贝克也看到风险社会所导致的社会不团结。贝克认为,"风险社会产生了新的利益对立和新型的受威胁者共同体"。在丛林法则的指引下,人们不得不拿起武器寻找自助。在这样的背景下,社会成员之间的沟通成本和交易成本都会大大增加,那么人类社会在工业文明以来所做的许多努力都会前功尽弃。贝克在其著作中多次谈及危机状态下的共同体问题:"危险的共同性使利益群体组织的多元化结构面临着几乎无法解决的问题。"

【讨论题】

1. 结合新冠肺炎疫情现实情况以及材料内容,讨论现代社会"绝对风险减少和人们感知到的风险增加"这一悖论。

要点：从风险对人类社会影响力的降低与人类风险感知的增强角度进行说明。

2. 结合疫情期间国外通过社会运动的方式来抵抗戴口罩、群体免疫策略的提出等事实，试理解"最大风险是人类团结的消失"这一观点。

要点：从利益对立角度探讨抵抗戴口罩社会运动、群体免疫策略等现象的形成原因，并进一步说明其产生的消极影响。

3. 如何从风险感知视角出发，重新认识人类社会与风险的关系？

要点：社会风险不可避免，人类社会只不过是在不同种类的风险和风险的不同程度之间做出一种微妙的平衡而已，不可能绝对地实现风险免疫。

第三节　风险沟通理论与方法

一、风险沟通理论概述

(一)风险沟通的概念

"风险沟通"一词于 20 世纪 70 年代由美国环保署首任署长威廉·卢克希斯(William Ruckelshaus)提出。1986 年，Covello 将风险沟通定义为"在利益团体之间，传播或传送健康或环境风险的程度、风险的重要性或意义，或管理、控制风险的决定、行为、政策的行动"。这种界定从决策者角度出发，关注信息单向传递及风险控制的效果。同年 7 月，全美首届"风险沟通全国研讨会"后，保护基金会主席威廉·赖利(William K. Reilly)注意到"就风险问题的冲突或混乱……通常因沟通过程有失误，或者至少夸大了问题本身。风险沟通者根本没有做好让自己的信息通过的工作"。这一表述将风险沟通等同于某种信息的传递，即从政府或其他风险沟通者到公众的风险性质的单向信息。它从传播者角度定义成功的风险沟通即"让信息通过"，隐喻专家启发或说服无知且被动的公众。

1989 年，美国风险认知与沟通委员会等机构将风险沟通定义为"个人、团体、机构间交换信息和意见的互动过程"，而非"从专家到非专家的单向信息传递"，并进一步指出"它不只与风险相关，还包括风险性质的多重信息和其他信息，这些信息表达了对风险信息或风险管理合法的、机构的安排的关注、意见和反映"。这种界定将关注视角转移到双向互动，拓展了沟通内容，并体现出对风险沟通制度保障的关注。同年，《改善风险沟通》一书的出版首次将风险沟通研究的关注点引向公众，该书明确指出"成功的风险沟通并不确保风险管理决策使总体福利最大化，而只能确保决策者尽可能多地了解福利的影响"。Lundgren 和 McMakin 将风险沟通分为保护沟通(care communication)、共识沟通(consensus communication)和危机沟通(crisis communication)三种类型；Seeger 认为风险沟通的范围涵盖了危机的三个阶段——危机前(告知风险的相关知识)、危机时(紧急告知风险损害的回避)和危机后(新的风险认知形成)，但是重点应放在危机前的预防工作上。

1993 年被誉为风险沟通的鼻祖 Peter Sandman 认为在风险管理中，政府、专家与大众或媒体由于各自所处角度的不同，对风险有不同的认知，进而产生不同的预防风险行为。为有效地预防和降低风险，需要应用风险沟通的策略加强政府与媒体的沟通、专家与大众的沟通，统一对风险的认知，取得相互信任。这一界定着意强调互动的关键在于建立信任，信任研究也由此展开。Lundgren 等将风险沟通定义为，鼓励利益相关的小组成员工作在一起，共同决定如何管理(预防、减少)风险。这强调所有小组成员的参与,并希望达成共识,从而将信任研究引向深入。

(二)风险沟通的基本原则

在实践中,风险沟通的目标是通过专家、政府机构和公众之间的互动交流形成对风险的一致认知,同时使得公众对风险形成客观认知。因此,在风险沟通中需要遵循以下基本原则[24]。

1. 平等的原则

平等的原则要求在风险沟通时,各参与方在地位上是平等的,政府机构和专家不能以居高临下的姿态来对待公众,而应把公众当作合作伙伴。平等是对话的前提,只有通过对话和协商,各方才能既表达自己的意见,又倾听和考虑公众的观点,最终才有可能就风险的性质、危害大小、是否可控等问题达成共识。此外,只有坚持平等的原则,才有可能赢得公众的信任。当"被尊重"的需要得到满足后,公众对风险管理机构和专家的信任水平会提升,这有利于他们听取和遵从专家们的意见。

2. 诚实的原则

在进行风险沟通时,要坦诚地向公众传达有关风险的一切信息。只有坚持诚实的原则,政府机构和专家才可能被公众认为是值得信任的。长期来看,信任和公信力建立在管理风险的行动和绩效的基础之上;而短期来看,信任和公信力与如何沟通风险密切相关。为了获得公众的信任,在进行风险沟通时,要与公众分享已有的一切信息,因为公众会把不主动公开信息的行为理解为"蓄意隐瞒",这将使得沟通者陷入"不值得信任"的被动境地。同时,不要夸大也不要缩小风险的量级,而如果已传达的信息被证明有误,要及时改正。

3. 清晰的原则

风险沟通是围绕着风险信息的沟通,即沟通者提供有关风险的性质、大小的信息,并让参与各方理解这些信息的内容,表达与交流他们的看法、关切或利益,最终就如何应对风险形成共识。如果无法理解信息,必然导致风险沟通的障碍。因此,风险信息的提供必须符合清晰的原则,要用简洁的文字准确地表达相关信息,避免使用行话和专业术语,必要的时候还要配以适当的图片和表格;对于涉及风险不确定性的信息,要解释原因,避免公众把风险数据本身的不确定性理解成风险沟通者的不专业或不诚实。

4. 倾听的原则

风险沟通过程中要善于倾听,尤其是风险管理机构和风险分析专家要耐心倾听公众的感受、想法和需求。如前所述,公众对风险的感知往往和专家的评估是不一致的,而风险沟通被设计出来就是希望通过参与各方的沟通来解决这种不一致。因此,在风险沟通实践中,风险管理机构和专家要善于倾听。倾听公众的看法、担心和意见,才有可能理解公众的动机和关切,然后才有可能通过适当的沟通技巧来改变公众的原有看法。

5. 回应的原则

风险沟通不是把专家的知识和政府政策单向地传递给公众,而是利益相关者之间的平等对话过程。要使这种对话能够进行下去,风险管理机构和专家必须积极回应公众对风险的感知以及他们的关切和诉求。这种回应既包括语言上的,也包括行动上的。只有这样,才可能在民主和参与的基础上达成应对风险的共识。

(三)风险沟通的基本阶段

诸多研究试图在风险沟通过程中寻找平衡点,以期构建一个完善和整合的危机与突发风险沟通模型(crisis and emergency risk communication,CERC)。Matthew 提炼出风险沟通共性的准则与方法,构建出一个包含五阶段的综合沟通模型[25]。这种风险沟通形式将有效的风险沟通原则贯穿于风险因素演变为危机事件的全生命周期。具体来看,风险沟通包括以下阶段。

1. 危机前(precrisis)阶段

该阶段主要以宣传教育方式展开,提供一些分析信息、提示,目的在于帮助公众树立风险和防范化解的意识。

2. 危机初期(initial event)阶段

该阶段要与公众建立关系、开展沟通,以降低不确定性,提高效能感等。

3. 持续(maintenance)阶段

该阶段要继续同受影响公众保持沟通,并说明可能的外在环境影响因素,从受影响公众获取反馈,开展持续沟通,并进一步降低不确定性等。

4. 解决(resolution)阶段

该阶段要为公众提供指导信息,以引导公众开展处置、救援、恢复和重建等工作。

5. 评估(evaluation)阶段

该阶段主要针对风险评估、风险沟通、响应等过程展开评估总结,以总结和提升风险与危机沟通能力。

上述 Matthew 五阶段的综合风险沟通模型假定,从风险到爆发,从处置和恢复到评估,危机大体上沿着可以预测、系统性方向发展。这种系统化方法一个重要价值在于,它减少了不确定性,并允许危机管理者向前看,预测随后的沟通需求和问题。但由于多种因素,一些潜在的危机和紧急情况可能不遵循这一顺序,包括早期阶段的有效风险、二次冲击的出现或未预料到的相互作用。例如,一些观察者试图描述一种周期很长的危机。相反,一些传染病和流行病可能遵循这种模式。此外,需要意识到所有的危机都有不可预见的、非线性的维度和相互作用,这使得管理者难以做出准确的预测。

二、风险沟通的模式与层次

(一)风险沟通的模式

为最大化降低风险,需要通过风险沟通手段提升行政部门与媒体、专家和公众的交流效果,进而使各方主体对风险认知达成共识,彼此取得信赖。根据公众在沟通活动中的角色与地位,可以将风险沟通概括为以下三种模式[26]。

1. 技术统治模式

技术统治模式,即将公众视为"无知"的信息接收者。早期的风险沟通基本上是一种线性传播模式,即风险评估(专家)—风险管理(政策管理者)—风险沟通(普通公众),强调风险的评估与决策应该交给专家。公众则因为缺乏理性而无法在与风险相关的问题上做出实质性的贡献。这种把专家与公众的角色两极分化的认知被称为"技术统治模式",在该模式下,风险沟通只不过是"精英向普通公众传递科学和技术信息的过程",将风险信息等同于量化的风险评估数据,沟通工作的目标是将这些数据和基于数据做出的风险决策单向地灌输、通知给受众。

2. 双向互动模式

双向互动模式,即将公众视为具有自主性的权利主体。单向风险沟通模式在 20 世纪 80 年代以后遭遇了越来越多的困境,风险评估技术的局限性导致公众对专家与权威的信心衰减,专家分歧导致公众疑虑,公众感知与专家判断产生冲突。在这种背景下,风险沟通的目标从单向告知变成了如何说服受众采信和接受风险评估的结果,以及提升对风险管理机构的信任。风险沟通的双向互动模式要求专家不仅要向受众传递关于风险的技术信息,还应收集受众兴趣、需求及其对风险的意见与关切。在此基础上,根据风险信息设计沟通方式,进而将受众的风险感知、态度、意见、需求纳入考虑范围。

3. 共识构建模式

共识构建模式,即将公众作为合法化的合作伙伴。双向互动模式的风险沟通,旨在与不同利益相关者就风险情况及其评估结论展开对话。然而事实证明,这种努力并没有消解专家群体与公众之间的冲突。相反,面对单一、片面、精心包装的风险信息,受众对风险管理权威的不信任持续加剧。Slovic 通过有关信任的实证研究指出"信任的重建可能需要一定程度的公开性和公众参与,它们应远远超出一般的公共关系和'双向沟通'而包含高出以往水平的权力共享和公众参与决策"。20 世纪 90 年代中期以来,受众开始从"信息的接受者"转变为重要的"合作伙伴"。至此,传统的"决策—通知—辩护"模式转变为一种新的风险沟通形式——构建共识。具体而言,就是通过风险沟通将公众纳入风险评估、管理过程中,以求在决策实施之前获得各利益相关主体的认可与支持。

(二)风险沟通的层次

风险沟通主要分为以下四个层次,具体如下:

(1)信息传递,即向公众差异化地发布有关风险及其相关管理活动的信息。

(2)意见咨询,即不同程度地咨询公众或收集公众对风险相关问题的意见和建议。

(3)决策参与,即允许公众不同程度地参与风险决策和风险管理。

(4)公众赋权,即不同程度地让公众自己进行风险的决策和管理。

上述四个层次基本上涵盖了风险沟通活动中公众参与从基本到高阶的所有形式,公众参与应基于风险沟通目标、风险紧迫性、组织支持情况、公众能力与条件等变量。因此,需要在具体风险情境中采用最匹配的一种或多种方式,具体如表 2-2 所示。

表 2-2　公众参与风险沟通的四个层次

	阶段	内涵	手段或情境
信息传递	极少沟通	由管理者全权负责决策,不与公众进行沟通	通知、公告
	有限信息	只向公众提供自己觉得有必要提供的信息	发布新闻消息、组织宣传活动
	有价值信息	根据公众的意愿和需求提供信息	贴近受众的宣传册或情况说明书

	阶段	内涵	手段或情境
意见咨询	有限咨询	以有限的方式提供信息,允许公众给出回应	公众会议、居民调查
	客户服务	为公众提供信息服务,如向公众介绍风险政策等	意见卡、一对一访谈
	实质咨询	与公众就优先针对哪些问题采取行动或对现有措施的看法进行积极探讨	公众顾问团、社区委员会、焦点小组
决策参与	有效的咨询机构	邀请公众为风险管理草拟建议	公众陪审团、情景规划
	合作伙伴	将公众视为合作伙伴,共同解决风险问题	投票选择方案
	有限放开决策	在某些问题上允许公众自行决策	管理社区会堂
公众赋权	授权管理	在某些领域或项目中有限度地赋予公众决策权	由居民组建社区租户管理机构
	独立管理	帮助和促进公众团体或机构自己完成相关服务的提供	由志愿服务机构提供居民的卫生保健服务
	委托管理	从实质上向公众移交决策权	委托居民自行管理社区内部事务

三、风险沟通的研究视角与理论模型

(一)研究视角

美国国家科学院(National Academy of Sciences)对风险沟通做出如下定义:在个人、团体和机构之间进行信息、观点交换的互动过程。已有风险沟通文献围绕风险交换的本质、规模、管理等方面的问题而展开,并进一步探讨各种风险沟通渠道(如新闻稿、公开会议、热线电话、网站、座谈会、宣传告示、在线交流等)的优势与不足。早期的风险沟通主要聚焦于环境和健康领域,如废弃物处置、危化品、重金属、空气和水污染、核能、石油泄漏、生物技术等。此外,也有少部分研究关注个体健康"冒险"行为,如吸烟、饮酒、吸毒等。

关于风险治理的研究指出,有效的风险沟通能够更好地达到利益相关者的预期目的。如为风险决策提供信息、建立或巩固利益相关者互信、促使利益相关者围绕解决共同关注的问题展开对话,并达成一致。但同时也指出沟通可能面临的障碍,如利益相关者冲突、合作不足,抑或风险沟通计划、准备等不充分。不同的利益群体对风险沟通的看法亦不相同,政府官员、企业代表、科学家等群体通常抱怨沟通对象业务的非专业性和行为的非理性,而公民团体代表、工会、个体公众等则又抱怨风险评估和管理过程的合法性,并认为自身的利益与诉求往往遭到前者的忽视。这些冲突则是由于信息提供不充分、信息来源可信度不足等造成的。有效的风险沟通是一门专业学科,其应用需要相应的知识、计划、准备、技巧及实践。有效的风险沟通包括两条路径:一是互动过程应当尊重不同的价值追求,并将公众视作全面的合作者。二是提高政府、组织、专家的风险沟通水平、技巧,力求避免走简单的"决定—通知—辩护(decide, announce, defend)"的模式。

(二)理论模型

学界普遍认可的风险沟通模型包括以下四个,这些模型旨在解释风险沟通过程如何处理风险信息、如何形成风险感知以及如何做出风险决策等。

1. 风险认知模型(the risk perception model)

Covello 等归纳出以下 15 种影响风险感知的因素,如表 2-3 所示[27]。这些因素很大程度上决定了人们的担心、愤怒、焦虑、恐惧等程度,进而影响人们的态度和行为。因此,有风险沟通的文献将其称作"愤怒"因素。Sandman 认为,个体风险感知主要是危害与愤怒共同导致的,即"风险=危害+愤怒"(risk= hazard +outrage)。当"愤怒"因素存在时,它会表现出强烈的精神和情绪色彩,使个体倾向于做出情绪化的反应,这反过来又会显著放大风险感知的水平。

表 2-3 风险感知影响因素

自愿性	当个体将风险事件知觉为被迫接受,要比他们将风险事件知觉为自愿接受时,认为风险更大
可控性	当个体将风险事件知觉为受外界控制,要比他们将风险事件知觉为受自己控制时,认为风险更难以接受
熟悉性	当个体不熟悉风险事件时,要比他们熟悉风险事件时,其风险更难以接受
公正性	当个体将风险事件知觉为不公平,要比他们将风险事件知觉为公正时,其风险更难以接受
利益	当个体将风险事件知觉为存在着不清晰的利益,要比他们将风险事件知觉为具有明显益处时,其风险更难以接受
易理解性	当个体难以理解风险事件,要比他们容易理解风险事件时,更难以接受
不确定性	当个体认为风险事件难以确定,要比科学已经可以解释该风险事件时,其风险更难以接受
恐惧	那些可以引发害怕、恐惧或焦虑等情绪的风险,要比那些不能引发上述情绪体验的风险更难以接受
对机构的信任	那些与缺乏信任度的机构或组织有关的风险,要比那些与可信的机构或组织有关的风险更难以接受
可逆性	当个体认为风险事件与日常伦理道德所不容,要比认为风险事件与伦理道德没有冲突的时候,其风险更难以接受
个人利害关系	当个体认为风险事件与自己有着直接关系,要比认为风险事件对自己不具直接威胁时,其风险更难以接受
伦理道德	当个体认为风险事件有着不可逆转的灾难性后果,要比认为风险事件的灾难性后果是可以缓解的,其风险更难以接受
自然或认为风险	当个体认为风险事件是人为导致,要比认为风险事件是天灾,其风险更难以接受
受害者特性	那些可以带来确定性死亡案例的风险事件,要比那些只能带来统计性死亡案例的风险事件更加让人难以接受
潜在的伤害程度	那些在空间和时间上能够带来死亡、伤害和疾病的风险事件,要比那些只能带来随机和分散效应的风险事件更加令人难以接受

风险感知的研究指出，具体活动应当被视作风险沟通的一部分。首先，通过问卷调查、访谈等方式来收集、评估利益相关者风险感知的因素。其次，同利益相关者就关注的重点议题进行持续的互动和交流。在此基础上，选择恰当的风险沟通策略，化解利益相关者的愤怒、担忧、恐惧等，以期达成一致。

2. 心理噪声模型（the mental noise model）

心理噪声模型主要聚焦于人们如何在压力之下处理信息，以及这些信息处理的改变又如何影响沟通。当人们意识到自己价值受到威胁时，他们就会产生从紧张到愤怒的一系列情绪。这些情绪进而产生心理噪声。暴露在与消极心理特征（如失控、非自愿、不公平、害怕等）相关的风险中也常常伴随着严重的精神噪声。反过来，这些噪声又将影响个人的理性沟通能力。

3. 消极主导模型（the negative dominance model）

消极主导模型主要探讨积极信息和消极信息在沟通中的作用，并认为二者是不同的。具体来看，该模型认为相对于收益和损失，人们往往更加关注后者。即个体赋予负面信息更大的权重，呈现大量正面的信息或解决问题的策略，用来缓解负面信息对个体的心理冲击。此外，人们对负面信息的记忆也更为持久，所以它的影响要远远高于正面信息。

4. 信任决定模型（the trust determination model）

信任决定模型主要研究信任在风险沟通中的作用。根据消极主导模型，个体具有负面信息倾向的认知，这决定了在风险沟通过程中沟通双方相互信任的重要性。为建立信息，在沟通中引入第三方，并由第三方提供信息保障就显得非常有必要。有研究指出，还应当考虑决定信任的四个因素：关心和同情、奉献和承诺、能力和专长、诚实和开放。此外，单独或小组环境，如信息交流和公共研讨会，也是增强信任的有效途径。

（三）模型应用示例

西尼罗河病毒是一种由西尼罗病毒（west nile virus）引起，以鸟类为主要的贮存宿主（马、蚊子和人都可以是它的传染宿主），人兽共患的脑炎病毒。纽约在 1999 年夏末暴发西尼罗河病毒疫情，随后 2 年内波及 44 个州，共有 4156 人感染西尼罗河病毒，其中 284 人死亡。为此，纽约市健康部门建立了一系列应对措施，如公众健康防护教育、外展服务等。目的主要包括树立公众疾病风险的意识，鼓励公众参与疾病预防，提供及时防御的指导等。这些信息用 10～15 种语言，通过多样化的沟通渠道（如电视、广播、宣传物、网站、24 小时热线电话等）传递给公众，并确定了以纽约市市长和健康局局长为代表的新闻发言人，定期同社会媒体、公众对话。新闻报道多围绕药物喷洒、个体防护等内容展开，并公布咨询电话等，以便公众可以获得更多信息。纽约西尼罗河病毒应对中的风险沟通取得了突出的成效，但也存在一些局限。以下结合 IRGC 风险沟通模型来展开具体讨论。

首先，从风险感知的角度来看，纽约市当局虽然意识到风险感知的因素，并将其纳入考虑范畴，但是在调查、访谈收集、精准识别并评估这些因素方面做得还远远不够；其次，在沟通渠道使用的全面性方面仍有待改进，除了官方的沟通渠道，还应当增设多种形式的公众互动平台，以供利益相关者就关注的议题展开广泛、充分的交流、讨论；再次，新闻发言人通常对风险感知一概而论，往往忽视了不同利益相关群体间的差异性；最后，政府采用直升机喷洒杀虫剂的做法一直存在争议，尤其是一些环保组织和野生动物专家意见很大，但他们的意见却没能得到有效的回应。

从心理噪声的角度看,即便是政府提供的信息,也难免有部分超出公众的理解范畴。这些信息在解释性、可视化方面往往显得不足。比如,关于西尼罗河病毒影响的影像资料一般都没有解释性的图表,这些都加剧了公众的精神压力。

从负面信息倾向的角度看,缺乏对消极和积极信息的不平等权重的关注。比如沟通过程过度关注政府哪些没做,或者哪些不应该做,而缺少对做了哪些或者应该做哪些的关注。这必然导致正面消息(如解决方法、成效等)被淹没在舆论场,从而制约疾病的防控。

首先,就信任的四个决定因素而言,纽约市与第三方实际上具备前期合作的经历(如自然灾害),在此过程中建立了相应的互信。但在这类病毒应对中,是否有征集科研人员、医护人员的意见尚不得而知。其次,在专业性方面稍有不足,比如政府热线虽然 24 小时在线,但是负责接听电话的工作人员未必专业知识储备过硬,这就容易导致沟通中遗漏掉诸如地点等关键信息。此外,如上述野生动物专家们提出一些反对意见、警告被当局所忽视,必然侵蚀彼此的信任。

风险沟通

阅 读 材 料

不断发展的风险沟通领域(节选)[①]

在过去十年中,风险沟通的跨学科研究在几十年积累的研究经验的基础上持续发展。风险沟通的边界不是静态的,而是通过一系列连贯的历史事件和进程,随着时间的推移而形成和重塑的。这一领域尤其受到不断演变的社会风险概念,以及实践中构成风险沟通不同看法的影响。我们的看法是,与其试图研究风险沟通领域应该如何沿着单一、普适的一条道路发展,以跨学科领域所强调的多形式开放探索来研究可能更有成效。

对风险沟通信息发布者、信息属性和信息接收者文献进行回顾。第一,在过去十年中,风险沟通研究者一直在关注重要的当代事件和问题(如 COVID - 19)、新兴技术(例如纳米技术)、新的传播渠道(如社交媒体)和假设(文化认知)。然而,以往的研究主题,如信任、框架、风险感知和公众参与,仍然是当前研究的挑战。这表明,研究人员都基于现有主题的基础上发展当代风险沟通领域。第二,有效的风险沟通需要应用多种方法,没有简单通用的风险沟通公式存在。例如,消息属性文献表明:减少心理距离、沟通不确定性或单独使用诙谐极不可能达到预期的结果;以上这些属性只是影响信息结果的多个属性中的少数几个,信息很少对信息接收者产生直接影响,而且这种影响通常是偶然的、间接的和累积的。第三,人们认为许多概念,如信任、透明度和不确定性,是多维的,因此这些概念需要更细致的讨论。虽然许多人宣扬信息属性的优点,但风险沟通者必须认识到信息属性的程度不同,每一种都具有不同的积极、消极和有限的影响。第四,人们认为风险沟通是一个持续的过程,而不是一次性的事件,它需要有意义的评估、长期承诺。正如 Kasperson 所认为的那样,"持续性"才能产生持久、积极的结果。

本研究还表明,跨学科仍然是该领域最大的优势之一,这推动了该领域的重大新进展。十年以来该领域的研究人员都来自各种不同的学科。关于透明度、情感信息等主题的研究通过

---

① DOMINIC B, MCCOMAS K, BESLEY J. The evolving field of risk communication[J]. Risk Analysis, 2020, 40: 2240 - 2262.

应用公共行政理论、心理双重加工模型和民主治理,推动了公共参与的发展。如液压破碎法、纳米技术和车辆自动驾驶等新兴技术的发展刺激了公众接受的研究,同时为探索由下至上的公众参与提供了新的背景。同样,在气候变化为研究心理距离理论(如结构水平理论)提供契机的同时,福岛核事故、桑迪飓风和 COVID - 19 大流行等现代风险危机也促进了学者对预警、保护性行为决策模型和不确定性沟通的研究。因此,跨学科仍然是风险沟通领域的基石。

【讨论题】

1. 结合材料,总结归纳近几年风险沟通领域的主要研究内容与主题。

要点:围绕重要的当代事件和问题,新兴技术,新的传播渠道和假设,对信任、框架、风险感知和公众参与,有效的沟通方法,风险沟通的信息属性,风险沟通的长期性等方面进行总结。

2. 如何理解风险沟通领域研究的跨学科性?

要点:心理学、行政学、新兴技术等学科为风险沟通领域研究带来了新的研究对象、研究方式和方法。

第四节　风险的社会放大

一、沟通理论中的信号放大

风险一般是以事件发生的可能性和影响程度两项复合进行界定或度量。大多数人对风险的概念有着更加广泛和综合的理解,风险的其他方面如自愿性、影响风险的个人能力、对风险的熟悉程度、潜在的灾难性后果等塑造了公众反应。但这些社会因素通过风险评估技术难以解决,而风险评估的技术概念太过于狭窄和含混,不足以作为制定政策的关键准绳。因而需要一个全面的理论,能够将风险技术分析与塑造公众风险经验的文化、社会和个人反应结构相结合。本节的主要内容是风险事件与心理、社会、制度和文化过程之间的相互作用会增强或减弱公众的风险感知度和相关的风险行为和行为模式,以及继而产生的次级的社会或经济后果,也有可能增加或减少物理风险本身。次级效应会激起对制度反应和保护行动的需求,或在风险减弱的情况下阻碍必要的保护行动。这样,风险经验的社会结构和过程,对个体和群体认知产生的后果,以及这些反应对社区、社会和经济造成的影响,我们称这种现象为风险的社会放大。

放大理论借鉴于传播理论,需要理解传播理论中的信号放大。在通信理论中,放大是指在信息从信息源传输到传播器,最后传输到接收器的阶段中信号加强或衰减的过程。一个信息源发送一组信号给传播器,或者直接发送给接收器。信号由传输器或接收器解码,以便人们可以理解消息。每个发射机通过增强或衰减某些输入信号,添加或删除其他信号的方式,向下一个传输器或接收器发送出一簇新信号,然后这些信号再被解码,在发送和接收期间都会发生信号放大。发射器发送去往接收器的消息,接收器也要解释、同化和评估消息。在社会文化背景下,信息传播过程比以上的信号比喻更复杂。

二、风险社会放大的构成机制

风险的社会放大表示信息过程、制度结构、社会团体行为和个人反应共同塑造风险的社会经验,从而导致风险结果的现象。社会放大的信息系统和公众反应的特征是决定风险性质和重要程度的基本要素。信息系统可能会通过两种方式放大风险事件:一是强化或削弱信号,这些信号是个人和社会团体获得有关风险信息的一部分;二是过滤关于风险属性及其重要性的

众多信号。信号通过亲身经验或接收间接经验信息而产生。这些信号由社会和个人放大站进行处理,包括对风险技术评估进行指导和沟通的科学家、风险管理机构、新闻媒体、社会组织、社会团体内的意见领袖、同行和相关团体的个人网络以及公共机构等。社交放大站通过通信渠道(媒体、信件、电话、直接对话)生成并传输信息,而每个接收者还参与放大(和衰减)过程,从而充当风险信息的放大站。

关键的放大步骤主要包括以下几点:信号的过滤,信号解码,处理风险信息,将社会价值附加到信息上从而为管理和政策制定提供意义,与文化和同行群体互动来解释和验证信号,形成忍受风险或采取行动抵制风险的行为意图,参与集体或个人行动以接受、忽视、容忍或改变风险。风险的社会扩大会产生行为反应,其反过来又会产生次级影响,主要包括:持久的精神感知、图像和态度(反对技术的态度、对物理环境的疏离、社会冷漠、对环境或风险管理者的污名化),对商业销售、住宅物业价值和经济活动的当地影响,政治和社会压力(如政治需求、政治气候和文化的变化),风险物理性质的变化,应急响应人员的培训、教育或所需资质的变化,社会混乱,风险监控和监管的变化,负债和保险费用增加,对其他技术(如较低的公众接受度)和社会制度的影响(如公众信任的侵蚀)[28]。

次级影响反过来又被社会团体和个人所感知,进而出现另一阶段的放大效应。其影响可能会扩散到其他主体、其他地方或下一代。每个影响顺序不仅会传播社会和政治影响,还可能推动或阻碍风险的降低。因此,考虑到从风险经验中得出的社会互动,社会风险扩大的概念是动态的。"涟漪"的类比用来说明与风险社会放大相关的高阶影响的扩散。涟漪向外扩散,首先包括受到直接影响的受害者或第一批收到通报的群体,然后触及下一个更高的层级,并在更极端的情况下触及行业的其他部分或其他社会领域[29]。这种影响的波动是风险放大的一个重要因素,因为它表明放大会产生大量影响在时空上进行延伸。

三、风险社会放大的信息机制

社会放大的根源在于风险的社会经验,无论是直接的个人经验还是间接的经验,都是通过收到有关风险、风险事件和管理系统的信息产生的。有危险事件的直接经验既可以令人放心(如汽车驾驶),也可以令人担忧(如龙卷风或洪水)。一般而言,具有戏剧性意外事件的经验增加了危害的可记性和可形象性,从而加强了对风险的认识。但直接经验还可以提供有关灾害的性质、范围、可管理性的反馈、规范性和增强躲避风险的能力。当直接的个人经验缺乏时,个人就会了解其他人和媒体的风险经验。信息流成为公众反应的关键因素,并成为扩大的主要媒介。可能影响社会放大的信息属性包括信息的分散程度、戏剧化的程度以及信息的象征意义。

独立于信息的准确性和特定的信息量,大量的信息流可以作为风险放大器。大量的媒体报道不仅报道事件,而且定义和塑造这些问题。重复报道会引发公众对特定风险问题的关注并远离相互竞争的关注点。信息的第二个属性是个人或群体对公众成员认为可信的事实信息或推论的争议。专家之间的辩论往往会增加公众对事实真相的不确定性,增加对这些危害是否真正理解的怀疑,并降低官方发言人的可信度。戏剧化是第三个属性,无疑是风险放大的强大来源。如果错误的信息来源没有有效地纠正就进入大众媒体,那么即使是小事件也会产生巨大的社会影响。

信息渠道是影响风险放大的另一种因素。有关风险和风险事件的信息流经两大通信网络——新闻媒体和非正式的个人网络。作为风险表达者的新闻媒体因其在舆论形成和议程设置中的关键作用而受到了大量关注。非正式沟通网络涉及朋友、邻居和同事之间以及社会群体中普遍存在的联系。人们不会孤立于其他社会问题或同行的观点来考虑风险问题。由于朋友或同事为验证认知提供了参考点,也可能提供了更一般的文化观点或偏见,因此存在扩大和减弱信息的潜力。如果风险是可怕的,谣言可能是形成公众观念和态度的重要因素。在社交群体互动中,这些风险的解释将趋于整合到更大的价值观和分析框架中,并抵制新的相悖的信息。因此,人际网络会导致不同的风险认知、管理偏好和关注程度。风险信息中使用的特定术语或概念可能对于不同的社会和文化群体具有完全不同的含义,一些象征性内涵如核能的"蘑菇云"或太阳能技术的"温暖与舒适感"等就是这种情况。

四、风险社会放大的反应机制

对信息流的解读和反应形成了社会风险放大的第二个主要阶段,这些机制涉及风险信息被解读的社会、制度和文化背景,以及在其中风险信息被解读、判定并附加价值,主要包括以下四个反应机制。

1. 启发式价值

个体无法处理风险的复杂性以及生活中涉及的多种风险。因此,人们使用简化机制来评估风险并形成反应。这些过程在允许个体应对风险的同时,有时可能会导致偏见、扭曲和错误。同样,个体和群体价值也将决定哪些风险是重要或次要的,以及应采取什么行动。

2. 社会群体关系

风险问题进入社会和政治团体的政治议程。这些群体的性质将影响成员反应和关于风险问题的合理行为的类型。如果风险成为政治运动或社会群体之间冲突的核心问题,便会引起公众的关注,而新的问题则会伴随对事物偏见的升级而被引入冲突[30]。

3. 信号值

风险事件的严重性和高阶影响部分取决于事件信号或预示的事件。事件的信息性或"信号值"似乎与事件的特点及其反映的危险有系统关联。高信号事件表明出现了新的风险,或者风险不同于以前的理解[31]。总之,关于风险事件的信号启动了检查事件重要性的过程。

4. 污名化

污名化是指与不良社会群体或个人相关的负面形象。但是具有严重污染、废物堆积或危险技术的环境也可能与负面形象相关联。由于对被污名化的人或环境的典型反应是回避,所以假设风险引起的污名可能会产生重大的社会和政策后果是合理的。

阅读材料

"风险的社会放大"视角下危机事件的风险沟通研究:
以新冠疫情中的政府新闻发布为例(节选)①

作为风险沟通方式的疫情新闻发布,可以被视作基于对公众心理需求进行满足的过程,即

---

① 张志安,冉桢."风险的社会放大"视角下危机事件的风险沟通研究:以新冠疫情中的政府新闻发布为例[J].新闻界,2020(6):12-19.

通过发布疫情信息来完善公众的风险认知,进而建立组织与公众之间的信任,提振公众抗击疫情信心的过程。

就公众的心理需求而言,在诸如疫情等突发公共事件中,焦虑与恐慌的公众会产生一种在心理学上被称为"秩序需求"的心理需求:它并不单单指生活的有序,更是指一种更抽象意义上的秩序性,包括一切能够为个体提供规律感、秩序感、确定感的事物。这种心理上的秩序需求,从某种程度上来说是一种公众的心理补偿机制,"在自己无力掌控的条件下,如果政府和社会组织能够提供保障和支持,让民众感知到世界仍然是有秩序、有规律、有确定性的,就能够带来心理补偿,觉得生活环境还是安全的"。

在这一心理机制的驱动下,研究者进一步指出,公众会产生信息寻求与责任归因等行为,以及表达自身价值观念的强烈意愿。从"风险的社会放大"框架的视角出发,此次政府的疫情新闻发布所暴露出的问题,在很大程度上都可以归咎为作为风险沟通者的政府没能够满足公众疫情期间的这种特殊的心理秩序需求。加之受疫情新闻自身传播形式的影响,疫情新闻发布中所暴露出的问题,很容易通过互联网与社交平台被曝光与扩散。

总体上,疫情新闻发布过程中出现的问题主要包括三个维度:新闻发言人行为表现未能满足公众对风险沟通者的角色期待;疫情信息的专业供给没能满足公众对疫情信息的明确性、规律性、可解释性、可信赖性等需求;新闻发布中的公共传播和道德观念未能与社会主流价值完全契合。上述三个维度的问题与网络的传播扩散共同作用,引发了一部分公众的质疑,导致公众对地方政府信任度下降,以及发生网络舆情事件等。

【讨论题】

1. 结合材料和现实实践,分析新闻发布在疫情管控中发挥的重要作用,以及如何理解"回应公众关切是疫情新闻发布的核心目标"。

要点:新闻发布是风险沟通的重要方式,能满足公众心理需求,通过发布疫情信息来完善公众的风险认知,进而建立组织与公众之间的信任,提振公众抗击疫情的信心。

2. 结合风险社会放大的构成、信息、反应机制,以及材料中提出的三个维度问题,对风险沟通者提出一些对策建议。

要点:新闻发言人行为表现未能满足公众对风险沟通者的角色期待;疫情信息的专业供给没能满足公众对疫情信息的明确性、规律性、可解释性、可信赖性等需求;新闻发布中的公共传播和道德观念未能与社会主流价值完全契合。可从以上角度进行思考提出建议对策。

Z 推荐书目

1. 金太军、赵军锋,《风险社会的治理之道》,北京大学出版社。

内容简介:今天,我们都"生活在文明的火山上",不可见的危险正变得可见。几乎每一周,甚至每一天,都有各种影响公共安全的灾害发生。随着我国社会主要矛盾的转化,人们对于公共安全的要求日益增长。面对重大突发公共事件,政府能否有效应对,满足人们的公共需求,既取决于政府,又不完全取决于政府。当传统的灾害风险、现代化过程中的社会风险和现代性产生的生态风险一同出现时,政府往往因有限的公共资源、结构冲突、信息失衡和行为失调等,很难实施有效的因应举措。因此,政府如何充分有效发挥市场和社会的力量和智慧,实现三者的良性互动,构建完善的合作治理体系,成为当下我们应深度关注的问题。本书即在此基础上构建了一套完整的政府协调治理体系。

2. 钟开斌，《新时代防范化解重大风险基本问题研究》，中共中央党校出版社。

内容简介：为更好深化新时代中国特色社会主义思想的分领域研究，作者依托校（院）精品课讲授者在相关领域的研究成果，推出"新时代重大战略问题研究系列丛书"，为各级领导干部深入学习提供理论支持。该系列丛书从理论入手，以案例进行讲述，事例丰富，说理透彻，深入浅出，将新时代重大战略问题进行系统梳理，为各级领导干部深入学习提供重要参考。本书对防范化解重大风险有关问题进行了系统研究，书稿从理论源头出发，探清防范化解重大风险的理论依据，结合相关理论点明实践方向。

第三章　风险评估理论与方法

风险评估是进行重大事故预防不可或缺的一个重要环节,有效的风险评估可以帮助人们识别技术系统的缺点,发现各种可能会造成伤害的危险事件,进而采取相应的预防和补救措施,阻止事故的发生,或者将事故的影响降到最低。

西方国家在经历了 20 世纪 70 年代和 80 年代一系列惨痛的工业事故之后,就一直把工业安全和事故预防的问题放在重中之重的地位,并大范围推广风险评估技术和方法,也对此进行了大量的探索和研究,对风险评估的内涵、方法与技术手段等都有较为明确的界定,同时风险评估在工业制造、能源、交通、信息安全和金融学等领域都得到了实际应用,有效减少了风险源并规避了风险事故。20 世纪 60 年代以来,西方学者将风险评估引入社会科学领域。这不但形成了根据风险事件后果推测未来风险水平的分析模式,而且开创了技术导向的社会风险研究范式。这一范式在随后的几十年中得到了进一步的发展和完善,不同专业领域研究者还将最新的技术方法应用到风险评估中,以提高风险预测的准确性。

当前,中国取得了举世瞩目的发展成就,在中国经济不断发展的同时,各类风险事件却始终围绕在我们周围,从大连湾漏油事件到"8·12"天津滨海新区爆炸事故,从上海外滩踩踏事件到"7·20"郑州暴雨,特别是新冠肺炎疫情的爆发,这都不断提醒我们确保风险可控、避免事故发生已经成为可持续、高质量发展的前提与保障。

当今世界正经历百年未有之大变局,为有力应对各类风险挑战,我国提出要将防范化解重大风险挑战纳入坚持和完善中国特色社会主义制度宏观战略布局之中,坚持完善防范化解重大风险挑战的体制机制,完善风险防控机制,建立健全风险研判机制、决策风险评估机制、风险防控协同机制、风险防控责任机制。在应对风险挑战的实践中,正确认识和把握防范化解重大风险,并要求继续按照"稳定大局、统筹协调、分类施策、精准拆弹"的方针,抓好风险评估和风险处置工作,格外注意处置风险的负面"外溢性"。在世纪疫情冲击下,百年变局加速演进,外部环境更趋复杂严峻和不确定,一些历史上积累的风险和问题还在不可避免地"水落石出",我们要紧盯防控重点,压实工作责任,不放过任何风险隐患,进一步积累对做好风险处置的规律性认识,防范化解安全风险,增强风险防控能力,做好风险研判和风险评估工作。

基于此,本章将从风险评估理论、风险评估流程、风险评估方法的逻辑对风险评估的理论知识进行探讨,并结合国内外典型案例对风险评估的实践进行介绍。

第一节　风险评估理论

依据风险的复杂程度,可将其划分为简单风险、复杂性风险、不确定性风险、模糊性风险和混合风险。其中,"复杂性"是指难以识别和量化的多种潜在因素及其因果效应;"不确定性"是指缺乏清晰、高质量的数据资料,反映了风险应对者对特定风险定性、定量评估的置信水平;"模糊性"源于对与特定威胁正当性、严重性或更广泛含义议题的争议,该类风险主要涉及经济、伦理领域的重要问题,如食品添加剂、激素治疗和生物技术发展应用等。诸如脆弱性理论、韧性理论等基础理论在风险评估领域应用较为广泛,因此,本节重点介绍风险评估中的脆弱性和韧性理论的相关内容,为后续风险评估流程的具体实施奠定基础。

一、风险评估中的脆弱性理论

英文"vulnerability"一词来自拉丁文"vulnus"和"vulnerare",意即"可能受伤"。牛津英文字典中对"vulnerability"的解释是"对身体上或情感上伤害的接受能力"。20 世纪 70 年代,Gilbert F. White 明确提出了脆弱性概念,而后被广泛应用于灾害学、生态学、金融学、社会学和经济学等许多方面。脆

风险评估的
内涵与分类

弱性的理论内涵与应用范围经历了一个由自然灾害领域向社会安全领域不断扩展的过程。西方研究者首先将脆弱性的概念引入自然灾害研究领域。在相关研究中,脆弱性通常被界定为个体或群体暴露于不利影响及灾害的可能性,以及由于强烈的外部扰动和暴露部分的易损性而导致生命、财产及环境发生损害的可能性。

纵观国内外关于脆弱性理论的研究,其含义主要可归结为如下内容:第一,将脆弱性视为系统本身的一种属性;第二,认为脆弱性是系统暴露于不利影响或遭受损害的可能性;第三,脆弱性是遭受不利影响、损害或威胁的程度和结果;第四,脆弱性是对系统抗逆力的一种考量或衡量;第五,认为脆弱性是系统承受不利影响或压力的能力。随着学术界对"脆弱性"认识和研究的不断深化,更多学者倾向于将脆弱性视为一个多元概念的集合,是包含风险、暴露性、敏感度、适应性、恢复力等系列概念在内的复杂集合体。例如,Adger 和 Kelly 认为,脆弱性包含三层含义:第一,表明特定系统或个体存在内在不稳定性;第二,该系统、个体对来自外界自然的或人为的干扰和变化等比较敏感;第三,在外来干扰、外部环境变化的影响、扰动下,该系统或个体容易遭受某种程度的损失或损害,并且难以复原。

随着应用领域的拓展和学科交融,相关学者对脆弱性的关注从以环境为中心,注重自然环境脆弱性评价发展到以"人"为中心,并将主动适应性作为脆弱性评价的核心问题。公共危机管理的目的就是通过对脆弱性的减控,提高抵抗力(物理)和抗逆力(社会人文),降低或消除风险。基于脆弱性理论视阈,学者们对公共危机的发生、演化机理进行了深入探讨。例如,董幼鸿指出公共安全风险或事件的产生不是偶然的,而是受灾体自身脆弱性、孕灾环境系统脆弱性以及环境致灾因子综合作用的结果。多重扰动和不利因素既有来自系统内部的,也有来自系统外部的,并对系统脆弱性造成不同程度的影响,进而变成危机事件的外在诱因[32]。

二、风险评估中的韧性理论

韧性概念一直是众多学科研究的重要问题。在应急管理或灾害管理中,韧性的相关概念已经得到广泛应用,并推动了风险管理由单灾种管理向全灾种管理模式的过渡,更强调提高系统韧性以应对外部环境的不确定性和变化。例如,在社区层面上,Peterson 等学者将韧性界定为"社区面对和应对灾害风险的能力,以及它们适应气候变化的能力",强调社区的自我组织、学习与适应能力,并以澳大利亚阳光海岸为例,从社会、经济、环境、机构和基础设施等方面归纳了灾害韧性的相关因素。

韧性理论经历了工程学、生态学和社会生态学的演进研究,结合"系统说""恢复能力说""扰动能力说"和"适应能力说"的主要观点,明确韧性是复杂系统的固有能力,该能力是一个能

力的集合且具有一定的过程建设性。目前,学术界尚未形成对"韧性"的统一定义。以社会生态学为基础韧性内涵的研究,强调在自然界与人类社会相互依存的社会生态系统面对高度不确定风险时,维持各组成系统的持续和稳定发展表现为复杂系统回应压力和限制条件而激发的变化、适应、调整、自我恢复的可持续能力,并注重人作为客观世界的主宰,发挥主观能动性,制定社会管理制度、城市改造运动等。

综合而言,韧性理论关注系统自组织、系统记忆、系统反应和系统非线性发展过程,承认外来冲击和干扰的不可预测性,以及个体、组织和社会应对这些影响的复杂动态变化,具有三方面的本质特征:一是系统能够承受一系列改变并且仍然保持功能和结构的控制力;二是系统有能力进行自组织;三是系统具有能够建立和促进学习自适应的能力。总之,不同学科不断尝试创建韧性研究范式,使其从一个简单的属性描述逐渐拓展为相对完善的理论体系,作为一种重要的发展与规划理念,韧性理论为实现可持续发展目标提供了新的途径,正在国际范围内影响着区域发展的重构与政策制定。

阅读材料

材料一　　　韧性视角下现代城市整体性风险防控问题研究(节选)[①]

城市之"韧",即体现在面对外部扰动和内部异变时,依然保持基础的功能、结构和框架,且具备存续、适应和成长的特性。从这个角度来看,"韧性城市"可以被概括为具备动态平衡、冗余缓冲和自我修复等特性的城市样态。韧性城市不仅能够承受缓慢且隐蔽的慢性压力,更擅长应对突如其来的急性冲击,在保持基础性机能的同时,又能快速分散风险,调整恢复稳定,并从风险管理中学习治理经验,探索出"抗压—存续—适应—可持续发展"的渐进性发展模式。富有韧性的城市应保持动态平衡能力,且在社会层面具备协同性,在环境层面具备适应力,在技术层面具备智慧性,在工程层面具备冗余性,在组织层面具备自组织力,在制度层面具备学习力,以此抵御扰动和冲击。因此,韧性城市已被视为整体性风险背景下城市安全发展的战略导向和崭新范式。当前我国韧性城市建设尚处于起步阶段,存在较大的探索空间。迄今为止,国内韧性城市的建设广泛参考卡特(Cutter)、迈克·布鲁诺(Michel Bruneau)、杰哈(Jha)与迈纳(Miner)和斯坦顿-格迪斯(Stanton-Geddes)等学者提出的韧性城市评价指标。但是,由于中外国情、发展阶段和建设模式均存显著差异,如果盲目套用西方的评价体系和评估框架,则会在解释力上与中国国情存在龃龉。在参考借鉴的基础上,我们认为基于中国国情,可以将城市韧性度划分为社会层面具备协同性(社会韧性)、环境层面具备适应力(环境韧性)、技术层面具备智慧性(技术韧性)、工程层面具备冗余性(工程韧性)、组织层面具备自组织力(组织韧性)、制度层面具备学习力(制度韧性)等六个维度,其基本覆盖了城市的意识形态、自然生态、智力支撑、基础设施、社会群体、治理体系等方面,具备较强的理论解释力。譬如,2019年底始发于武汉市、2020年初全面暴发的新冠肺炎疫情,在早期即呈现出疫病源长期不受监管、疫情监测预警不力等问题,在疫情防控过程中也暴露出地域歧视和文化冲突、应急医疗资源短缺、公共卫生应急指挥体系不够健全等一系列不足,还存在着公私协作障碍和力量不均等天然痼

疾。诸如此类的大量案例,均可作为考量维度,探究目前我国城市安全风险防控存在的一系列盲点。

材料二　　　　　城市面临的最大风险以及解决方案

观看视频"城市面临的最大风险以及解决方案"(The biggest risks facing cities and some solutions)

【讨论题】

1. 我国韧性城市建设有哪些维度? 谈谈你的理解。

要点:社会韧性、环境韧性、技术韧性、工程韧性、组织韧性与制度韧性。

2. 结合现实情况,从韧性角度出发谈谈我国城市安全防控存在的盲点。

要点:城市社会韧性盲点:共意建构梗阻;城市环境韧性盲点:环保监管滞后;城市技术韧性盲点:智能融合缓慢;城市工程韧性盲点:冗余规划欠缺;城市组织韧性盲点:公私边界模糊;城市制度韧性盲点:规范体系虚化。

3. 结合视频内容,谈谈城市面临哪些风险。

要点:资源环境问题、社会安全问题、全球化问题等。

4. 综合视频内容及我国现状,谈谈应对当前城市风险的可能性解决方案。

要点:城市需要计划、绿化,投资在解决方案上,密集建设等。

城市面临的最大风险以及解决方案(视频来源:TED 官网,2017.09)

第二节　风险评估流程

"风险评估"作为风险治理的重要环节,本书将其定义为包括风险识别、风险分析和风险评价的全过程。风险评估旨在为有效的风险应对提供基于证据的信息和分析,风险分析需要根据信息识别出风险,并对其可能存在的危害进行预测,通常按照风险识别、频率分析、后果分析三个步骤执行。风险评估则以风险分析作为基础,在综合考虑社会、经济、环境等因素基础上,对风险的"容忍度"做出判断。风险评估是现代风险管理的核心环节,包括风险识别、风险分析和风险评价三个方面。

一、风险识别

"我们必须把防风险摆在突出位置,图之于未萌,虑之于未有。"风险识别是发现、列举和描述风险要素的过程。它是参与者根据自身知识、经验和管理模式,结合事物本身发展的客观规律,寻找引发事故原因的重要手段,对于当下存在或者未来即将发生的风险进行分析、总结和归纳。

风险评估的一般流程

1. 风险识别的目标

(1)识别出所有在系统有目的使用、可预见的误用过程中以及所有与系统互动的过程中出现的风险和风险事件。

(2)描述每一项风险的特征、形式和数量,描述风险会在何时以及系统的什么地方出现。

(3)识别与每一项风险有关的所有触发事件。

（4）识别出在什么样的条件下会产生风险事件，以及风险发生的路径。

（5）识别由风险或者与其他风险共同作用引发的潜在风险事件。

（6）让操作员和系统所有者都认识到风险和潜在的风险事件。

2. 风险识别的方法

风险识别的方法包括基于证据的方法，如检查表法以及对历史数据的评审；系统性的团队方法，如一个专家团队遵循系统化的过程，通过一套结构化的提示或问题来识别风险；归纳推理技术，如风险与可操作性分析等。目前，常用的方法主要有案例分析法、流程图法、专家调查法和 WBS－RBS 分析法等。

（1）案例分析法。通过对相关经典案例进行剖析和研究，归纳总结出对项目发展有重大影响的风险因素。

（2）流程图法。运用逻辑思维对项目的全生命周期进行分析并编制流程图，着重分析项目的关键环节存在的潜在风险。

（3）专家调查法。调查者设计问卷，通过发邮件或发函等方式获取相关专家的意见，并对风险因素进行科学分析与评估。一般运用头脑风暴法或是德尔菲调查法。

（4）文献研究法。通过阅读大量文献，总结归纳类似项目的风险因素。

（5）WBS-RBS 分解法。将项目根据风险分类和作业的基本流程逐级分解，直到出现最佳风险识别要素，分解结束。

表 3－1 风险识别的方法

类别	内容	适应范围	识别程度
检查表法	用表格的形式罗列出风险事件及其来源	广泛	较易
WBS 法	项目风险各组成部分的性质及相互关系	一般	易
判断法	列出以往的资料、数据和经验	广泛	易
实验法	用实验数据和结果进行识别	窄	较难
敏感性分析	分析风险影响因素，找出敏感因素加以识别	较窄	难
事故树分析法	画出风险事故影响因素图，从而演绎推理查找原因	较窄	难
专家经验法	利用专家风险识别理论对风险进行界定、量化	广泛	较易
流程图法	建立系列流程图，分析找出"瓶颈"，从而进行风险识别	一般	难

二、风险分析

风险分析是要增进对风险的理解。它为风险评价、决定风险是否需要应对以及最恰当的应对策略和方法提供信息支持。风险分析需要考虑导致风险的原因和风险源、风险事件的正面和负面的后果及其发生的可能性、影响后果和可能性的因素、不同风险及其风险源的相互关系以及风险的其他特性，还要考虑控制措施是否存在及其有效性。风险分析有一些常用的方法，对于复杂的应用可能需要多种方法同时使用。用于风险分析的方法可以是定性的、半定量的、定量的或以上方法的组合。风险分析所需的详细程度取决于特定的用途、可获得的可靠数据和组织决策的需求。定性的风险分析可通过重要性登记来确定风险后果、可能性和风险等级，如高、中、低三个重要性程度。可以将后果和可能性两者结合起来，并对照定性的风险准则来评价风险等级的结果。半定量化可利用数字评级量表来测度风险的后果和发生的可能性,并运用公式将两者结合起来,确定风险等级。量表的刻度可以是线性的,或者是对数的,或其他形式。定量分析可估计出风险后果及其发生可能性的实际数值和产生风险等级的数值。

通常,风险分析主要分为以下三个步骤:①风险源辨识,识别潜在的风险事件,以及与系统相关的风险源。同时,也需要识别出可能受损的资产;②可能性分析,在这一步中需要进行演绎分析,识别每一风险事件的成因,同时根据风险数据和专家判断预测风险事件的频率;③后果分析,这个环节需要进行归纳分析,识别所有由风险事件引起的潜在后果,归纳分析的目的通常是找出所有可能的最终结果以及它们发生的概率。

三、风险评价

风险评价包括将风险分析的结果与预先设定的风险准则相比较,或者在各种风险的分析结果之间进行比较,确定风险的等级。风险评价利用风险分析过程中所获得的对风险的认识,对未来的行动进行决策。

风险评价可以根据不同的要求进行分类,常用的有以下几种分类:①按评价的阶段分为事前评价、事中评价、事后评价;②按评价的角度分为技术评价、经济评价、社会评价;③按评价的方法分为定性评价、定量评价、综合评价;④按企业风险管理的内容分为工厂设计风险评价、风险管理有效性评价、生产设备的安全可靠性评价、行为的风险评价、作业环境和环境质量的评价、化学物质的物理化学风险评价。

风险评价过程的主要步骤包括:①根据风险接受准则评价风险,即风险分析中确定的风险是否能够被相关的风险接受准则所接受?如果存在这类准则的话,相比类似系统和活动中的风险,该风险是否可以接受?②推荐并评价可能的风险降低措施:有哪些相关的风险降低措施?每一项措施分别会降低多少风险?

📚 阅读材料

材料一   **全国自然灾害综合风险普查[①]**

回溯既往,人类社会始终与自然灾害同生共存,防灾减灾、抗灾救灾是人类生存发展的永恒课题。洪涝、干旱、台风、地震……我国是世界上自然灾害最为严重的国家之一,灾害种类多,分布地域广,发生频率高,造成损失重。统计数据显示,2020年我国各种自然灾害共造成1.38亿人次受灾,10万间房屋倒塌,19957700公顷农作物受灾,直接经济损失3701.5亿元。这警示我们,必须时刻保持忧患意识、敬畏心理,努力认识灾害规律,主动防灾减灾。

提高自然灾害防治能力,是关系人民群众生命财产安全和国家安全的大事,是防范化解重大风险的重要内容。我们国家高度重视防灾减灾工作,强调要坚持以防为主、防抗救相结合的方针,坚持常态减灾和非常态救灾相统一,做好新时代防灾减灾工作。

此次全国自然灾害综合风险普查工作,将全面获取地震灾害、地质灾害、气象灾害、水旱灾

---

① 加强风险普查,助力防灾减灾[EB/OL](2021-07-09)[2022-1-5]. http://opinion. people. com. cn/n1/2021/0719/c1003-32161294.html.

害、海洋灾害、森林和草原火灾等六大类22种灾害致灾信息,掌握历史灾害信息。人口、房屋、基础设施、公共服务系统、三次产业、资源和环境等承灾体,也成为普查的重点摸排对象。既囊括与自然灾害相关的自然地理信息,也核查人文因素;既分灾种、分区域进行风险评估,也对多灾种、跨区域的风险进行识别和区划……可以说,这是对我国自然灾害和抗灾能力的一次全方位、多维度的"健康检查"。在普查数据的基础上,形成自然灾害综合防治区划和防治建议,构建自然灾害风险防治的技术支撑体系,建立全国自然灾害综合风险调查评估指标体系,形成分区域、分类型的国家自然灾害综合风险基础数据库……

【讨论题】

1. 风险排查工作的目标是什么? 它对于风险管理工作有哪些意义?

要点:获取风险数据信息,建立风险监测预警体系,是风险管理工作的基础和不可或缺的重要组成部分。

2. 结合现实情况讨论我国风险排查工作存在哪些不足,从哪方面可以进行改进。

要点:风险信息的完备性、技术使用的成熟性、风险数据的共享性、风险数据的应用性。

材料二　　　　　　　　　　　**新冠疫情防控**①

当前,新冠肺炎疫情仍在全球蔓延,疫情也给我国经济社会发展造成严重冲击。在党中央的坚强领导下,我国抗击疫情斗争取得重大战略成果,成为全球唯一实现经济正增长的主要经济体,交出了一份人民满意、世界瞩目、可以载入史册的答卷。

据国家卫生健康委官网最新发布的第八版新型冠状病毒肺炎防控方案,根据《中华人民共和国传染病防治法》《突发公共卫生事件应急条例》等法律法规,在新冠疫情防控过程中坚持实施分区分级精准防控,以县(区)为单位,依据人口、发病情况综合研判,科学划分疫情风险等级(低风险、中风险与高风险地区),明确分级分类的防控策略。要求始终坚持"预防为主、防治结合、依法科学、分级分类"的原则,坚持常态化精准防控和局部应急处置有机结合,按照"及时发现、快速处置、精准管控、有效救治"的工作要求,坚决防范境外疫情输入和境内疫情反弹,全力做好常态化疫情防控工作。

目前,全国疫情防控总体形势良好,但是"外防输入、内防反弹"的压力仍然很大。特别是外防输入,不仅要防止人传人引发的疫情,还要防止物流带来的病毒。就此而言,必须紧跟防控形势的新发展、新变化,防范化解疫情冲击导致的各类衍生风险,坚定必胜信心,坚持底线思维,不断推动经济持续恢复和高质量发展。在确保疫情不出现规模性输入和反弹的前提下,防控措施应力求对经济发展、社会民生、百姓生活影响最小,努力实现相对低成本的有效疫情防控。在巩固前期疫情防控成果的基础上,进一步统筹好疫情防控和经济社会发展,提高二者政策措施的契合度,我们就能为推动高质量发展营造良好环境。

【讨论题】

1. 你认为新冠疫情防控过程中需要注意哪些风险? 如何做好风险评估工作?

要点:从风险评估工作的流程出发详述重点内容。

2. 结合现实情况和材料,分析我国在疫情防控过程中形成了哪些先进的、可复制的经验。

---

①　时刻绷紧疫情防控责任之弦[EB/OL].(2021－01－04)[2022－01－05].http://opinion.people.com.cn/n1/2021/0104/c1003－31987397.html.

要点:从切身感受入手或从官方文件报告分析。

材料三 **风险研判机制**①

薛澜教授指出,中国从2003年非典之后,在公共卫生体系建设方面进行了大量的投资,在捕捉风险信号方面,加强了基层医疗服务机构(哨所医院)能力,建立了全球规模最大的传染病疫情和突发公共卫生事件网络直报系统,力图实现对主要法定传染病的个案和其他潜在的新型传染病个案进行实时在线监测。同时,在风险预警方面,《中华人民共和国突发事件应对法》也做出了规定,当"可以预警的自然灾害、事故灾难或者公共卫生事件即将发生或者发生的可能性增大时,县级以上地方各级人民政府应当根据有关法律、行政法规和国务院规定的权限和程序,发布相应级别的警报,决定并宣布有关地区进入预警期"。

但令人遗憾的是,在加强风险管理体系建设的过程中,风险研判机制似乎并没有得到应有的重视。科学的风险研判机制是一个规范的科学调查及分析研判过程,需要包括流行病专家、病理学专家、临床治疗专家、社会学专家、公共管理专家等多领域专家,运用已有的科学知识针对捕捉到的风险信号进行深入的调查研究,并在综合分析的基础上,正式将研判结果提交相关政府部门,为下一步应当采取的行动提供科学依据。这个过程是科学在应对公共卫生突发事件中所应当发挥作用的重要机制。

【讨论题】

1. 风险评估的流程是什么?需要做哪些工作?

要点:风险识别、风险分析与风险评价。

2. 结合材料分析当前我国的风险评估工作存在哪些不足和改进的空间。

要点:风险研判机制重视程度不够,风险管理体系建设不成熟等。

3. 结合现实情况和材料具体分析我国在应对突发公共卫生事件的实践中暴露出了哪些问题。请举例说明。

要点:国家重大公共卫生疫情向公众报告不够及时有度,初期科学防控预案缺乏;公共卫生和疾病防控体系建设与经济发展不相适应;应急响应机制难以应对威胁人民健康的突发重大公共卫生事件;科技创新成果基于临床问题导向的针对性不强,数据共享及转化应用渠道不通畅,缺乏相关安全等级实验室;应对重大突发公共卫生事件的医疗供给和战略储备不足;突发公共卫生事件舆情应对和舆论引导能力存在较大缺陷;疫情发生后"次生灾害"研判和应对体系有待加强等。

第三节 风险评估方法体系

风险分析的方法包括定性分析及定量分析,具体采用哪种方法取决于分析的目标。定性风险分析:以完全定性的方法确定概率和后果。定量风险分析:对概率及后果进行数学估算,有时还需考虑相关的不确定因素。定量分析适合对那些概率较低、影响较大的事件的风险进行量化,也可进行专门的概率评估和大规模分析。风险评估活动适用于组织的各个层级,可涵盖项

① 薛澜.科学在公共决策中的作用:聚焦公共卫生事件中的风险研判机制[J].科学学研究,2020,38(3):385-387.

目、单个活动或具体事项等。但是在不同的情境中,所使用的风险评估方法可能会有差异。选择合适的风险评估方法,有助于组织及时、高效地获取准确的评估结果。

一、风险评估方法概述

风险评估的形式与结果应与组织的自身情况相适应。风险评估的方法有很多,包括定性分析和定量分析,取决于不同风险评估方法的特点。

一般而言,风险评估的覆盖面非常宽,涵盖了危机的前、中、后三个阶段,因此,从危机的不同阶段出发,可以将应急管理工作中的风险评估分为事前评估、事中评估、事后评估三类。当前,国内外的风险评估工作一般包括设定风险评估的目标、明确评估类型、确定科学的评价指标、选择合适的数据源、制订可行的评估计划等步骤,相应的评估方法也可分为定性与定量两大类[33]。在开展风险评估活动的不同阶段,通常需要根据实际需要采用不同的评估方法与工具。

风险评估定性方法往往带有较强的主观性,需要凭借分析者的经验和直觉,或者是以行业标准和惯例为风险各要素的大小或高低程度定性分级,虽然看起来比较容易,但实际上要求分析者具备较高的经验和能力,否则会因操作者经验和直觉的偏差而使分析结果失准。

风险评估定量分析是对构成风险的各个要素和潜在损失的水平赋予数值或货币金额,当度量风险的所有要素都被赋值,风险分析和评估过程的结果就得以量化。定量分析比较客观,但对数据要求较高,同时还需借助数学工具和计算机程序,其操作难度较大。

二、风险评估方法的选择

选择适宜的风险评估技术和方法,有助于组织及时、高效地获得预期的风险评估效果。在实践中,风险评估活动的复杂程度及详略程度千差万别,所以风险评估的方法及预期的结果应该与组织自身的情况相匹配。适宜的风险评估方法应具备以下特征:①符合所建立的环境,满足环境的要求;②实施结果应加深对风险性质和如何应对风险的认识、理解;③有利于对风险评估基本问题的回答;④符合风险准则;⑤适用于组织的实际情况;⑥可追溯、可重复、可验证,具有可比;⑦从简单到复杂。

影响风险评估方法选择的主要因素:①研究目标。风险评估的目标对于所选用的方法具有重要影响。②决策者的需要。某些情况下做出有效的决策需要充分考虑细节,而某些情况下可能只需对总体进行大致了解。③风险的类型及范围。评估风险的类型不同、评估的范围不同,可能导致选择不同的风险评估方法。④风险发生的可能性、后果的严重程度。在选择风险评估方法时,要充分考虑风险的这两个突出特征。⑤修改、更新风险评估的必要性。一些评估结果可能在将来需要修改或更新。某些评估方法比其他方法更易于调整。⑥法律法规、合同的要求。风险评估方法的选择可能不仅取决于组织内部,还应关注外部法律法规的有关要求。

三、风险评估常见方法

常见的风险评估方法包括德尔菲法、风险矩阵法、可靠性风险评价法、故障树分析法、层次分析-模糊综合评价法、系统评价法等。

1. 德尔菲法

德尔菲法是用于预测活动的一项重要工具,通常可以划分三种类型:经典型德尔菲法、策略型德尔菲法和决策型德尔菲法。该方法不仅可以用于预测领域,而且可以广泛应用于各种评价指标体系的建立和具体指标的确定。其优点是简便易行,使综合意见更加客观;缺点是容易忽视少数人的意见,主观性较强。

风险评估的
常用方法

德尔菲法的具体实施步骤如下:①确定调查题目,拟定调查提纲;②组成专家小组,专家人数一般不超过 20 人;③向所有专家提出所要预测的问题及有关要求,并附上有关这个问题的所有背景材料,同时请专家提出还需要什么材料。然后,由专家做书面答复;④各个专家根据所收到的材料,提出自己的预测意见,并说明如何利用这些材料并提出预测值;⑤将各位专家第一次判断意见汇总,列成图表,进行对比,再分发给各位专家,让专家比较自己同他人的不同意见,修改自己的意见和判断;⑥将所有专家的修改意见收集起来汇总,再次分发给各位专家,以便做第二次修改,逐轮收集意见并为专家反馈信息,这一过程重复进行,直到每一个专家不再改变自己的意见为止。

2. 风险矩阵法

风险矩阵法是一种可视化分析工具,主要用于风险评估领域。该方法在美国空军电子系统中心获得了广泛应用,目前我国主要将风险矩阵评估方法应用于采矿、设备维护与更新、自动化仪表可靠性分析等领域。该方法是通过定性分析和定量分析手段,综合考虑风险影响和风险概率两个方面因素,将风险事件严重性、发生可能性划分为若干等级[34]。然后,以严重性为表列,以可能性为表行,制成表,在行列焦点上给出定性的加权指数。其分析步骤如下:①构建原始风险矩阵;②确定风险影响等级;③确定风险概率;④确定风险等级。

3. 可靠性风险评价法

可靠性风险评价是一种利用数学模型和统计数据进行的风险评价,它以过去损失资料为依据,运用数学方法建立数学模型来进行评价。其评价的基本步骤是:先计算风险率,然后把风险率与安全指标相比较,如果风险率大于安全指标,则表明企业或项目处于风险状态,需要采取控制措施;如果风险率小于安全指标,则认为企业或项目较安全,没有必要或暂时没有必要采取控制措施。风险率是衡量风险大小的尺度,计算公式如下:风险率＝风险发生的频率×一次风险事故的平均损失。

以社会风险评价领域的应用为例,首先,需要把社会运行中各类风险信息转化为相应的指标,然后结合已有的统计资料构建数学模型和方程式,并根据实际需要对该社会问题进行点估计或区间估计,最后将计算所得的风险率与规定的风险指标进行比对,以此来选择相应的风险控制策略。

4. 故障树分析法

故障树分析法是采用逻辑分析进行风险评估的方法,具有直观明了、思路清晰、逻辑性强的特点,既可做定性分析,也可做定量分析,是安全系统工程领域的主要评价方法之一。

故障树分析是把系统中不希望出现的事件作为顶事件,通过对可能造成系统故障的各种因素进行分析(这里的因素包含很多种,既可以指系统的硬件、软件因素,也可以指环境和人为因素等),自上而下,由总体到局部,逐层细化,分析可能导致故障发生的所有直接原因及其相互之间的逻辑关系,直到找出故障的基本原因(即故障树的底事件)为止,形成"树状"的逻辑因果关系图[35]。如图3-1所示,可以地铁火灾事故为顶事件,建立火灾事故故障树模型,分别分析人的不安全行为、电气设备故障、机车车辆故障、工作人员未能及时扑救、消防系统这5个底事件发生的概率,以及顶事件(地铁火灾事故)发生的概率,并对各底事件的概率重要度和相对概率重要度进行测算。

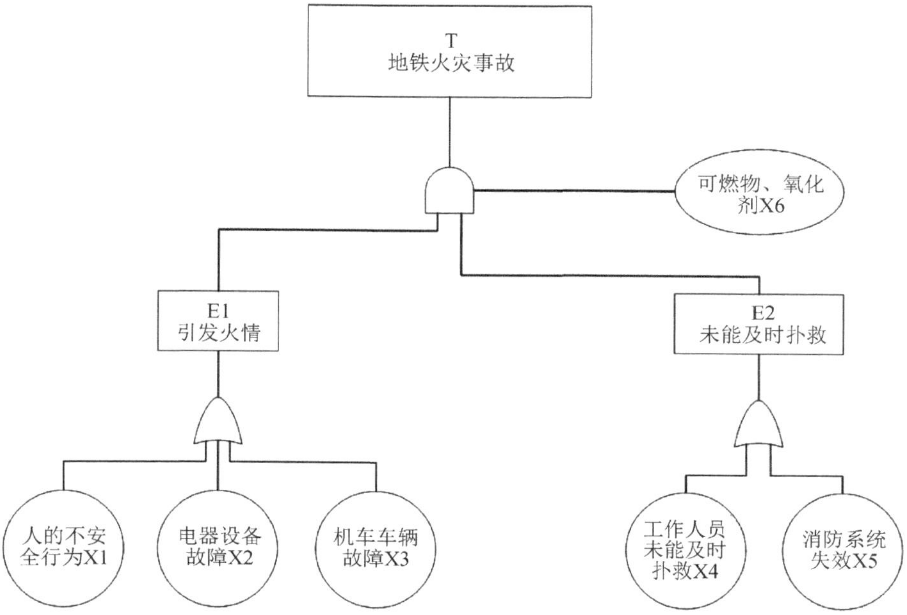

图3-1　地铁火灾事故故障树

5. 层次分析-模糊综合评价法

层次分析-模糊综合评价法是层次分析法与模糊综合评价的结合,可以在一定程度上避免层次分析法中人的主观性对风险评价结果的影响[36]。一般来讲,该方法的步骤主要包括:①确定评价指标体系;②利用层次分析法确定各层风险因素的指标权重;③采用模糊综合评价法建立风险因素的综合评价矩阵;④计算风险等级。

例如,可以运用层次分析-模糊综合评价法对煤炭应急管理进行风险评价。首先,明确指标体系的构成,弄清楚煤矿应急管理风险所包含的指标因素、各因素之间的关联程度及上下层的隶属关系,并据此建立多层次评价指标体系,如图3-2所示。其次,根据判断矩阵所反映的信息,采用层次分析法计算指标权重并进行一致性检验。再次,通过专家调查法,邀请10位从事煤矿应急管理工作风险评价方向的专家对应急管理风险涉及的二级指标进行综合分析并打分,进而确定出模糊综合评价矩阵。最后,确定应急管理风险评价总得分,并将总得分与评价等级表比照,最终得到煤矿应急管理风险的评价结果。

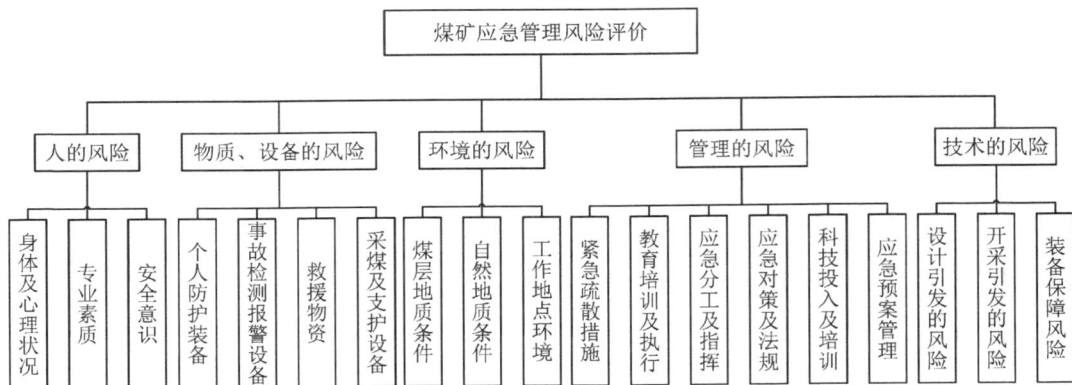

图 3-2　煤矿应急管理风险评价指标体系

6. 其他风险评估方法

除上述风险评估方法以外,在现实的公共危机治理实践中,结合具体的危机情境有时还会用到其他评估方法,例如,对于动态风险体系的系统评价法,以及针对社会稳定风险的民意征集法。

以重大决策前的社会稳定风险评估为例,在实践层面,需要充分考虑民众意愿,确定重大决策事项是否实施,把是否可能引发群体性事件及事件激烈程度作为最主要的评定标准。风险管理部门要及时根据民意调整政策、项目实施方案与实施进程,降低社会风险水平。

需要注意的是,风险的可计算性是相对的。对于行为风险、心理风险以及社会文化风险的研究,都面临着风险难以计量的问题。就评估方法而言,需要面向现实问题的复杂性、模糊性等特征,基于风险治理、复杂系统等理论选择最适宜的评估方法。

阅读材料

大城市新冠肺炎疫情风险评估与精准防控对策——以郑州市为例(节选)①

新型冠状病毒感染的肺炎疫情是当前世界广泛关注的国际突发公共卫生事件。我们以本次疫情受影响较为严重的城市——郑州市为例,综合运用 GIS 空间分析技术、层次分析法与综合加权法等对郑州市疫情的演变趋势、基本特征、空间分布以及风险等级评估进行研究。

结合研究区实际,依据科学性、精准性、综合性与数据可得性等原则,以街道(乡镇)尺度为评价单元,将郑州市疫情风险划分为低风险、较低风险、中等风险、高风险、极高风险等 5 个等级,有利于分区分级实行精准化新冠肺炎疫情防控策略。风险等级评估采用构建指标体系、层次分析法、综合加权法进行测算。分别选取各街道(乡镇)近 7 天新增病例数、累计总病例数、聚集性疫情起数、本地区发病占比等 4 个指标构建风险评估指标体系,运用层次分析法确定各指标的权重,结果见表 3-2。

———

① 赵宏波,魏甲晨,王爽,等.大城市新冠肺炎疫情风险评估与精准防控对策:以郑州市为例[J].经济地理,2020,40(4):103-109.

评估方法

（1）层次分析法。层次分析法（analytic hierarchy process，AHP）是 1970 年由美国匹兹堡大学教授 T. Saaty 正式提出的，它是将与决策相关的元素分解成目标、准则、方案等层次，在此基础上进行定性与定量的决策分析，利用层次分析法可以准确地确定具体的评价指标体系及各级指标的权重，降低传统工作中确定权重过程中的随意性和主观性的成分，确保评价结果的客观性和公正性。该方法对变量赋权系统灵活，且具有实用性的优点。

（2）综合加权法。首先，采用极大化方法进行数据标准化处理，该方法考虑到指标值的差异性，对数据处理之后各值的分布仍与原值相应分布相同，适用于呈正态分布或非正态分布指标值的无量纲化。

表 3 - 2　风险评估的指标与权重

指标名称	权重	数据来源	效应
近 7 天新增病例数（E_1）	0.33	官方公布	该值越大，表明风险越高
累计确诊病例数（E_2）	0.48	官方公布	该值越大，表明风险越高
聚集性疫情起数（E_3）	0.07	官方公布活动轨迹整理	该值越大，表明风险越高
本地区发病占比（E_4）	0.12	累计确诊人数/当地常住人口	该值越大，表明风险越高

【讨论题】

1. 风险评估工作中有哪些常用方法？上述材料采用的层次分析法相比其他几种方法有什么优点和不足？

要点：德尔菲法、风险矩阵法、可靠性风险评价法、故障树分析法和层次分析-模糊综合评价法等。

2. 结合材料，请对以上以郑州市为例的风险评估结果进行分析并尝试提出结论。

要点：区域风险等级、防控策略等。

大城市新冠肺炎疫情风险评估与精准防控对策——以郑州市为例

第四节　研究示例

一、澳大利亚格拉德斯通液化天然气开发风险评估

（一）案例背景概述①

自 2010 年以来，澳大利亚格拉德斯通港进行了大规模扩建，以适应不断增加的煤炭出口业务。这一发展对环境和社会经济产生了重大影响。格拉德斯通是昆士兰州中部的一个小城市，位于澳大利亚东海岸，人口 67000 人，这一地区集中了昆士兰州的主要工业和港口设施。20 世纪 50 年代开始，该地区主要发展工业，现在成为包含煤炭出口码头、氧化铝精炼厂和冶炼厂、一个铝厂、一个发电站、一个水泥厂、各种化学生产厂、一个油页岩示范厂和三个最近建

---

① VEGA R G V D. Risk assessment and risk governance of liquefied natural gas development in Gladstone，Australia[J]. Risk Analysis，2018(4)：1830 - 1846.

成的液化天然气设施的所在地。近期的发展建设对环境、社会和经济产生了重大影响,尤其对环境和人身健康、房价和生活成本、社会资本和社区安全都产生了间接的和累积的影响。这些影响不仅反映在这一地区,同时反映在澳大利亚和国外的许多其他资源开发地区。

但是,该项目存在公众信任缺失、民众信心不足等问题。基于此,我们对格拉德斯通液化天然气开发项目的风险评估和风险治理过程进行了事后分析。这有助于更好地理解如何实现风险治理过程的各个阶段,以识别治理缺陷,更好地了解这些缺陷,有助于风险决策者改进澳大利亚和国外未来资源项目的风险评估和管理。出于实际原因考虑,我们将重点关注澳大利亚太平洋液化天然气项目(以下简称液化天然气项目)。尽管每个液化天然气项目的支持者都有自己的基于风险的评估和涉众参与方法,但它们之间有很多相似之处。因此,本研究为液化天然气项目提出的建议将在很大程度上适用于整个格拉德斯通(Gladstone)的液化天然气开发。

(二)理论分析框架构建

1. 风险治理和 IRGC 框架

风险治理概念的发展是风险相关决策的更广泛发展的一部分,这表明公众参与的趋势以及从政府干预的概念转向更广泛的、更系统的治理形式。人们普遍认为,仅仅依靠技术评估和将风险作为量化实体进行优化的技术决策模型来处理风险是不够的。因为科学和技术的构建和偶然性,即使是基于科学的风险评估也会产生不同的结果,这取决于问题的框架。风险进一步被认为包括社会、文化、政治和心理维度,并同时由价值观和信仰所塑造的概念。此外,风险和反应相互作用,这就直接导致了由于公众体验的直接影响的放大或减弱对风险的间接影响。这种视角逐渐发展成为包括专家、利益相关者、民间团体和公众的具有包容性的风险治理方法。

IRGC 风险治理框架被认为是一个整体的、全面的风险治理框架,它整合了科学、经济、社会和文化的各个方面,通过利益相关者的沟通和参与,倡导包容性风险治理的理念。该框架旨在为风险治理提供更全面和综合的观点,以克服风险相关决策中的常见缺陷。为了达到这个目的,风险处理的传统要素——风险评估、管理和沟通,另外还补充了包括社会环境方面的因素。这些环境因素包括法规和政策、制度能力、利益相关者的结构和相互作用、风险感知和关注。

2. 案例数据收集

在 2016 年 7 月至 9 月,在遵循 IRGC 框架的基础上,我们对 46 位来自不同利益相关者群体的受访者进行半结构化访谈,对利益主体感知及关注点进行分析。此外,使用相关的灰色文献,如可用的意见书、报告和政策文件等,用于准备采访内容和结构并丰富数据。访谈内容包括风险感知、治理机制和可能的改进。访谈对象来自地方、州和联邦政府,私营企业,非政府组织,地区和土著代表,高峰组织和服务提供者,学术研究机构和媒体。这些群体是提取关于特定主题领域或区域的观点从而获得的样本。受访者包括:政治家;具有广泛社会、经济和环境责任的政府官员;矿物和能源资源开发者;社区服务团体;港口开发商;独立研究员;海上安全小组;休闲港使用者;自然资源管理小组;当地企业;环境和野生动物保护组织和代表格拉德斯通地区的区域和土著利益相关者。访谈的平均时间约为 30 分钟,每次访谈都会被记录下来。在采访了 40 个利益相关者后,因为在接下来的六次采访中没有出现新的类别或主题,数据达到饱和。以此数据为基础,通过 NVIVO 将访谈内容进行转录,并将相关段落编码为主题和类。

(三)案例分析

通过使用 IRGC 风险治理框架的不同阶段的结构,对格拉德斯通的液化天然气开发进行回顾性分析。这一分析涵盖所有阶段,而由于我们的重点是评估领域,因此项目的调试和运行期间的风险和影响管理将在未来的研究文章中讨论。

1. 风险治理环境

液化天然气设施的位置是令人关注的主要领域之一。一旦确定了地点,该项目就必须按照澳大利亚和昆士兰州的法规进行环境影响报告。由于昆士兰州和澳大利亚政府就环境影响报告达成了双边协议,单一的评估程序被认为足以获得两国政府的批准。

在 EIS 成功完成后,项目进入建造和调试阶段,需要一系列的批准程序。基于风险的评估是为了遵守相关法律法规、国际公约、项目融资和股东期望。

2. 预评估

预评估阶段包括发现与液化天然气项目开发相关的利益相关者的不同观点。在开发之前,许多受访者,特别是环保非政府组织的受访者,似乎对发展液化天然气持负面态度。其他利益相关者则对液化天然气的开发这一问题持中立态度,但也表达了与可能发生的环境、社会和经济风险的关系担忧。对液化天然气开发持积极态度的受访者认为,液化天然气的开发被看作是刺激经济发展和就业的一个主要因素,或者是一个合法和必要的收入来源。

3. 风险评价

(1)风险评估。

利用基于定性风险分析方法的风险矩阵工具,液化天然气项目对环境影响报告书进行了基于风险的评估。在这种方法中,潜在的风险是基于过去事件的后验知识来识别和评估的。所有与项目相关的剩余风险都估计在可忽略范围到中等范围内。一旦估计了每种风险的可能性和后果,它们就被映射到一个风险矩阵中,该矩阵显示了五类分散的风险的残余风险水平,范围从微不足道到非常高。

(2)关注度评估。

除了技术风险评估之外,研究亦进行了关注评估。由于项目进行而产生的社会经济风险都在低和中等类别中进行了估计,在项目所有阶段风险评估和关注评估进行了记录整理。

4. 风险容忍度和可接受性

根据之前的研究结果,需要进一步做出风险的容忍度和可接受性的判断。在这个阶段,根据风险评估的结果,风险通常被区分为可接受、可容忍和不可容忍的区域。虽然在风险治理框架中单独进行说明,但基于证据的风险表征和基于价值的风险评估是紧密联系的,因而风险评估专家和风险管理决策者常常同时进行其工作。

(1)风险表征。

根据液化天然气项目所采用的风险分析方法,风险的可接受性取决于风险的大小、风险降低方法的实用性以及被认为是可容忍的风险水平。

(2)风险评估。

EIS 文件表明,基于证据的风险表征已经进行得相当好。然而,文件和访谈表明,在风险可承受性和可接受性阶段进行基于价值的风险评估是非常不可能的。结合访谈结果的文档并没有表明公众有机会直接帮助判断风险的可容忍性和可接受性。这一阶段被认为是风险治理过程中最具争议的阶段之一,因为区分什么是可接受的、可容忍的和不可容忍的意味着对可接受性和可容忍性的道德判断可以强加于他人。所以,这可能是未来项目需要改进的领域。

5. 风险管理

在可容忍性和可接受性判断之后,与液化天然气项目相关的风险评估团队确定了要实施哪些缓解措施,以及剩余风险是否可接受、可容忍或需要进一步处理才能使其成为最低合理可行(as low as reasonably practicable,ALARP)。国际风险治理委员会(IRGC)建议,对于不可接受的风险,应将利益相关者包括在风险识别、评估和选择降低和管理措施中。在此,液化天然气项目实施公司依据环境管理计划(EMP)和社会影响管理计划(SIMP)时所采取利益相关者参与方式,证明了其符合 IRGC 的要求。

(四)讨论与结论

根据案例研究的结果,可以认为风险评估和风险治理过程的技术和社会方面似乎进行得比较好,并且在很大程度上与国际风险治理委员会概述的最佳实践方法相一致。然而,在风险矩阵方法、不确定性的反映、累积风险、监管过程以及利益相关者的沟通和参与方面也存在一些不足之处,主要表现:在技术方面,发现了风险治理缺陷,尽管风险矩阵方法广泛应用于各行业,但其局限性和不一致性几乎是风险矩阵方法固有的,在未充分进行的风险评估中反映了不确定因素和累积风险的评估;在社会方面,包括利益相关者的沟通和参与、风险评估、监管过程和其他方面,这些方面可能会导致对未来事件更大的信任和支持,如在项目批准前建立多方利益相关者团体,需要累积影响评价和处理一个领域内所有项目的总计划,持续的适应性治理,而不是指令性监管,地方和国家政府部门在治理过程中更多地参与和发挥更积极的作用。前者涉及项目审批后成立的各种多方利益相关者团体,得到了大量受访者的好评。这里没有讨论风险管理的实施,但受访者指出,在这个过程的早期阶段需要建立这些多利益相关者团体。后三点来自治理问题,按每个利益相关者组报告的百分比表示治理关注。

总之,通过对格拉德斯通液化天然气开发的风险评估和风险治理过程的案例研究,旨在识别出现的风险治理缺陷,并制定能够在未来改善类似决策问题的流程。并且,讨论了需要改进的风险治理缺陷,包括风险矩阵方法固有的局限性和不一致、风险评估的不确定性、处理与单个领域的多个项目相关的累积风险、监管过程中的并发问题、公众沟通和参与(因为公众不清楚他们的反馈是如何使用的)。前两点是项目建议者的责任,后三点是项目建议者与相关政府部门的共同责任。而能够改善今后类似决策问题的建议包括:建立累积影响评估和总计划,处理同一领域内的所有项目,包括一个代表公众利益的管理机构,就累积风险做出最后的可容忍性和可接受性判断;需要向公众提供反馈,说明在风险治理过程的各个阶段所提供的评论如何被纳入项目的风险相关决策中;利益相关者参与风险的耐受性和可接受性判断;在项目批准前建立多方利益相关主体;风险监管中审议和适应能力的重要性,以有助于促进支持者、政府、利益相关者和社区之间的对话;地方和国家政府部门在治理过程中需要发挥更积极的作用。

二、基于社交媒体数据的美国山火风险评估

(一)案例背景概述 ①

基于社会化媒体的社交网络构成了人们分享、交流信息和观点的虚拟社区和交流平台。

---

① YUE Y, DONG K, ZHAO X, et al. Assessing wild fire risk in the united states using social media data[J]. Journal of Risk Research, 2019(235):1 - 15.

由于社交媒体平台和设备的普及,近年来地理标记的社交媒体数量急剧增加。一些带有地理标记的社交媒体数据包含丰富的灾害信息,为灾害评估和灾后响应提供了机会。因此,研究如何利用带有地理标记的社交媒体数据来评估山火等突发性灾害的风险,对于大数据在灾害风险管理中的应用是必不可少的,同时也是一个具有挑战性的科学问题。

社交媒体可传输和收集与灾害风险感知相关的信息。因此,将社交媒体数据引入山火风险评估,可以及时有效地应对山火。此外,它还可以揭示以往仿真模型的不确定性和对人为因素的忽视等问题。本研究使用推特(Twitter)上的有关数据,以美国为案例研究对象,对美国山火的空间分布进行了评估。

(二)数据收集与方法

1. 数据源

本研究中的推文是指 2015 年 7 月 29 日至 2015 年 8 月 29 日在 Twitter 上记录的山火相关内容。以下是我们的数据收集原则:首先,高密度数据收集。考虑到山火和火势蔓延是具有强烈动态性和及时性的危险过程,我们将 1 分钟作为在 Twitter 上持续收集数据的间隔。其次,只使用带有地理坐标信息的推文。最后,根据关键词检索相关推文,这些关键词包括:Wildfire;Rocky fire;Fire evacuation;Fire closure。结果有 64990 条带有地理位置信息的推文,这反映了山火的空间分布。每条推文包括以下内容:①推文 ID;②推文发布者的 ID;③推文内容;④推文发布时间;⑤粉丝数量;⑥推文发布的坐标;⑦发布推文所在城市;⑧地理代码类型,包括 GPS,null(系统无法获取所发布推文的任何位置信息),以及用户简介(可能含有地理位置信息)。

在分析过程中,选择 MODIS(moderate-resolution imaging spectroradiometer,MODIS)数据中的归一化植被指数(normalized difference vegetation index,NDVI)作为反映植被生长状况和评价生态系统脆弱性的指标。而后,计算年平均归一化植被指数。其次,采用加权法得到 2010—2014 年 NDVI 平均数据,并将其纳入火灾风险评估网格。

在本文中,网格作为评估单元。通常,网格的大小是根据研究区域的空间大小、驱动因素的特征以及数据源的准确性来确定的。经过对比分析,我们认为 10 km×10 km 的网格能较好地反映火灾灾害的空间分布特征,因此将这个规模的网格作为空间评估单元。

2. 山火风险评估方法

我们遵循 UNDRR 提出的模型(即风险＝灾害＊脆弱性)来构建山火风险模型。采用标准化的山火灾害指数来反映山火灾害,即将每个网格中的山火记录数量(来自推文)除以相应的人口数。得到关于标准化山火灾害指数(Hsd)的公式。作为风险评估的核心变量之一,社会-生态脆弱性主要是指对社会经济因素和生态资产潜在损失的评估。我们认为,与财产因素相比,人口和植被是主要的生命实体。为了评估人口和生态系统的脆弱性,我们选择人口密度和植被指数作为主要指标。我们应用归一化植被指数和归一化人口密度作为社会和生态脆弱性的评估指标。

(三)研究结果

1. 山火灾害

山火灾害等级分为极严重、严重、中等、轻微和极轻微,其面积比分别占 2.38％、4.75％、

7.77％、18.44％和66.66％。整体而言,山火灾害等级相对较低。然而,中等以上灾害等级的山火区域占总面积的14.90％,而且空间分布高度集中。总的来看,灾害等级最高的地区相对集中在西部。

2. 山火灾害的社会生态脆弱性

山火灾害极严重、严重、中度社会生态脆弱性地区分别占14.3％、30.1％和24％,轻微和极轻微社会生态脆弱性地区共占比31.7％,反映出社会生态脆弱性整体较高,而社会生态脆弱性最高的地区主要分布在东部、西海岸以及南部。通过人口密度和NDVI作为脆弱性指标,社会-生态脆弱性水平的空间格局反映了人口和植被对山火的潜在暴露水平。山火主要分布在西部,罕见发生在东部。然而,由于东部较高的社会生态脆弱性,山火发生则可能造成人口、财产和生态的巨大损失。

3. 山火风险的空间分布

山火风险的整体水平较低,其中极严重、严重、中等、轻微和极轻微山火风险等级的地区分别占0.66％、2.5％、7.5％、15.55％和73.78％。基于山火风险指数进行核密度分析计算山火风险等级的空间分布,发现山火风险等级较高的地区主要分布在西北和东南地区。但较高的风险等级并不一定会导致更多的灾难,如东部比西部更潮湿而易引发山火,但东部没有发生过大的山火。而在西部,因为气候干燥所以有很多山火发生。整体而言,山火风险等级相对较低。

4. 面临风险的人口和植被

处于极严重和严重山火威胁下的人口仅占7.13％,且分布均匀。然而,山火也可能造成严重的生命损失,因为许多大中城市都位于这些地区,如费耶特维尔、哥伦布和西雅图。面临中等山火风险威胁的人口占7.77％,分布相对分散,其中包括华盛顿特区。面临极轻微和轻微山火风险的人口分别占18.44％和66.66％。虽然这些地区的山火风险相对较低,但人口密度高于其他受山火威胁的地区,这大大增加了潜在的生命和财产损失的可能性。我们进一步分析了山火风险水平与人口密度之间的相关性,发现山火风险等级与人口密度之间存在显著线性关系。

山火威胁下的植被分布是通过山火灾害分布与植被的空间分布叠加得到的。受极严重和严重山火灾害等级影响的植被以分散的方式分布,面积占比较小。但是,中等及以下山火灾害等级以较为连续的方式分布。轻微山火灾害等级的分布存在分散、连续两种方式并存的现象,其中21个网格具有较高的植被覆盖水平。结果表明,除西北地区外,绝大多数高植被覆盖地区的山火灾害等级都不高,而山火风险等级与植被覆盖之间没有显著的线性关系。

(四)结论与讨论

地理标记的社交媒体数据越来越多地用于加强灾害风险评估和协助灾害管理。在提出应用社交媒体数据评估山火风险的框架后,我们讨论了山火危害、社会生态脆弱性以及山火风险评估方法。结论如下:

我们提出的框架可以评估山火风险等级的空间分布。考虑到人口密度的影响,发现山火风险等级与人口密度呈显著线性关系。相反,山火风险等级与NDVI之间的线性关系不显著。因此,在相同的致灾害水平下,人口规模越大,山火风险等级越高。

山火的社会生态脆弱性相对较高,涉及的主要地区为华盛顿州、俄勒冈州、亚利桑那州、德克萨斯州、阿肯色州、北卡罗来纳州和肯塔基州。虽然山火风险等级总体水平相对较低,但面临中等风险及以上的地区主要分布在华盛顿州、俄勒冈州、北卡罗来纳州和加利福尼亚州。其中,严重及以上山火风险等级分布在华盛顿州、亚利桑那州、得克萨斯州、阿肯色州、北卡罗来纳州、肯塔基州、纽约州和亚拉巴马州。

我们的研究结果表明,社交媒体数据具有巨大的灾害风险评估和管理潜力。通过更多关于山火的推文数据,可以获得更准确和详细的山火风险评估结果。通过对多源大数据的进一步挖掘和整合,可以促进灾害科学和风险防范的发展。

三、洪水灾害风险动态评估

(一)案例背景概述①

中国是深受洪水灾害影响的国家,我国发生洪水灾害的主要地区为黄淮海平原、长江中下游平原、珠江流域等河流中下游地区,这些地区主要集中在我国东南沿海地区,其亦是我国经济发展的中坚阵地。一旦发生洪水灾害,会对当地自然环境、社会经济等造成多方面的影响。因此,如何进行洪水灾害风险评估与风险管理显得尤为重要,本案例以动态视角进行洪水灾害风险评估,对我国河流中下游地区的洪水灾害风险治理具有一定借鉴意义。

(二)理论分析框架构建

近几十年来,洪水已成为所有自然灾害中造成被保险人损失巨大的灾害之一,仅 2016 一年,洪水就造成全球损失约为 600 亿美元。气候变化、极端降雨事件和海平面上升可能进一步增加洪水灾害发生的频率,加剧洪水灾害造成的严重程度。预计到 2050 年,全球由洪水所造成的灾害将增加三倍。随着洪水易发地区的人口规模和经济水平的不断增长,这些地区往往被视为具有经济吸引力的发展区域。尽管上万亿美元的资金被分配到河流和沿海易发洪水的地区,政府在防洪方面的投资却往往不足。此外,旨在减少人和资产的风险性和脆弱性的空间规划政策,也不能逆转风险上升的趋势和选择生活在低洼、淹水区域的人数增加的趋势。为了应对上述趋势,必须根据可靠的风险信息实施适应气候变化和降低灾害风险(DRR)的措施并确定其优先顺序。目前,利用基于证据的风险评估信息是现代全球气候和降低灾害风险讨论的前沿。降低灾害风险的定性方法可以为行动的优先顺序提供信息。但是,它们没有提供足够的证据证明在降低风险方面的适当指数或可能需要采取的行动规模。

因此,需要通过定量风险评估来补充现有的灾害评估方法。定量评估系统地估计自然灾害的程度和频率,易受风险的资产和人员,以及这些资产和人员在某些危险条件下的脆弱程度。定量评估可对政策进行优先排序,并评估基于这些政策下的投资在面对未来不确定性时是否足够稳健。定量风险评估的关键挑战之一是如何解决个人风险认知的作用以及这些认知如何影响降低风险的行为。个人经常使用简化的决策规则和思维方式会低估或忽视风险,从而导致个人未能采取预防措施。在这方面,诺贝尔奖获得者 Daniel Kahneman 总结的认知科学研究表明,个人基于直觉(系统 1)的思维过程会做出简单的决定,而深思熟虑(系统 2)的思维过程则易使个体做出复杂的决定。在采取防洪措施时,直觉思维可能会超过深思熟虑的思

①　AERTS J C J H, BOTZEN W J, CLARKE K C, et al. Integrating human behaviour dynamics into flood disaster risk assessment[J]. Nature Climate Change, 2018, 8(3):193 - 199.

维,从而导致行为上的偏差。

个人、企业和政府实体在灾难发生之前、期间和之后的行为会产生极大的作用并影响恢复时间。然而,现有的风险评估方法很少包括这一关键因素。从这个角度来看,笔者展示了为什么人类行为因素是值得关注的问题,并证明将社会行为和动态适应纳入此类量化的洪水风险评估可能会对风险的描述更准确,同时改善对风险管理策略和投资有效性的评估。这种多学科的方法可以为洪水风险管理政策的制定提供有效信息。

(三)研究方法

风险被表示为预期年度损害(expected annual damage,EAD),它是含有三个关键自变量(风险、暴露、脆弱性)组成的函数关系。风险评估模型最初由灾难建模公司开发,它们目前被广泛用于评估洪水风险管理中的投资决策。风险评估研究的主要成果是基于"超出概率曲线"的风险评估,该曲线描述了危险与危害对资产或人民生命造成的损害程度之间的关系。这些模型中的脆弱性损伤函数(也称为脆弱性曲线)表示了这一关系,该函数显示了潜在损失(人和资产)与洪水风险(如洪水深度)之间的关系。这些曲线通常基于历史数据或专家判断的经验损失估计。在审查风险评估的不同组成部分时,这些曲线在模拟洪水灾害(如洪水概率、洪水范围、持续时间和深度)方面取得了很大进展。

虽然人员和资产容易遭受来自洪水的风险,但洪水风险管理(个人、企业和政府)的利益相关者通过防范风险的相关措施降低了他们的脆弱性、受灾程度和洪水概率。这些防范风险的措施包括将人员疏散到更安全区域的预警系统(减少受灾概率)、修建堤坝以保护关键基础设施或大型城市中心、通过构建规范与强制执行的防洪建筑物以减少脆弱性以及其他措施(例如建立洪水保险计划以在事件发生后为损失提供资金,增加了对剩余风险的财务弹性)。但是,某些行动或不采取行动可能会加剧风险。

然而,使用单一的平均易损性曲线只表示洪水深度和破坏之间的关系,并不能涵盖人类行为反应的整个范围。脆弱性和风险是由许多影响利益相关者通过降低其脆弱性或风险暴露行为的因素决定的。当前脆弱性曲线的研究方法在很大程度上忽视了社会脆弱性研究的成果,以及如何实施 DRR 措施以减少脆弱性。社会脆弱性研究还表明,在更大的国家范围内,脆弱性的决定因素很少能解释地方社区脆弱性的差异。如在国家层面上,GDP 和洪水易损性之间没有直接关系,但在地方层面上,洪水事件对低收入家庭的影响大于富裕家庭。这表明,某些人口群体比其他群体拥有更多的资源来预防、减轻或从极端洪水事件中恢复过来,这并未反映在国内生产总值等国家规模综合指标中。此外,社会对地方洪水的脆弱性可能源于洪水期间获取资源的机会有限、性别相关问题、政治意识形态以及对极端事件的信仰和经验等。其他因素解释了受险程度的趋势,并表明社会经济动机在很大程度上推动了全球城市化的趋势,包括低洼弱势城市中心的扩张。

当下洪水灾害风险评估研究的挑战在于:如何将各部分之间的动态相互作用整合到一个全面的风险评估方法中。目前,对于物理水文系统和社会过程之间的相互作用以及降低灾害风险和脆弱性如何随时间变化的研究还处于起步阶段。大多数风险评估都假设脆弱性在时间和空间上保持不变,动态适应行为在很大程度上取决于上述利益相关者的行为和感知,有时会以不可预测的方式影响风险和彼此的决策,如认知偏差在过去的洪水灾害中发挥了关键作用,并促进了动态适应行为。

(四)研究结果

动态视角下的风险感知、人类行为学、灾害风险评估需要整合来自社会科学与自然科学的多学科方法。由于风险评估旨在量化长期的风险趋势,因此不仅需要了解洪水风险管理决策背后的行为模式和因素,还需要将这些因素转化为灾害风险情境中的定量近似值,以及阐明这些因素如何影响洪水风险。根据洪水的主观可能性和后果,个人风险感知是洪水准备行为的重要决定因素。这些风险感知是基于个人的先前预期,但也可能受到有关风险的信息的影响,以及他们的个人脆弱性影响。此外,危险经验可以引导个人了解和更新他们先前对危险和随后行为的预期。

基于代理模型(agent-based models,ABM)的洪水风险评估新复杂系统研究正获得越来越多的关注,即通过将行为与适应行动联系起来,可以更好地将有关人类行为和感知的科学理论整合到风险评估中。代理人可以通过学习,移动和影响(并受其影响)他们面临的风险,从而导致不同的适应行动。通过汇总许多个个体的结果来实现随时间变化的风险变动模式。更广泛地说,最近 ABM 研究的结果表明,社会水文-气候系统都具有复杂系统的特征,具有良好的稳定性与跨度较长的时间周期。有关防洪投资的历史数据显示,在洪水发生后,政府和家庭的行为几乎没有变化,在大灾难发生后的适应过程中,政府和家庭的行为影响较小,投资力度较大。

研究模拟了包含人类行为的风险评估模型如何在一定数量的理论示例中展示洪水风险与社会行为之间的相互作用。在没有采取新的 DRR 措施中,气候变化和社会经济趋势导致风险增加;理性的行为导致积极的、成本效益高的 DRR 投资,这些投资是通过成本效益分析得出的;在模拟一场洪水造成巨大损失的情况中假设代理的行为是有限理性的,预期代理人在洪水事件发生前低估风险,在洪水发生后对 DRR 进行反应性投资,从而降低未来风险。一段时间后,由于上述趋势,风险再次增加;在描述了两场相隔 20 年的洪水灾害的情况中,假定有限理性的主体也对洪水事件做出反应。尽管在第一次洪水事件之后进行了投资,但是风险增加了,并且从第一次洪水中获得的学习经验(即主体的集体记忆)已经消失。尽管第二次洪水的洪水量与第一次洪水相似,但由于受影响程度的增加,第二次洪水造成的损失更大;在模拟大洪水灾害吸引多个投资中,这些投资由于可用性偏差而降低了风险,因此可以根据事件的显著性来估计未来发生灾难的可能性。前两次洪水之间的间隔时间随后缩短为两年,而代理人继续保持高风险的看法。因此,他们会采取预防措施,尽量减少第二次事件造成的损害。如果最近两次事件之间的间隔时间过长,则事件之间的感知会减少,导致防备程度低,风险水平高。

(五)研究启示

在洪水风险评估和行为动力学方面的科学进展中揭示了未来研究中需要解决的几个问题。首先是规模问题,在更大的范围与规模上如何更好地展示地方(个人)利益相关者的行为动态。鉴于此,重要的是持续进行社会脆弱性研究,研究哪些因素在地方一级造成脆弱性,并增进我们对这些因素在发达国家和发展中国家之间如何变化的理解。其次是将行为因素纳入定量风险评估方法,即如何获得关于人类行为的可靠和可复制的经验数据。最近几十年,在发达国家和发展中国家进行的多次调查,提供了面临风险时家庭行为的新信息。这些关于过去洪水事件行为响应的经验数据可用于校准模型。此外,个人对洪水发生概率及后果的看法确实在很大程度上受到直觉思维过程的影响,如过去的洪水经验、担忧、信任和阈值模型。基于此改进的风险评估方式,可以通过支持政府的投资决策(如防洪、建筑规范或洪水区划),进而使得洪水风险管理人员受益。

通过针对受影响最大、最脆弱、最不愿意采取任何类型的缓解措施的地区或群体,洪水风险感知和DRR行动的空间模型的研究可以有益于该地区或群体的风险沟通和减灾政策。鉴于以上挑战,最适宜的方式是采用一种多学科方式来整合洪水风险的组成部分,以进行较为全面的洪水灾害风险评估。了解个人在适应和风险方面的行为,以及人们如何看待风险,利用行为风险建模比较不同沟通策略的效果,并利用多个个体的集体潜力,显著降低风险,改善政府与易受灾地区公众之间的风险沟通。

推荐书目

1. 马文·拉桑德,《风险评估:理论,方法与应用》,清华大学出版社。

内容简介:本书主要分为风险评估介绍与风险评估方法及应用两个部分。本书对风险评估工作中所需要使用的关键概念和细节信息,包括相关的定量风险测量指标进行了定义,归纳了风险评估的流程,对事故模型和工业系统中的事故根源进行了深入的探讨。本书还详尽描述了风险评估最常使用到的方法和手段,比如初步危险分析、HAZOP、故障树分析和事件树分析等。书中对每一种方法都进行了单独的描述,给出使用相关技术时的工作流程图和工作表,并对风险评估的不确定因素和敏感性进行了分析。

2. 唐钧,《社会稳定风险评估与管理》,北京大学出版社。

内容简介:社会稳定风险评估与管理既是重大决策、重要政策、重大改革、重大事项、重大活动等的硬性要求,也是所有与民众利益相关事宜的前置环节。规避社会运动需要科学的社会稳定风险评估,防治群体性事件需要有效的社会稳定风险管理。本书结合国际风险管理标准和我国的实践经验,在社会稳定风险评估与管理方面建构模型、规范流程、设置指标,推动精确识别、全面分析、科学定级,提出风险内部控制和风险外部合作。本书创新了以风险内部控制和风险外部合作为主的社会稳定风险管理,并提供了社会稳定风险评估与管理的顶层设计和操作范本。

第四章　应急管理全过程分析框架与研究路径

在我国社会转型和快速发展的背景下,社会上影响公共安全的因素日益增多,日益呈现出自然和人为因素相互联系、传统和非传统因素相互作用、既有矛盾和新生矛盾相互交织等新特点。各种危机事件易发、多发、频发,相互交织、叠加放大,形成复杂多样的灾害链、事故链,考验着应急管理全过程的治理能力和治理水平。另外,我国公共安全面临的风险和挑战严峻复杂,传统安全和非传统安全风险高度聚集、相互交织,应急处置不当可能催生政治安全风险,影响国家安全[37]。"总体国家安全观"的提出弥补了上述不足,要求统筹传统安全与非传统安全、外部安全与内部安全,涵盖政治安全、国土安全、军事安全、经济安全、文化安全、社会安全、科技安全、信息安全、生态安全、资源安全和核安全。具体来说,"总体国家安全观"的提出为应急管理全过程演进提供了自上而下的动力,成为提升应急管理工作水平的重要指导思想[38]。

应急管理并不单纯等于应急处置,而是需要以突发事件(灾害)为中心,向前向后延伸,包括准备、响应、恢复、效果评估等环节的复杂活动。因此,应急管理是涉及危机事前、事中、事后等不同阶段的复杂管理活动,基于全过程思想的分析框架已成为应急管理领域研究的热点问题。有学者认为,危机管理就是组织针对所有危机诱因所采取的预测、分析、化解、防范等措施和行为的总和。而芬克的四阶段生命周期模型、米特洛夫的五阶段模型和最基本的三阶段模型已经成为众多危机管理阶段划分中最为学界认同的几类模型[39]。其中,四阶段模型将危机的生命周期划分为征兆期、发作期、延续期以及痊愈期,认为应急管理不是简单的一次性行为;五阶段模型将危机管理全过程分为信号侦测、探测与预防、控制损害、恢复以及学习五个阶段;而三阶段模型则从危机前、危机中和危机后三个阶段划分,强调不同阶段的重点任务。

近年来,我国面向应急管理全过程,不断推进应急管理体系建设,危机应对能力获得显著提升。如何结合危机演化的具体情境,针对风险防范、危机学习等领域存在的问题,实现应急管理全过程管理,成为当前亟待解决的重要问题。基于此,本章通过对应急管理全过程分析框架与研究路径的介绍,展示该领域所涉及的主要问题及分析思路。

第一节　危机管理四阶段理论

危机事件的发生和演化都是一个动态的复杂过程,必须实现事前、事中、事后的全面介入。在这个有组织、有计划、持续动态的管理过程中,政府针对潜在的或者当前的危机,在其不同发展阶段采取一系列控制行动,从而有效预防、处理和消弭危机。因此,有必要从全过程视角构建模型,进而实现对危机事件的分析。

近年来,相关学者基于不同问题情境,构建了应急管理全过程分析框架[40]。其中,美国危机管理学者罗伯特·希斯提出 4R 理论,成为目前较有代表性的研究成果。依据该分析框架,危机管理是对危机事前、事中、事后各个方面活动的管理,包括了对危机来源、范围及影响的转移或缩减。在《危机管理》一书中,罗伯特·希斯把危机管理分为了"减缓(reduction)—准备(readiness)—响应(response)—恢复(recover)"四个阶段或四项基本职能,亦被称为危机管理的四阶段理论,具体内容如表 4-1 所示。

表 4-1 危机管理四个阶段的主要活动[41]

阶段	内容
减缓	建筑法规、建筑使用管理、立法、公众教育、公共信息、纳税奖惩、保险、土地使用管理等
准备	应急响应计划、预警系统、疏散计划、应急沟通、互助协议、公众教育、公众信息沟通、资源储备、训练项目、应急演练等
响应	执行应急预案、宣布紧急状态、预警消息、信息发布、与上级机构沟通、激活协调中心、疏散、动员资源、评估损失、提供医疗支持、实施公共卫生措施等
恢复	恢复基本服务、咨询项目、临时住房、金融支持和帮助、分配物资、长期医疗支持、回应公众诉求、经济影响研究、评估发展计划、重建等

一、减缓阶段

灾害是社会发展中不可避免的一种现实。过去几十年里,灾害给全世界造成的社会和经济损失显著增加。其中不仅有全球变暖、海平面上升等气候变化,还有人类社会行为带来的影响,如人口增加、森林砍伐、人口迁移、填充洪泛区等。采取特定的减缓措施,可以有效预防危机发生,进而避免社会公众的生命、健康和财产遭受重大损失。

减缓是一项长期、持续的活动,减少或消除危险及其对人、财、物带来的影响。美国联邦应急事务管理署(FEMA)将其定义为"旨在减轻重大灾害或紧急事件影响的活动或最大限度减轻未来灾害的负面影响的活动"。而后,加拿大《国家灾害减缓策略》指出,减缓为应急管理奠定了重要基础,是在危机或灾害发生之前采取积极主动的措施,消除或削减致灾因子影响与风险的重要活动。减缓是指减少自然或人为风险的过程及活动,其目的主要是减少风险发生的可能性或限制危机的影响,具体措施可分为两种:结构性减缓与非结构性减缓。前者主要是"硬措施",涉及减轻危机影响的物理设施,如兴建防洪堤坝、排水系统等。后者则主要是"软措施",涉及减轻危机影响的制度建设,如土地利用规划、保险政策安全法规等。此外,广泛的、多元的利益相关者参与和支持,是减缓阶段区别于应急管理其他阶段的主要特征。

近年来,各国在减少自然灾害造成的伤亡方面取得了显著进展。来自实践界的经验表明,减缓阶段的主要目的是减少个人以及社区成为灾害受害者的可能性。其最终目标是建立经济更加安全、社会更加稳定、环境更友好、鲁棒性更高的社区,即创造更加富有弹性的社区(more resilient communities)。该阶段常用的工具有:危险源识别与绘图(hazard identification and mapping),设计、建筑法规与标准(design and construction applications),土地使用规划(landuse planning),经济刺激(financial incentives),保险(insurance),结构控制(structural controls),非结构措施(nonstructural measures)等。

二、准备阶段

准备阶段涉及为有效应对突发事件而事先采取的各种措施,包括组织、机制、预案、人员队伍、资源、培训演练等,是对灾难、危机或任何其他类型紧急情况做出预先反应的状态。准备阶段不仅仅是应急管理中的一个阶段,同时也是贯穿应急管理全过程的重要主题。

风险和灾害事件的管理需要在极端复杂的环境中进行,往往需要大量个人和组织机构之间的协调。正是出于这种需要,系统审视应急管理准备及备灾工作显得尤为重要。FEMA 提出了应急管理准备全周期模型,具体包括计划、装备配置、培训、演练、评估与改进五个步骤。

(一)计划(planning)

计划阶段通常从对灾害风险评估工作开始,其中包括评估灾害状态并确定优先次序等工作。此外,计划阶段还包括对社区脆弱性的界定与厘清。此举有助于应急管理人员了解灾害发生的原因、未来可能产生的最大影响以及应采取何种适当的应对措施。对某一辖区、组织或个人的脆弱性评估还可包括对当前已有准备工作水平的评估,进而帮助确定灾害发生时可依赖的能力和资源,并据此进行进一步的规划。该阶段的产物一般是应急行动计划或应急计划等。

(二)装备(equipment)配置

近年来,应急管理愈发呈现鲜明的技术性特征,其各种功能越来越依赖于装备的使用。应急管理过程中的设备有以下几类:①个人防护装备(personal protective equipment,PPE),用于保护响应者免受灾害的影响;②通信装备(communications equipment),供从事应急管理的工作人员在不同组织内部和组织之间交流;③特殊的搜索和救援装备(special search and rescue equipment),帮助救援人员进入受损建筑物、危险水域探寻生命迹象。但是,应急管理装备的管理和维护需要长期持续的资金投入,这对基层单位来说仍存在较大挑战。

(三)培训(training)

应急管理能力是衡量公共部门,尤其是政府部门管理水平高低的重要标准之一。应急管理培训及其体系建构往往是提升公共部门应急管理能力的重要途径。近年来,一些国家先后推进了应急管理培训体系的建设工作,主要表现为:赋予综合性应急管理机构以指导并实施应急管理培训的权利与义务,并指定专门应急管理培训实施机构;通过对培训目标、培训对象、培训内容、培训方式、培训周期和评估手段等要素进行设计、规划并实施,从而提高各类培训对象应对突发事件的能力[42]。

(四)演练(exercise)

危机事件发生时,几乎没有可依赖的前期经验。因此,通过一系列演练,包括应急演练、桌面演练、功能演练、情景模拟等,可以更好地识别应急规划、组织协调或装备应用上的不足。

(五)评估与改进(evaluation and improvement)

评估和改进通常包括如下工作:首先,对应急规划进行检查和反思(如通过对应急预案、设备使用以及人员应对能力的检查,识别薄弱环节进而优化应急培训体系或更新设备等)。其次,通过事故总结报告等学习方式总结经验,为后续应急规划奠定基础。

近几年来,我国政府和学术界都高度重视应急管理工作,围绕"一案三制"做了大量的研究和实际工作。目前,在应急准备的研究中存在以下一些突出问题:①对应急准备尚没有全面系统地开展研究,对应急准备的概念、内涵和体系等方面的认识还比较模糊;②对应急准备战略规划层面的研究较少,缺乏可指导应急准备实践的战略规划理论、方法及工具;③对应急准备体系的构成与结构、目标、准备过程和评估理论与方法等的研究还不深入，缺少规范适用的方法与工具；④对应急准备的各方责任、公众参与、持续改进的理论与方法等尚没有深入的研究，社会公众公共安全意识和应急准备自觉性不高，没有形成积极主动的应急准备文化。

三、响应阶段

开展应急响应研究与实践探索，对于提升应急救援能力、提高应急响应有效性具有重要意义。随着公共安全形势愈发严峻和复杂，对于各类危机事件的管理、响应与应对也愈发依赖于不同组织、机构组成的协调网络。每当灾害发生，无论是像火灾、交通事故这样的常规事件，还是像洪水、地震、台风这类巨灾，地方政府应急管理部门及相关工作人员，都是较早展开应急响应工作的主体。各组织部门积极开展救援、伤者照顾工作，维持受灾地区治安并恢复受灾地区生产生活秩序。

应急响应是指事件爆发后的处置、响应及救援活动和过程。作为复杂系统中出现的现象，实践中的应急响应网络是对极端灾难的复杂适应性响应的结果。其运作取决于两个相互关联的因素：参与组织间的互动和支持这种互动的信息流程。其中，组织间的相互作用包括两个维度：①公共组织之间的互动；②公共组织与私营组织、非营利组织之间的跨部门互动。在紧急情况下，除非在灾害发生前存在工作关系，否则组织间不太可能产生互动。虽然由灾难引起的需求能够促进组织间的新组织和关系的形成，但实际响应行动中组织间的相互作用很大程度上受到已有工作关系的影响。另外，信息在促进资金来源、管辖权和组织间的交互方面发挥着关键作用。信息基础设施决定了紧急情况下的信息传递能力，影响着组织之间的信息流动。

因此，近年来在相关学术研究中，从网络分析的视角出发探析应急响应组织演化已成为应急管理领域的重要研究议题。基于网络分析方法，现有研究从组织间协作的角度构建适应复杂动荡环境的协作模型，针对动态组织网络模式提出了分析思路：时间切片、双模式分析和信息路径，探讨了灾害响应阶段组织网络结构和个体组织角色演化问题。Comfort 将网络视为自组织系统，认为在灾害环境下的自组织过程是一个不断演化的复杂系统，解释了管理复杂事件过程中多个组织之间协调行动的动态过程。Abbasi 通过定量方法研究了应急协作网络中参与者之间的链路形成模式，精确地预测了参与者的行为和网络结构随时间的动态变化情况。国内学者结合具体案例也对应急管理组织协作网络进行了探讨。张海波和尹铭磊以鲁甸地震的应急响应过程为例，分析发现突生组织网络与制度化组织网络之间互动不足，认为提升突生组织网络的协调效率是增强应急响应适应能力的关键。苏陈朋和韩传峰以桂林冰雪灾害应急响应为例，增加时间维度解析了非常规突发事件跨组织合作网络结构演化机理。郭雪松等基于时间动态视角，以九寨沟地震为例探讨了应急响应组织网络联系、节点角色地位动态演化情况。平健基于 Netlogo 平台建立政府应急组织合作关系模型，对应急管理组织合作网络的演化趋势进行了仿真和验证。

在实践中，针对应急响应组织设计，美国消防部门提出了一种应急指挥系统（incident command system，ICS）①，组织架构包括指挥、作业、计划、后勤和财务五个功能领域，能够将来自不同单位的事件现场人员进行统一编组。目前，ICS 组织结构是美国国家应急管理系统采

---

① U. S. Department of Homeland Security. National incident management system［EB/OL］.（2004 – 03 – 01）［2022 – 03 – 28］. http://www.icisf.nrg/artieles/NIMS.pdf.

用的组织框架,并已经被不同层级的政府和非政府组织用于指导不同类型和规模突发事件的应急响应工作。然而,ICS仅仅涵盖事件现场应急响应人员,未考虑参与应急响应工作的场外单位,无法对所有应急响应实体进行统一编组。为有效促进州政府和地方政府在应急响应过程中相互协调,加利福尼亚应急管理部门提出一种标准化应急管理系统(standardized emergency management system,SEMS),为涉及多个部门或多级政府的应急响应工作提供了一种多层次应急响应组织结构,每个层次的组织结构与ICS组织结构相似,是实现各应急响应参与单位相互协调的一种有效手段。我国针对不同类型的突发事件应急响应,建立了分类管理的应急管理行政体系,例如事故灾难应急管理组织体系、防汛应急管理体系、地震应急管理行政体系等。

阅读材料

应急管理协调的痛点、难点和着力点(节选)[①]

随着社会系统复杂性、系统性、开放性日益增加,当前世界各国面临危机的跨界属性也变得日趋突出。跨界性危机影响多个地区,波及各个政策领域,破坏多种关键基础设施,还会快速地升级和衍生出其他危机。跨界危机发生后,难点之一是危机现场谁牵头负责、指挥和协调。危机现场信息比较模糊,管理边界不太清晰,事故级别难以界定,利益博弈时刻都在进行。由于缺乏中央与地方权责关系的制度化规定,缺乏跨域性危机事件的协调机制,导致由哪个层级的政府牵头处理、负责指挥和承担协调成为难题。难点之二是"分级负责、属地管理为主"的规定所确定的地方负责人指挥权与到达事故现场的最高级别领导的指挥权发生冲突。例如,天津港"8·12"瑞海公司危险品仓库火灾爆炸事故发生后,随着公安部、国家安全监管总局、国家卫生计生委、交通运输部以及原北京军区、武警总部等一系列高级别领导陆续抵达现场后,此时的事故抢险救援的应急指挥权、协调权变得模糊了。难点之三是跨界危机事件的相关方之间存在的利益关系影响危机事件的处理。由于跨界危机事件处理缺乏制度性的规定,模糊的、非制度化的权责划分往往使得危机相关方之间存在隔阂,导致分工难、统一指挥难、协调联动难。

【讨论题】

请简述应急管理协调联动面临的困难及解决对策。

要点:可从组织和流程层面进行分析。

四、恢复阶段

灾害不但威胁到人们的生命和财产安全,而且会对当地生产、生活产生持续影响。遭受灾害之后,必然考虑灾区的恢复问题。提高灾后恢复能力,已成为应急管理领域面临的重要现实问题。

灾后恢复包括企业、家庭和个体心理等方面的恢复。就持续时间而言,灾后恢复又分为短期恢复和长期恢复。短期恢复是将关键生命线系统恢复到最低运行标准(例如清理现场、提供

---

① 陈珑凯,梁虹,唐敏康.应急管理协调的痛点、难点和着力点[J].社会科学文摘,2020(3):16-19.

临时住房等）；长期恢复可能会持续到灾后数年，其目的是使生活恢复到正常状态或更高的水平（例如重建贷款、法律援助、社区规划）。具体而言，灾后恢复包括修复（restoration）和重建（reconstruction）两个阶段。修复阶段是指受灾地区在灾难发生以后，为暂时满足受灾人员的基本生活需要，对基本生活保障的建筑、设施等进行的快速恢复，这是一个应急过渡阶段。重建阶段是在灾难非常严重或已造成毁灭性破坏的基础上进行的长远性应对工作，是对受灾地区受损物和受灾人员心理的恢复重建。这是全面恢复阶段，为了保障当地民众的生活恢复到正常状态，这一过程往往需要持续较长时间。

20世纪70年代，学界开始广泛关注灾后恢复领域，产生了很多有价值的研究成果。1977年，哈斯（Hass）等将灾后恢复与重建问题从灾害领域单独抽离，并开始进行系统研究。至此，灾后恢复开始得到更多学者的关注，相关理论也初现雏形。随后，美国、日本等国发生了重大地震，引起了全世界学者的关注和研究，将灾后恢复这一问题推向灾害领域和应急管理领域的前沿。而后，随着研究视角的拓展，研究方法、研究内容日益多元化，灾后恢复研究正逐步向学科融合的方向发展。

相关学者从不同视角对"灾后恢复"的概念进行了探析。哈斯认为，根据时间长短，恢复过程可分为四个阶段，即应急期、恢复期、替代期和改善发展期。1999年，Quarantelli认为，灾后恢复的目标是灾区恢复到可容忍范围，不一定与灾前水平一致。2000年，美国联邦应急管理局对"恢复"做了官方界定，认为"恢复是在采取紧急措施情况下使所有系统达到灾前水平"。另有学者强调了"恢复"过程的动态性特征，认为灾后恢复并不存在确切的时间点，恢复也不是简单地回到灾前水平。2004年，美国国家突发事件管理系统（National Incident Management System）又对"恢复"进行了较为完整的定义，认为恢复是"制定、协调和实施服务设施和现场复原预案，重建政府运转和服务功能，实施对个人、私人部门、非政府和公共的援助项目以提供住房和促进复原，对受影响的人们提供长期关爱和治疗，以及实施社会、政治、环境和经济恢复的其他措施"。

随着灾后恢复研究逐渐深入，针对其影响因素的探讨也日渐丰富，并在理论、实践层面产生了深远影响。总体而言，其影响因素可以分为两个维度，即"物"和"人"。在"物"的维度，"物理损害"这一影响因素很大程度上决定了灾后恢复的进度。物理损害是影响灾后恢复的重要因素，损害范围越小，程度越浅，恢复进度则越快速。也有学者认为，损害程度与恢复进度之间并不存在必然的因果关系。就影响因素类别而言，有学者将影响因素分为五类，具体包括利益相关者、环境、市场、后勤保障和项目重建等。不同国家和地区灾后恢复的影响因素也不尽相同。例如，基于中印灾后恢复特征的比较，相关研究发现，方针政策是影响中国灾后恢复的首要因素，而救援机构获取资源的能力是影响印度恢复重建的重要因素。在"人"的维度，大多数研究主要基于灾区幸存者心理和精神层面来进行探析。相关研究结论表明，幸存者性别、年龄、性格、对灾害的恐惧和孤独感以及财产的损害程度是影响其心理恢复的重要因素。

现有研究成果主要基于规划、主体参与及恢复对象等多维视角对灾后恢复问题展开研究，具体包括如下内容。

（一）基于规划视角的研究

基于规划视角的灾后恢复研究兴起于20世纪80年代，并成为一门重要的新兴学科。其研究领域涉及对整个恢复重建过程进行引导、分析和评估。美国规划局编写的《灾后恢复与重建规划》，针对灾后恢复涉及的规划问题进行了明确阐释，并弥补了灾后恢复规划领域的空白。

目前,灾后恢复规划正由单一领域向多领域转变,涉及公共基础设施建设、生态恢复、城市房屋重建以及产业结构调整等问题。近年来,灾后恢复规划研究一直从不同的研究视角,采用多种方法,对灾后恢复规划进行探索,具体涉及概念界定、标准制订等重要问题。总体而言,灾后恢复规划是一个系统化的科学决策问题,在考虑当前需要的同时,也要重视对灾区未来可持续发展的规划。有效的恢复规划必须包括恢复决策的程序化、信息传递以及公众参与。规划的主要价值在于参与部门在灾后恢复过程中所扮演的角色以及承担的职责,灾后恢复的速度与内在结构系统之间的合理协调,对整个灾后恢复过程来说十分重要。

(二)基于多元主体参与视角的研究

从主体参与的视角来看,灾后恢复是一个十分庞大复杂的系统工程,不仅需要相关政府部门的领导和统筹协调,也需要社会公众的积极参与。当前,国内外学者关于多元主体参与的研究,主要集中在各主体在灾后恢复过程中所扮演的角色,如图4-2所示。灾后恢复最主要的参与主体就是政府。中央政府负责制定方针政策并总揽全局,地方政府则负责执行并协调各方利益,确保恢复的顺利进行。汶川地震的灾后恢复就是以中央政府为主导,快速有效地集中了大量人力物力资源,提高了灾后恢复的速度和效率。此外,政府各部门之间的关系也可能影响到灾后恢复重建的顺利开展。但如果只是依靠政府部门在灾后恢复中事必躬亲、包揽一切,缺少第三方的合作与有效监督,那么势必会造成资源浪费、效率低下等问题,无法妥善完成灾区的恢复工作。实际上,NGO组织、公众和利益团体等非政府组织也是参与灾后恢复的重要主体。要想全面有效地应对灾后恢复中的种种困难,就需要将这些主体与政府一起纳入恢复体系中,加强多主体之间的通力合作,这样才能有效克服灾后恢复带来的结构性需求障碍。

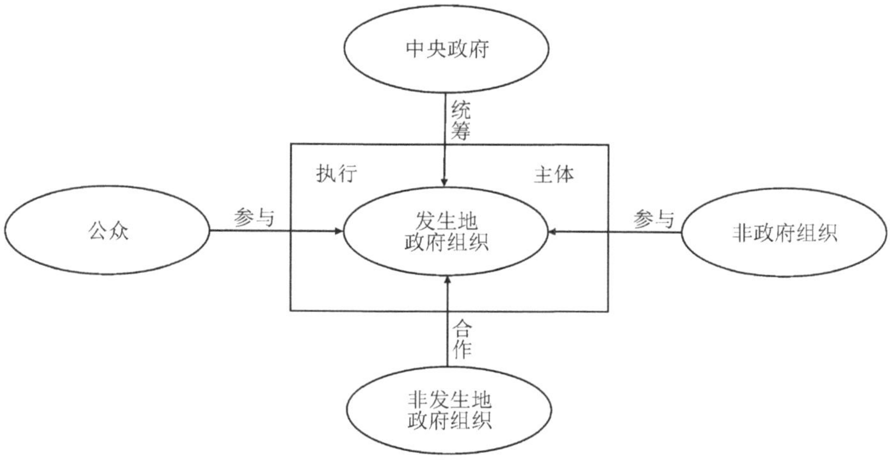

图4-2　灾后恢复过程中的各主体角色

(三)基于恢复对象视角的研究

从恢复对象的视角看,灾后恢复涉及经济、社会等各个领域,而整个社会系统的内部组织结构又极其复杂,所以涵盖的恢复对象很多,包括物质恢复、社会经济恢复和心理恢复等方面。

(1)物质层面的恢复是灾后恢复的主要着力点和其他恢复对象的立足点,其研究一般侧重于基础设施和生态环境恢复。其中,基础设施恢复既是灾区恢复的实践重点,也是理论研究的焦点。此外,灾区恢复也需要充分考虑所需资源获得的状况与当地环境承载能力,而这些又以生态系统的恢复为前提。

(2)经济层面的恢复是灾后恢复的核心任务,具体包括宏观经济恢复(所有个体单元与个体市场的组合)、中观经济恢复(个体市场、企业群)和微观经济恢复(个体企业、住户和组织团体)。灾区经济恢复不仅要考虑其短期影响,更要对恢复重建带来的远期效应进行预测。从长远看,"社会纽带"是影响社区恢复最重要的因素,并与人际网络关系有着密切联系。此外,文化也对社会层面的恢复发挥了重要作用。

(3)心理层面的恢复也越来越受到重视。灾难的发生,带来的不仅仅是财产的损失,还有对人们心灵的创伤。因而在恢复阶段,实现由传统的"治物"型恢复,向"治物和治人并重"转变,在当今社会环境下显得尤为重要。心理创伤是人们经历极端可怕的事情后产生的情绪波动。出现创伤后应激障碍症状是正常性和适应性的现象,除非持续的时间较长、自我封闭且超出了一定限度,否则就不应被贴上"疾病"的标签。此外,为了更全面、更深入地探究人们的心理恢复状况,许多学者试图从创伤后应激障碍等影响因素着手进行研究,具体包括内部因素与外部因素。其中,内因表现为年龄、性别、教育程度、对灾难持有的态度等,外因表现为灾区文化风情、社会环境等因素。

在方法论层面,现有研究大多基于灾害学、管理学、心理学、社会学、系统科学及生态学等学科理论基础,采用数理模型、网络分析等方法,对灾后损失、各主体间关系以及灾后恢复效果进行分析和评估。

综上,灾后恢复的内涵、影响因素、参与恢复的主体、恢复的客体对象等,都是灾后恢复研究的主要问题。而随着研究方法多样化和研究视角的多元化,灾后恢复的规划技术、科技支撑和决策方法正逐渐成为未来的研究热点。此外,突破单纯的灾后恢复研究,强调灾后恢复与事前预防、事中处理的有机结合,也成为本领域研究的重要趋势。根据近年来国内外研究成果的梳理与分析,可以建构出灾后恢复的理论框架,如图4-3所示。

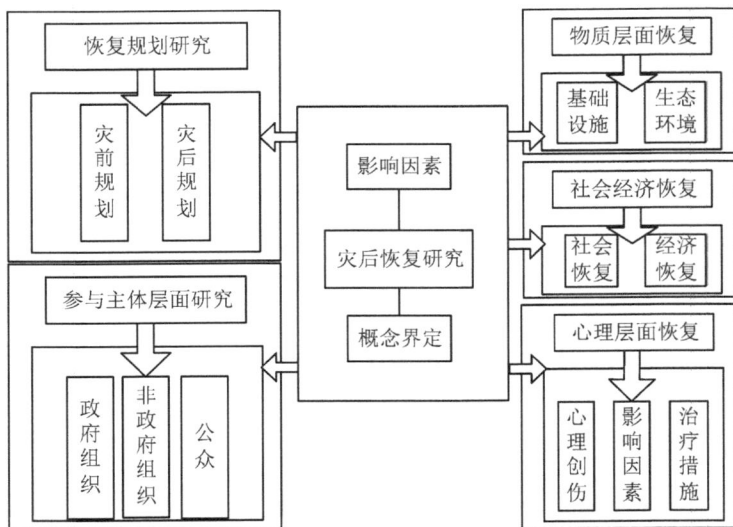

图4-3　灾后恢复的理论框架

阅读材料

四川灾后重建成果取决于举国体制和制度优势①

国新办于 2011 年 5 月 10 日就汶川特大地震灾后恢复重建情况举行发布会,四川常务副省长魏×表示,一个国家、一个政府对自然巨灾的应对,反映了这个国家和政府的一些综合性能力,也反映了这个国家体制和机制上的综合优势。

记者提问:"在几周之前,日本刚刚遭受了地震和海啸灾害,您认为四川或者是中国,在抗震救灾以及灾后重建方面有哪些经验可以同日本分享?您认为中国或者四川是否有意愿对日本灾后重建提供建议或者是提供帮助?您认为在这个过程中,你们的哪些经历、经验或者教训是最值得日本分享的?"

魏×表示,前不久日本发生了特大地震,同为地震灾区的四川人民感同身受。四川政府和灾区人民也想尽自己的力量,以各种方式对日本的抗震救灾和恢复重建给予支持。

魏×指出,四川灾后恢复重建能够取得巨大的成功,可以从如下两个方面理解:一方面,取决于党中央、国务院的坚强领导以及这种举国体制和制度优势。中央政府能够在全国范围内集中资源支援一个地方的建设,各兄弟省区也能够尽其所能帮助一个地方的建设,这是我们制度的张力和优势。另一方面,从工作层面来讲,最深的体会就是抗震救灾和恢复重建一定要紧紧把握和坚持科学救灾、科学重建。魏×进一步指出,坚持科学重建,从四川来讲,最突出的有如下两点:

一是以科学的规划为先导来引领恢复重建。在规划上我们有一个灾后恢复重建的总体规划、有 10 个专项规划、有 43 个恢复重建的行业规划,有四川 51 个县的实施规划,有 88 个一般受灾县的项目规划,我们形成了一个目标明确、层级分明的灾后恢复重建的规划体系。我们组织和争取到了全国 1000 多家规划单位,组织了上万名规划设计和建筑设计人员,参与了城乡建设和住房规划设计。

二是坚持科学建设。我们严格了项目规划选址,坚持做到避开地震断裂带、避开地震灾害易发区、避开行洪通道的"三避开"原则;严格了项目建设基本程序,严格执行有关标准和规范;严格了对灾区重建的技术服务指导;严格了对灾后恢复重建项目建材质量安全的把关。

"我简要地介绍我们的做法和体会,这里面有我们自己有特色的做法,我觉得也有可供借鉴的应对巨灾和恢复重建共同性的一些经验。我们希望这些经验能够与日本方面共同交流和分享,我们也愿意以各种形式和方式对日本的重建给予支持和帮助。"魏副省长如是说。

国家发展改革委副主任穆×表示,汶川特大地震发生以后,日本政府和民间,包括专业的救援队伍,给予了我们灾区及时的,包括道义上以及实际行动上的支援,还有其他的一些国家和国际组织也做了非常有效的工作,在此我们一并表示感谢。

【讨论题】

请结合汶川地震、雅安地震等灾害,论述灾后重建成果取决于举国体制和制度优势。

要点:可从我国应急管理体制机制方面进行分析。

---

① 四川省人民政府. 四川灾后重建成果取决于举国体制和制度优势. [EB/OL]. (2011 - 05 - 10) [2022 - 3 - 28]. https://www.sc.gov.cn/10462/10464/10465/10466/2011/5/10/10160883.shtml.

第二节 "脆弱性-能力"综合分析框架

发展就是一个降低脆弱性、增强能力的过程。在危机事件中,社会与受众的脆弱性状态及其变化直接关系着其应对策略。无论是物资储备、人员调配还是机制建设,应急管理的每个环节都有赖于科学、全面的脆弱性与能力综合评估。脆弱性-能力评估主要包括针对各类风险因素以及管理能力、过程与效果的评估。其中,脆弱性主要聚焦于危险源的识别、危害后果评估、灾难需求评估、风险监测预警;能力则强调风险治理绩效评估、应急能力评估、应急管理绩效评估。

Moss 等学者较早提出了"脆弱性-响应力"指标体系(vulnerability-resilience indicator prototype,VRIP)。该指标体系旨在解决全球气候变化视阈下的风险评估问题。如表 4-2 所示,该指标体系由敏感性(sensitivity)和应对能力(coping capacity)两部分组成,敏感性部分涵盖了居住条件、食品安全、生态环境、人类健康和水资源五项内容,应对能力包括经济社会处境、人力资本和环境应对三项内容。

表 4-2 脆弱性-相应能力指标(VRIP)评价框架

一级指标	二级指标	测量指标
敏感性	01.居住条件	Z01 海平面上升影响人口
		Z02 自来水覆盖人口
		Z03 下水道覆盖人口
	02.食品安全	Z04 单位国土面积的谷物产量
		Z05 人均动物蛋白摄取量
	03.生态脆弱性	Z06 土地利用面积比重
		Z07 单位耕地面积肥料施用量
	04.人类健康	Z08 净出生率
		Z09 期望寿命
	05.水资源脆弱性	Z10 水资源可及性及消费
应对能力	06.经济社会处境	Z11 人均 GDP
		Z12 收入分配的公平性
	07.人力资源应对能力	Z13 劳动力占总人口比例
		Z14 文盲率
	08.环境应对能力	Z15 未被利用土地比重
		Z16 二氧化氯排放量
		Z17 人口密度

朱正威等学者结合我国的应急管理实践指出,脆弱性和应对能力是影响区域公共安全态势的两个重要因素[43-44],脆弱性分析与能力分析分别构成了风险评估与管理评估的核心,并从政府公共安全治理的角度提出了适用于中国情景的"脆弱性-能力"综合分析框架,如图 4-4所示。

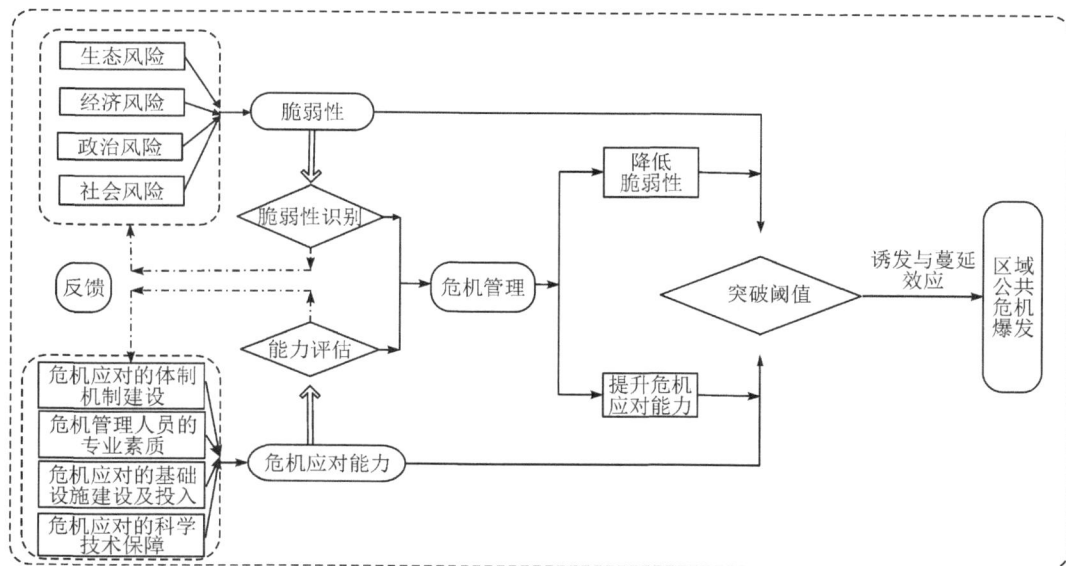

图 4-4 "脆弱性-能力"综合分析框架

在图 4-4 的基础上,进一步提出了相应的评估框架,如表 4-3 所示。

表 4-3 "脆弱性-能力"综合评估框架

脆弱性			能力	
自然脆弱性 经济脆弱性 政治脆弱性			预案 法制 体制 机制	
人文与社会脆弱性	人口脆弱性 文化脆弱性 社会脆弱性	存量准备	人员 资金 物资 科技	

第三节 韧性治理:风险与应急管理的新路径

相较于传统灾害研究所关注的单一风险,高度复杂的灾害风险正日益呈现鲜明的复合型特征。该类风险不仅在成因与演化机制上更复杂,所造成的负面后果和不利影响也远比单一灾害风险更严重、更深远。面对日益严峻的复合型灾害风险形势,传统的灾害风险与应急管理模式已经无法对新形势下的灾害治理需求做出有效回应。对此,有必要提出韧性治理的理论构想,以推动理论研究与城市减灾实践在复合型灾害治理问题上的有效对话。韧性治理是倡导城市及社区系统内不同公共治理主体以提升自身及其所在系统对于复合型灾害风险冲击的适应能力为目标,基于合作治理与组织学习机制建立的涵盖全灾种、全过程的灾害治理模式。

一、韧性治理的理论构想

具体而言,可以从以下四个方面理解韧性治理的内涵:首先,韧性治理是以复合型灾害在成因、后果、影响层面的高度复杂性、严重性和跨域性为现实情境提出的,旨在克服传统灾害风险与应急管理模式在复合型灾害应对中的低效问题。其次,韧性治理的目标是提升治理主体及其所在的城市和社区系统对于复合型灾害风险冲击的适应能力。治理主体的适应能力主要体现为对复杂风险环境的主动适应与自我调适能力。再次,韧性治理是多主体合作参与灾害治理的新模式。在复合型灾害情境下,多种灾害风险的叠加、耦合,多重灾害事件间的相互作用,以及灾害后果与影响的严重性、跨域性,决定了韧性治理必然需要吸纳多主体合作参与、涵盖不同灾害风险领域,且贯穿于灾害治理的各个阶段。最后,组织学习机制是确保韧性治理得以长效推进的核心动力。韧性治理中的组织学习意味着对于过往灾害治理实践的系统反思,既包括对防灾减灾经验的总结提炼,也包括在此基础上实现的政策变迁与制度优化。

二、迈向韧性治理的实践路径

韧性治理是新形势下回应复合型灾害治理挑战的治理升级。立足于我国现行的应急管理体系和灾害治理实践,由传统的风险管理、应急管理迈向韧性治理,可以尝试从以下三个方面做出努力[14]。

1. 树立"发展−安全"同构的治理理念,构建常态与应急结合的灾害治理体系

面对复合型灾害的冲击,管理者需要转换思路,将灾害风险视为一种系统常态,而不是意外伤害,进而学会接受与灾害风险共存的事实。韧性治理视角下的灾害管理应兼顾发展与安全的双重目标,妥善处理灾害风险防控与经济社会发展间的关系,进而构建起常态与应急相结合的灾害治理体系。一方面,需进一步完善现行的应急规划体系,将灾前的风险防控与化解、灾害危机过程中的应急响应以及灾后的恢复重建与组织学习,统一纳入城市及社区的韧性治理框架中,形成兼顾常态与危机情境的治理闭环;另一方面,还需重视和加强常态管理与应急管理之间的制度衔接,尤其是健全和完善现行的应急预案管理制度。可以通过定期开展应急演练与灾后学习,及时评估和修正现行应急预案,并据此有针对性地加强日常管理和灾害应急准备,尽可能地降低应急处置阶段的不确定性。

2. 完善多主体合作治理体系,促进政府与社会间的增权赋能

复合型灾害背景下的韧性治理有赖于政府、企业、社会组织、社区、公众等力量的共同参与,需要充分整合各方资源,形成全社会协同治理的合力。一方面由政府向社会增权赋能,提升城市及社区系统在复合型灾害风险冲击下的自组织、自适应能力。例如,在灾后重建阶段,可以通过鼓励和引导社区的有序参与,在弥补政府力量不足的同时,增强社区的自我管理与可持续发展能力,进而提升其对于未来灾害风险的适应能力。另一方面,由社会向政府增权赋能,提高其在应急决策、应急资源调配、社会动员等方面的管理能力。社会力量的加入,可以极大地丰富政府在物资、人员、信息、技术等方面的应急储备,从而为政府灾害治理决策的科学性、可行性提供有力支撑。尤其是在重大灾害事件的应对中,可以充分发挥社区在组织动员、政策执行等方面的独特优势,并借助其灵活高效的管理机制构建起灾害治理的基本组织单元

和空间单元,为政府各项灾害治理决策的推进奠定坚实基础。

3. 重视和加强组织学习,将制度优势转化为治理效能

从"灾难"走向"进步"的关键在于科学的反思和学习。面对复合型灾害风险的冲击,管理者不仅需要就具体的灾害现象思考如何有效应对,还要以此为契机深入分析各类灾害现象背后复杂的制度性、结构性诱因。

韧性治理视角下的组织学习涵盖以下两个层面:①针对持续变化的灾害风险形势,通过开展全过程的风险评估与管理、加强执行反馈,及时调整治理策略,不断提升组织对于复合型灾害风险的治理能力;②从复合型灾害治理中学习和提炼公共治理的一般性经验,从真实的灾害危机场景中深化对我国国家治理体系和制度优势的认识,并通过组织韧性与制度韧性的提升,推动实现由制度优势向治理效能的转化。

回顾我国应急管理 70 年的发展历程可以看到,中国共产党的领导和强大的社会动员力是我国国家治理体系赋予复合型灾害治理的重要制度优势。在新冠肺炎疫情防控过程中,国内各城市政府所采取的诸如在疫情防控一线设立临时党支部、组织党员干部下沉社区、鼓励和动员广大群众加强自我管理等举措,就是通过贯彻党的领导并充分动员群众有效提升了社区治理的组织力、动员力和执行力,进而有力地推动了各项疫情防控措施的及时精准落实。在疫情防控中的治理实践正是在组织学习的基础上充分发挥中国特色社会主义制度优势,并将其转化为治理效能的积极尝试。

三、对"脆弱性-能力"框架的发展

前期,"脆弱性-能力"框架多聚焦于识别已知风险,在风险分析的基础上展开应对工作,这种应对其实是一类"被动应对",即依据经验数据识别确定的脆弱性(包括已知的风险要素和政府在危机应对中的能力短板)进而展开相应活动。但韧性治理不同,其内含"接纳不确定性-主动适应"这一逻辑链条。相较于"脆弱性-能力"框架,韧性治理更加着眼于相对可控的治理要素,通过增强系统对于不确定风险的适应性,一方面完善治理体系为结构调整、机制创新等创造条件、预留空间,增强社会活力;另一方面提升治理能力,包含对预警、准备、应对、恢复等各环节,决策、动员、学习等各方面的系统提升。

具体来说,韧性治理的特征体现在以下几个方面:

第一,韧性治理更专注于对系统自身性能的研究,而非外部扰动。它强调对系统自身不确定性的接纳。

第二,丰富了前期"脆弱性-能力"框架"脆弱性"的内涵。例如,针对"确定的脆弱性",可通过科学评估识别系统风险与治理短板;针对"不确定的脆弱性",可通过韧性评价测度并追踪系统性能的动态变化。

第三,"脆弱性-能力"框架中"能力"研究的对象不再局限于危机应对中的政府部门,而是更加强调整个治理体系全主体、全过程、全方位的能力提升。

第四,韧性治理中引入"治理"的视角,聚焦治理效能的提升及其增量,而非简单的不同城市系统间韧性水平的横向比较。

总的来说,韧性治理的思路如图 4-5 所示。

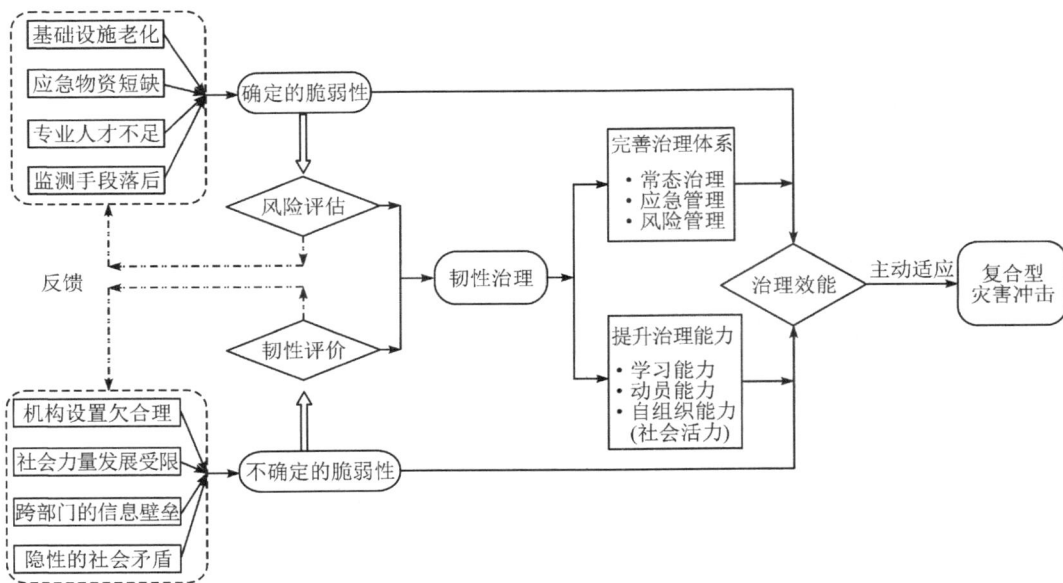

图 4 - 5　韧性治理综合分析框架

阅读材料

中国韧性城市建设的实践与探索（节选）①

韧性城市是指城市能够凭自身的能力抵御灾害,减轻灾害损失,并合理调配资源以从灾害中快速恢复过来。长远来讲,城市能够从过往的灾害事件中学习,提升对灾害的适应能力。韧性城市建设已逐渐成为我国城市管理者应对日益严峻的复合型灾害风险的实践选择与发展趋势。建设韧性城市,不仅被北京、上海、成都、西安等多个城市纳入各自的城市总体规划或政府工作报告,还被作为"优化国土空间布局,推进区域协调发展和新型城镇化"的重要举措明确写入国家"十四五"规划。

尽管各地开展韧性城市建设的重点与具体举措各不相同,但总体上都凸显了问题导向的实践特点,即以回应和解决城市当下面临的重大灾害风险与治理难题作为开展韧性城市建设的出发点。从宏观上看,国内韧性城市建设实践的兴起与突出进展都与重大灾害危机事件的爆发密切相关。例如,2008 年的汶川特大地震,不仅引发了国内外专家学者对于中国巨灾风险应对、灾后恢复等问题的系统反思,还促使"韧性城市"作为一种现代城市建设目标与治理理念真正得到了国内学界和相关实务部门的共同关注。而 2019 年末出现的新冠肺炎疫情则促使"韧性城市"迅速成为全球热词,并被纳入我国的国家战略规划和多个地区的城市总体规划中。

① 朱正威,刘莹莹,杨洋. 韧性治理:中国韧性城市建设的实践与探索[J].公共管理与政策评论,2021,10(3):22 - 31.

从前期黄石与北京的韧性城市规划及其实施情况来看,这种问题导向的实践特征主要体现在以下三个方面:一是在规划制定环节有的放矢,以识别和评估城市核心风险作为开展城市韧性评价,进而拟定城市韧性提升策略的基础;二是立足当地实际,分别选择城市宜居建设、防震减灾等领域为突破口,逐步推进韧性城市规划的落实;三是充分发挥我国特有的制度优势,积极组织动员各方力量共同参与当地的疫情防控、防汛救灾、复工复产等韧性实践。

【讨论题】

请结合我国韧性城市建设的实践,论述未来如何提升城市治理体系与治理能力的韧性,进而回应复合型灾害风险带来的不确定挑战。

韧性城市,"韧"

要点:可从城市常态治理向非常态应急管理转换机制完善,以及城市工在哪里?程项目建设和非工程措施统筹等方面进行分析。

第四节　研究示例

在城市中,复杂性带来了未来的不确定性,为区域公共安全评价及其相关决策的分析、制定带来极大挑战。城市系统由大量正负反馈回路组成,这些回路相互交织,形成一个高阶、多重反馈的复杂系统。系统所表现出的脆弱性及韧性都是由其内部反馈控制结构决定的,可以通过对反馈控制结构进行优化提升城市公共安全治理水平。因此,通过系统仿真等方式对城市公共安全水平及其长期演化趋势展开分析,有助于识别影响城市韧性水平的关键因素。另外,依托系统动力学模型构建"政策实验室",可以对风险管理措施进行"实验",为城市公共安全和相关灾害风险管理决策提供支持。

具体来说,区域公共安全系统具有非线性、动态化、多耦合等属性,但目前实践中主要还是采用打分排序式的评价方法。这类方法无法回避模型本身的线性假定,也就难以揭示系统的这些复杂特性。系统动力学(system dynamics)建模方法由麻省理工学院(MIT)的福瑞斯特教授在 20 世纪 50 年代中期提出,与常规评价方法不同的是,该方法能够非常直观地反映系统各要素之间的信息反馈关系,通过建立各种反馈回路相对真实地反映区域公共安全系统的运行、演变及其发展过程。本书借助系统动力学建模方法,在"脆弱性-能力"框架下,对区域公共安全系统进行界定,并分析区域公共安全系统演化机理。

基于"脆弱性-能力"视角的区域公共安全评价,本书分别从脆弱性和应对能力两个角度出发建立区域公共安全风险指数的动态评价模型。对区域公共安全状况而言,脆弱性与应对能力是一对方向相反的作用力。一个地区脆弱性程度越高,区域公共安全风险指数也就越高;相反,应对能力的提高则会降低风险指数。但从经济发展的动态过程来看,前一段时间内,我国区域经济发展程度越高,区域公共安全脆弱性以及应对能力都会提高,而应对能力的提高往往比较滞后,导致公共安全问题比较突出。总的来看,区域公共安全风险指数与脆弱性水平之间存在正反馈回路关系:区域公共安全风险指数的提高,会导致脆弱性水平有所提高,而后者的提高又会反过来加剧区域风险。同时,风险指数与应对能力之间也存在着正反馈回路关系:区域公共安全风险指数的提高会对应对能力起抑制作用,应对能力受到抑制反过来又会造成风险指数的进一步提高。

从图4-6中我们可以清楚地看到,经济发展水平的提高客观促进了脆弱性水平的提高,若只存在脆弱性与区域公共安全风险指数之间的正反馈回路,风险指数很有可能会放量增长,因此一定水平的公共危机应对能力对于维持区域公共安全系统的稳定至关重要。若一个地区应对能力长期或较大幅度低于脆弱性水平,极易因各种内外因素的混合作用而引起系统的剧烈变化,即阈值效应的发生。系统动力学建模为全面了解区域公共安全系统的发展态势及演化规律提供了可视化的解决方案。

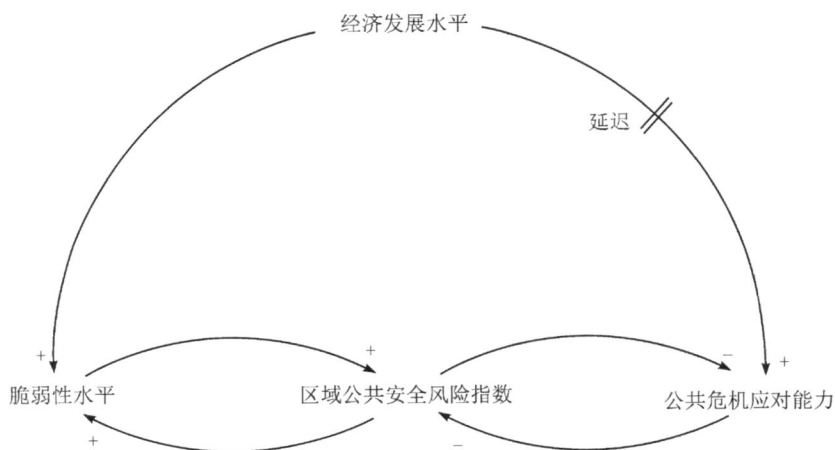

图4-6 区域公共安全系统的逻辑关系图

一、脆弱性视角下区域公共安全系统界定

脆弱性研究是一个不断深入的过程,起初其概念更多指代客观自然因素。自20世纪80年代起,随着世界范围内防灾减灾实践的发展,国际灾害学界开始重视人类自身存在的脆弱性在灾害形成中所起的作用,并逐步将脆弱性研究转向融合自然科学与社会科学的综合性定量评价。伯勒定义脆弱性是对人类社会福利的综合度量,集合了自然环境、社会、经济和政治系统对一系列有潜在危害的扰动的防御能力。特纳认为要以人类-环境系统为分析对象,并提出了"人-地"耦合系统的脆弱性分析框架。斯密特在总结相关研究的基础上,认为社会、经济、政治、生态等因素共同影响着脆弱性水平,而这些因素可以归为互为影响的自然环境和社会力量两大方面。

借鉴国际学术界有关脆弱性主流观点的基础上,将脆弱性视角下的区域公共安全系统分为自然环境和社会经济两个子系统进行研究(见图4-7),前者主要包含自然资源、生态环境等要素,后者则包含人口、经济、社会等要素。由于政治或体制脆弱性通常以国家为单位进行评价,本书暂不考虑。随着社会经济结构的复杂化及人口规模的膨胀,两个子系统的脆弱性水平均会呈上升趋势,区域公共安全状况也将愈发复杂。虽然区域脆弱性水平的上升会对区域整体发展环境构成负面影响,进而对经济和人口因素起到抑制作用,但这种负反馈调节在当前尚无法改变脆弱性水平逐渐上升的整体趋势。

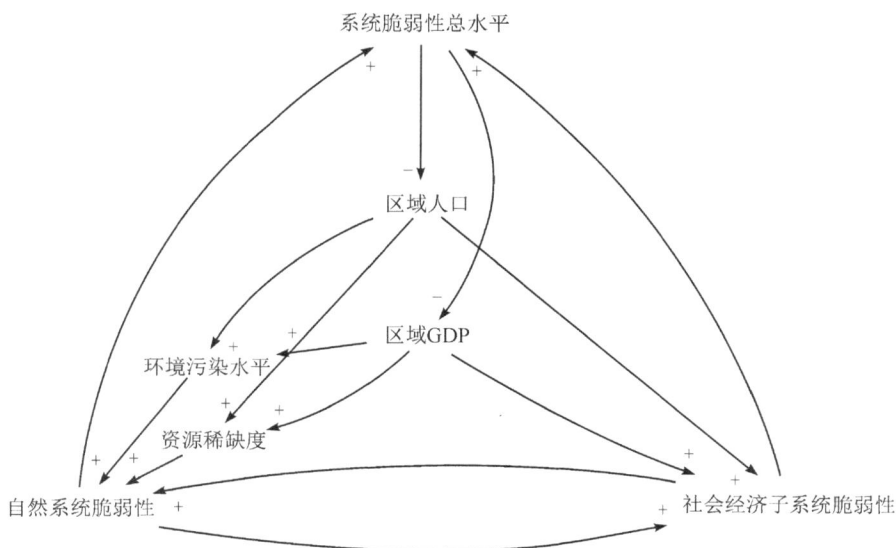

图 4-7 脆弱性二级子系统逻辑关系图

二、应对能力视角下区域公共安全系统界定

公共危机应对能力是危机管理的重要组成部分,本书提到的应对能力主要就政府而言。作为判断政府治理优劣的重要标准,政府能力正受到越来越多的关注。一方面,人们从经验分析到理性判断愈来愈认识到"国与国之间最大的政治分野,其实不在于政府的组织形式,而在于政府的有效程度"。另一个重要原因则是政府正面临着"风险社会",面临着高度不确定性。夏书章等指出"政府能力是近年来日益引起重视的一个重要问题,它与行政职能密切相关","行政职能框定了政府能力的基本内容和发展方向;政府能力的大小强弱则决定了行政职能的实现程度"[45]。张成福在论述"全面整合的危机管理体系"中强调了政府的应对能力,他指出要"充分利用法律、制度、政策的作用,在各种资源支持系统的配合下,通过组织整合、社会协作以及全程化的危机管理,提升政府预防、回应、化解及消弭各种危机的能力,保障公共利益以及人民的生命财产安全,实现社会正常运转和可持续发展"[46]。这里,公共危机应对能力包含了制度建设、人员队伍建设、支持系统(基础平台)建设三个方面的要素。

与传统危机相比,现代公共危机作为风险社会的实践性后果具有更大的破坏力和灾难性,"人类正在失去对技术的控制"已成为风险的主要成因之一。英国埃克塞特大学的知名学者特纳对人为灾难的分析也认为,任何对系统失败的分析都应当考虑人和技术两个方面的失误。政府危机应对能力这个大系统的强壮性如何,不单包含人的因素,也含有技术的成分。因此公共危机管理也要基于科学技术系统的"再发展",通过更科学、更具可持续发展性的新科学研究来降低风险。故科研技术水平也是影响风险管理与公共危机管理的重要因素,只有建立起各种危机问题的科学研究机构,保证充足的经费来源,配备高素质的科研人员队伍和先进的科研设备,才能保证政府公共危机管理决策的科学性,提高危机发生时政府的预警和快速反应能力。

我们从危机应对制度建设、应急人员素质和队伍建设、应急基础平台建设以及危机应对科研技术能力建设四个方面对应对能力进行评价。如图4-8所示,这四个方面的综合作用决定了公共危机应对能力水平,并通过对区域公共安全风险指数的影响反过来又影响到区域经济发展的运行质量。进一步考察后可以发现,能力建设的各个方面相互间存在着密切联系。制度建设水平的提高营造了重要的制度环境(体制、机制、法制等方面),对其他三个方面产生影响;科研技术能力的提高能为其他方面提供学术上和技术上的指导,以克服提高能力建设过程中的盲点和瓶颈问题;平台建设为应急实施过程提供了硬件保障,支持应急管理人力资源的充分发挥。

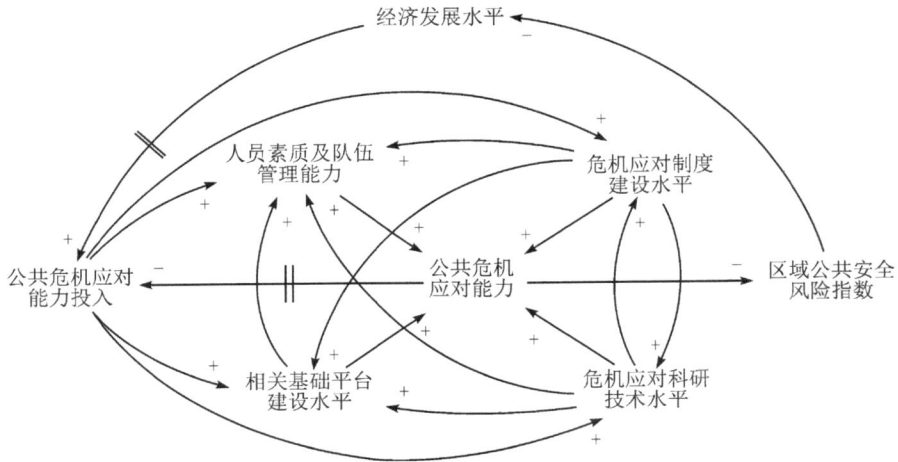

图4-8 应对能力二级子系统逻辑关系图

三、系统动力学模型构建

根据以上的系统界定,从区域公共安全各子系统的众多支撑要素中选取关键性支撑要素作为变量,根据这些主要变量间的反馈作用,描述区域公共安全系统的主要回路关系,研究系统结构及反馈作用机制。

系统动力学模型的建立是一个比较复杂而烦琐的过程。我们在查阅相关文献资料,对应急管理领域的专家学者进行深入访谈和座谈的基础上,反复比对概念模型与当前现状,并对模型有关参数进行修订,最终确定了S省公共安全系统动力学模型的有关变量以及它们之间的相互关系。对受数据来源限制而无法获取的模型参数,将计量模型和模拟迭代相结合,以实现对参数的计算和更新。我们使用VENSIM系统动力学模拟环境软件进行可视化编程,建立"脆弱性-能力"视角下区域公共安全动态评价的系统流图(详见文献①)。

四、基于"脆弱性-能力"视角的区域公共安全动态评价

基于前文构建的系统动力学模型,采用系统动力学方法进行仿真。从仿真结果可知,随着经济发展水平的稳步提高,S省公共安全脆弱性水平和公共危机应对能力均有不同程度的提高。区域脆弱性水平从2005年的0.56提高到2030年的0.63,年增长幅度在0.002到0.004

① 朱正威,王玮,郭雪松,等.区域公共安全动态评价及关键变量甄别:基于"脆弱性-能力"的视角[J].公共行政评论,2012,5(6):97-117.

之间,比较平稳;应对能力水平则从 0.26 提高到 0.37,增幅先慢后快,头 5 年年均增幅仅为 0.001,但到最后 5 年年均增幅达 0.010。应对能力的发展滞后于脆弱性水平的提高,符合能力建设的迟滞效应。由图 4-9 可知,在仿真的开始几年,能力增幅与脆弱性增幅差异较小,区域公共安全风险状况比较平稳;但随着应对能力上升幅度的加快,风险状况将逐渐得到改善。

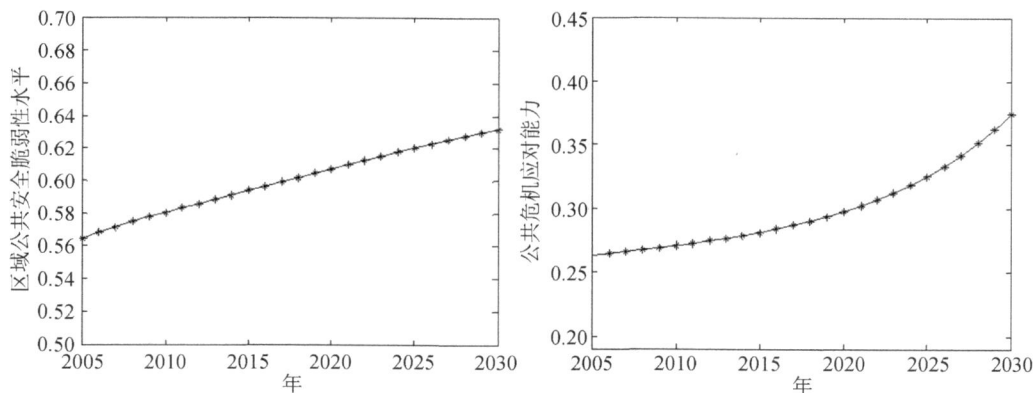

图 4-9　S 省脆弱性、应对能力仿真结果

脆弱性和应对能力作为评价区域公共安全风险指数的两个维度,与风险指数之间分别存在正向和负向的变动关系,因此我们采用脆弱性与应对能力的比值(脆弱性/应对能力)来表示区域公共安全风险指数。从仿真结果(见图 4-10)看,区域公共安全风险指数的发展存在明显的阶段性特征。2015 年以前,风险指数一直保持在较高水平(2.10 以上),波动极小;2016 年往后,风险指数的下降态势趋于明显,到 2030 年已跌至 1.68。这一阶段性特征与区域公共安全能力建设的迟滞效应有关,并与上述分析相一致。

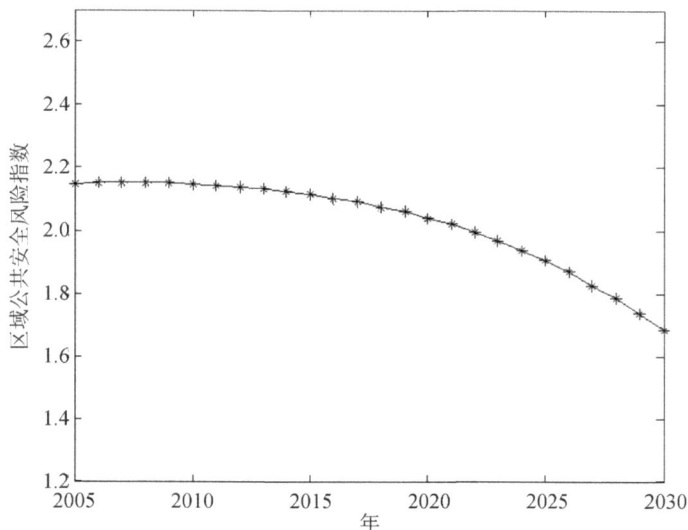

图 4-10　S 省公共安全风险指数仿真结果

五、结论与讨论

首先,本书将灾害学、社会学领域中的"脆弱性"和"应对能力"的视角加以结合改进引入区域公共安全评价系统,并结合具体国情,提出区域公共安全评价"脆弱性-能力"的综合评价框架。

其次,考虑到区域公共安全是一个复杂巨系统,而且其评价指标中的变量与结果不是简单的线性关系,我们把系统动力学模型分析工具与"脆弱性-能力"的综合评价框架相结合,深入挖掘区域公共安全各支撑变量之间存在的反馈回路关系,从而建立了区域公共安全动态评价模型,并可对关键政策变量进行识别,这是对传统打分、排序式评价在方法上实现的一个重要改进。

最后,本书以 S 省为例对"脆弱性-能力"的综合评价框架进行了仿真应用,对该省的公共安全状态进行了分析,得出了与实际相符的结论,提出改进工作的基本路径。动态区域公共安全评价是一个新的研究领域,国内外的研究正逐渐深入。评价视角以及分析方法上的理论创新和突破是该领域未来发展的两个重点任务。在未来的研究中,可进一步从韧性治理的视角出发,着眼于相对可控的治理要素,通过增强系统对于不确定风险的适应性,一方面完善治理体系,为结构调整、机制创新等创造条件、预留空间,增强社会活力,另一方面系统提升治理能力。

阅读材料

疫情恰好发生在应急管理体系的转型期(节选)①

薛澜

"抗疫是一场遭遇战,在与看不见的病毒作战中,有两种人压力最大",薛澜谈道,一是奋战在救治病人生死一线的医生护士,他们前赴后继,是新时代最可爱的人,真正体现了救死扶伤的人道主义精神;二是疫情防控一线辛勤工作的各级公共管理者和决策者。"面对复杂的疫情变化,以及层出不穷的社会管理问题,他们要承受来自上级部门和社会等各个方面的压力。面对具有极大不确定性的疫情,他们做任何决策都有可能受到指责与批评。"薛澜表示,应给予公共管理者多一些理解和敬意。

谈及疫情高压和舆情汹涌之下的湖北省地方主官中途被问责和调整职位,薛澜表示,此次重大疫情对于任何管理者都是前所未有的挑战。有的领导者在常态下可能是非常好的管理者,但在危机情况下就可能不适合。还有的领导可能在经济金融领域很有经验,但对公共卫生领域了解不多,也可能会导致决策失误。这其实也反映在中国这样一个转型时期,对地方政府主官所需要的综合素质要求是很高的。

他进一步谈道:"任何有经验的将军突然面对一类全新的战役都是很难的,更何况各级党政干部很少真正经历过危机管理的实战。即使现在以第三方的形式去试图做一个公共管理过程的回顾分析,其实也很困难,因为对很多过程中的信息不了解。但这样的分析有必要,因为

---

① 薛澜. 疫情恰好发生在应急管理体系的转型期[EB/OL]. (2020-02-28)[2022-03-28]. https://ishare.ifeng.com/c/s/7uSEeIw2lHd.

一旦疫情过去,人们便可能对抗疫过程中暴露的问题不再感兴趣,甚至遗忘,而无法达到应有的吸取教训的目的。"

以下为访谈问答。

问:目前政府面对应急事件的跨部门协调机制是怎样的?是否需要一个可以牵起所有部门的"前线指挥部"?

薛澜:跨部门协调始终是中国治理体系的难题,在本次疫情中也更集中地显现出来了,例如物资调配、经济生产与防控平衡等问题。

问:2003 年非典疫情时,我们曾在初期犯下瞒报、漏报的错误,没能及时处置,但影响范围也没有今天这么大,为什么在拥有更强大技术手段的今天,反而出现了更严重的后果?

薛澜:我曾经在课上给学生们讲过一句话——风险永远走在人类进步的前面。这次新冠肺炎我们虽然很快就完成了病毒的基因测序,但对这个病毒行为特点的判断开始还是有失误的,由此也导致了初期的应对失误。新冠病毒还是和 SARS 很不同的。SARS 有两个重要的特点:一是潜伏期不具有传染性或传染性极低;二是发病后发热症状明显。这两个特点使得其在防控措施上相对容易,采取测温度并把发热者进一步甄别。但现在我们才知道有些人在感染新冠病毒后既有传染性又没有什么症状,这样的情况在防控上是要困难得多。所以把应对新冠肺炎和应对非典作对比不一定完全恰当。另一方面,这次疫情发生的时间恰逢春运,如果不是由于这一点,武汉市也应该不会有五百万人离开,造成全国范围扩散。所以现在看来,2020 年 1 月 23 日封城的决策虽然是亡羊补牢,但是果断正确的,否则会有更多的人离开造成更大的扩散。当然,武汉市为此付出了沉重的代价,全国人民应该感谢武汉。

虽然有这些客观原因,无须讳言的是,我们传统治理模式的烙印仍然没有清除,一些地方政府或部门总是害怕公众知道真实情况后就会影响社会安定,导致我们失去了提前警示公众的机会。这个教训是深刻的。地方政府要摆脱父母官的心态,要相信公众的学习和鉴别能力。另外就是我们整个社会的应急能力还是十分薄弱的。理想的情况下,武汉封城实际上表明武汉应对疫情进入战时状态,按照应急管理的经验,整个武汉市要立即成立一个强有力的指挥系统来应对疫情,包括收治病人及防止扩散。另一套指挥体系要保障城市的正常运行。现在回过头来看,疫情应对指挥体系当时没有估计到已感染患者人数已远远超出武汉市医疗系统救治能力,需要马上向中央请求大部队的增援。所以各地援助医疗队虽然一批批地过去了,但始终是落后于救治需求。这也导致了大量潜在感染者聚集在医院外面排队希望得到诊断治疗,这实际上给广泛的交叉感染提供了机会。直到后来,明确了应收尽收、应查尽查、应治尽治的策略,设立各类方舱医院,在不同地点安置诊疗,这个问题才得到缓解。这个应对过程有很多教训是可以分析和汲取的。

【讨论题】

1. 简述我国应急管理体系的发展历程及每个阶段的特点。

要点:以新中国成立、2003 年"非典"以及党的二十大召开等为节点进行讨论。

2. 提出完善我国国家应急管理体系可参考的理论以及具体建议。

要点:可从风险治理理论、风险感知理论、协同治理理论、组织权变理论等进行讨论。

推荐书目

1. 郭雪松、朱正威,《中国应急管理中的组织协调与联动机制研究》,中国社会科学出版社。

内容简介:本书以跨域危机整体性治理为着眼点,从组织、流程等层面对应急管理组织协调和联动机制问题展开探讨。在组织层面,主要借鉴网络分析方法,深入分析应急管理组织协调问题。在流程层面,运用 Petri 网等模型重点对"碎片化"环节识别与消除等问题进行探讨,并提出流程分析系统设计模型。在此基础上,引入系统评价方法,针对应急能力及管理信息系统建设等问题展开研究。

2. 钟开斌,《应急管理十二讲》,人民出版社。

内容简介:应急管理是国家治理体系和治理能力的重要组成部分,是各级党委、政府和领导干部必须承担的重要职责。本书基于突发事件生命周期和突发事件应对全过程,把应急管理的重点任务归纳为源头防范、风险管控、应急准备、监测预警、事态研判、信息报告、决策部署、组织指挥、舆论引导、恢复重建、调查学习 11 个方面。通过科学合理的结构、鲜活生动的案例、通俗易懂的语言,本书完整系统地介绍了做好应急管理 11 项重点任务的基本要点,回答了新时代应急管理"怎么看""怎么办"的基本问题,为各级党委、政府和领导干部积极推进应急管理体系和能力现代化提供了可供参考借鉴的任务书、路线图、时间表。

第五章　应急管理体系构建与优化

应急管理体系是国家治理体系的重要组成部分,承担防范化解重大安全风险、及时应对处置各类灾害事故的重要职责,担负保护人民群众生命财产安全和维护社会稳定的重要使命。具体而言,应急管理体系是国家层面处理紧急事务或突发事件的行政职能及其载体系统,是政府应急管理的职能与机构之和,是由与突发事件相关的领导体制、价值目标、制度规范、资源保障、技术方法、运行环境等若干要素相互联系、相互制约而构成的一个整体[47]。加强应急管理体系建设,就要根据突发事件或危机事务,把握并设定应急职能和机构,进而形成科学、完整的应急管理体制。

欧美发达国家的应急管理体系建设起步较早,建立了较为先进的应急管理制度,有些经过百年发展已经形成了强大的应急管理体系。近年来,我国结合自身国情,不断进行应急管理体系调整和完善,逐步形成了统一指挥、专常兼备、反应灵敏、上下联动的中国特色应急管理体制,构建了一套更加成熟、更加定型的应急管理制度体系,从而将中国特色社会主义制度优势更好地转化为治理效能,运用制度威力来应对风险挑战①。新冠肺炎疫情等重大危机事件,进一步凸显了应急管理体系建设与优化的重大意义和紧迫性。

基于此,本章在梳理国内外应急管理体系发展概述的基础上,借鉴欧美发达国家应急管理体系建设经验,通过构建跨域危机整体性治理分析框架和理论视角,对应急管理体系构建与优化问题进行讲解。

第一节　现代应急管理体系发展概述

一、国际应急管理体系发展概述

(一)美国突发事件管理系统变革

2017 年 10 月 17 日,美国联邦政府发布了第三版"全国突发事件管理系统"(National Incident Management System,NIMS),标志着美国第三代全国突发事件管理系统的诞生[48]。该管理系统保留了第二代美国突发事件管理系统的主要内容,但更加重视应急管理规则制定与制度安排,特别是把"统一行动"(unity of effort)作为其指导原则。具体而言,美国突发事件管理系统变革呈现以下特征。

1. "灵活性"和"标准化"仍为指导原则

美国第二代全国突发事件应急管理系统仅有"灵活性"和"标准化"两项基本原则。从突发

---

① 深入贯彻党的十九届四中全会精神把制度优势转化为治理效能[EB/OL].(2019 - 11 - 18)[2022 - 03 - 28]. https://www.mem.gov.cn/xw/yjyw/201911/t20191118_340847.shtml.

事件现场处置来看,灵活性原则有利于不同主体的组织协调。另外,标准化水平则直接影响突发事件管理系统的运行质量。管理不同规模的危机事件,需要应急管理人员及其所隶属组织之间开展快速沟通与协调。从管理制度构建来看,全国突发事件管理系统恰恰是以应急准备和应急响应框架作为共同的基础,规定了一系列标准化的组织结构,从而促进不同管辖人和不同专业领域之间的整合与相互衔接,共同应对突发事件,进而增强了应急管理工作中的"体系能力"。

2. "统一行动"成为新增指导原则

"统一行动"是开展突发事件现场响应工作的重要基础。在危机应对中,参与管理突发事件的组织在其权限、管理结构、通信和协议等方面往往并不相同。"统一行动"意味着在限定的时间、空间、资源等情势下,协调各组织间活动,努力实现共同目标。危机事件应对迫切需要大量参与机构和人员的统一行动。比如,仅 2017 年 8 月至 9 月期间,美国东南部和加勒比地区,连续遭遇"哈维""艾尔玛""玛丽亚"等超级飓风的袭击,包括联邦政府、州政府、各州国民警卫队在内的多方力量投入开展应急响应任务,尤其是来自 45 个州的 3 万多国民警卫队,承担了主要的应急响应任务。基于此,第三代美国全国突发事件管理系统在已有的"标准化"原则的基础上,把"统一行动"作为第三项基本原则,正是适应了突发事件应对工作的特点,更加凸显了突发事件现场与后方行动一致性,以更好促进实体与虚拟空间处置的一致性。

(二)日本应急管理体系建设

作为世界上自然灾害最频发的国家之一,日本在抗击自然灾害的过程中积累了丰富的应急管理经验,建立了较为完备的应急准备体系,在国际应急管理体系建设中具有一定代表性①。

1. 从单项灾害管理到综合灾害管理转变

日本于 1961 年制定和颁布了《灾害对策基本法》,明确了防灾组织、防灾计划、灾害预防、灾害应急以及灾害重建的各项标准。与此对应,涵盖各类灾害的综合防灾减灾管理体系逐渐建立。一是将地震和火山、台风、雪灾等各种主要灾害的应对策略综合起来进行立法,并编制基本规划,实现多灾种综合管理。二是整合防灾减灾政策和规划,实现全过程灾害管理。三是组织动员中央和地方政府、民间、家庭等各主体参与防灾减灾活动。

2. 构建了较为完备的预案体系

日本在抵御频发的自然灾害的过程中逐步构建了较为完备的预案体系,包括防灾计划框架、专项防灾计划和地方防灾计划。其中,防灾计划框架主要涵盖以下四个方面:一是要求企业遵守法律规定的标准,确保设备安全;二是制定并完善灾害应急对策,建立健全协调联络机制;三是推进防灾知识的普及,完善救援和支援机制;四是鼓励灾害预防相关的科学研究,加强政府部门与研究机构的合作。

日本政府还针对具体灾害和风险,编制了详尽的部门应急计划和专项应急计划。例如,在应对油污事故方面,依据《1990 年国际油污防备、反应和合作公约》第 6 条,编制了《国家油污防备与反应应急计划》。该计划提出日本油污防备和反应体系,主要内容包括应急体系的建立和完善,通信报告要求,应急设备的准备、演练、溢油应激反应,相关事件评估,确保油污事件发生后能够采取迅速有效行动。

---

① 日本应急管理体系建设情况及经验[EB/OL]. (2019 - 12 - 30) [2022 - 03 - 28]. http://www.basst.org.cn/newsshow. php? cid=32&id=3104.

3．建立了权威、高效的应急管理体制

2001 年 1 月 1 日,日本对中央机构进行改革和重组,确定了应急管理体系的基本组织构架。目前,其应急管理体系包括常设机构和临时机构两部分:常设机构有安全保障会议、中央防灾会议以及内阁的应急管理专门机构;临时机构中有针对各种原因产生的紧急事态所规定的应急管理机构。改革后,日本国家层面的应急管理组织体系有以下特点:一是在 1998 年的基础上,修改《内阁法》及其他组织法,加强首相的应急指挥权和内阁官方的综合协调权,强化应急管理机构和中央防灾减灾工作的地位和功能;二是提高内阁府的防灾决策指挥和综合协调能力,把原来设在国土厅的防灾减灾工作最高决策机构"中央防灾会议"改设在内阁府;三是加强国防安全的最高决策机构"安全保障会议"的功能;四是使国防安全保障、应急管理、防灾减灾形成了一个系统科学的协调机制,将国家安全保障、应对经济危机、防灾减灾三个方面的安全工作有机整合起来,改变以往互相独立和分割的局面。

(三)英国应急管理体系建设的主要特点

英国生产安全与技术灾难隐患始终存在,应急管理任务艰巨而繁重。近百年来,英国通过不断的总结与改革,形成了具有自身特色的应急管理体制机制[①]。具体体现在以下几方面:

1．以系统抗灾力为核心推进应急管理体系建设

英国没有常设的中央级部门专职负责应急管理工作,国家层面主要由内阁国民应急事务秘书处牵头。经过多年摸索,英国建立了中央政府三级响应模式:第一级是超出地方处置范围和能力但不需要跨部门协调的重大突发公共事件,由相关中央部门作为"主责政府部门"负责协调上下级关系,主导事件处理;第二级是产生大范围影响并需要中央协调处置的突发公共事件,启动内阁简报室(COBR)机制,协调军队、情报机构等相关部门进行处置;第三级是产生大范围蔓延性、灾难性影响的突发公共事件,启动 COBR 机制。此时的 COBR 是在首相或副首相的领导下进行运转的,决定全国范围内的应对措施。

2．实现了应急管理多层分工、上下联动与跨部门合作

在国家层面,将紧急情况响应分为三级:第一级是出现较为严重的地方突发事件,地方处理应急事件时需要中央政府出面帮助与协调;第二级是发生影响范围大、需要国家层面协调处理的突发公共事件,启动内阁紧急应变小组与国民紧急事务委员会;第三级是所谓大范围蔓延的灾难性突发事件,启动内阁紧急应变小组,直接在首相或副首相的领导下进行运转。

在地方层面,英国也形成了所谓"金、银、铜"三级应急指挥机制。"金级"指挥的主要机构是战略协调中心与战略协作小组。该组织主要考虑的战略问题包括突发事件的原因,事件可能对经济、政治、社会、环境等方面产生的影响,总体上需要采取的措施与手段,与媒体的关系,等等。"银级"指挥是多个机构的管理人员在离事件现场恰当距离的位置上一起工作,根据"金级"下达的目标与计划,对任务进行分配,迅速向"铜级"官员下达命令,直接管控相关应急资源与人员调配。"铜级"指挥主要设在现场具体实施应急任务,决定正确的救援或处置方式,如封锁、疏散、交通管理、休息中心等,完成"银级"下达的任务,直接使用应急资源。

---

① 王宇.英国应急管理工作的特征和启示[EB/OL].(2020 - 10 - 20)［2022 - 03 - 28］.https://baijiahao.baidu.com/s? id=1681233000504290036&wfr=spider&for=pc.

3. 注重"系统抗灾力"建设,推进风险防范工作

《国民紧急状态法》是英国应急安全管理体制机制的基础,其核心就是形成系统抗灾力。系统抗灾力是指中央与地方、企业与社区在突发事故发生前、中、后各个阶段所具备的发现、防范、处置、恢复的系统能力。为了获得系统抗灾力,英国注重风险防范、应急计划和培训、业务持续性以及灾后恢复等方面的建设。

英国内阁国民紧急事务秘书处制定的规程规定,国家、地方层面必须每两年制定一次"风险登记书"和"应急计划书",并由多部门协作完成。秘书处每五年对上报的风险评估文件进行评级,风险评级分为非常高、高、中等、低四级。高级别的风险必须在各层级的应急预案中有所侧重,而非常高级别的风险必须被视为政府工作的高度优先事项,必须制定相应对策,积极防范和化解。

4. 高度重视应急培训,持续提高应急处置能力

英国建立了专职负责应急培训的学院(应急规划学院),主要负责应急管理的理论建设、工作评估以及课程培训。学院会根据各类应急法案制定相应的应急培训课程,每类课程都有规范的操作流程。培训课程大多采用互动式教学模式,实践性很强。英国政府要求地方各类应急管理部门必须定期参加培训,且在培训课程结束后需要撰写总结报告。

英国应急培训讲求较强的业务持续性。这意味着政府或企业在灾害发生后仍能保证关键性业务不中断、持续提供必要服务的能力。开展和加强业务持续性建设,有利于在突发事件发生时,尽快恢复必要业务,减小不良影响。英国政府要求地方政府主导的灾后恢复战略小组负责制定"业务持续性计划书"与"灾后重建计划书",国民紧急事务秘书处还与英国业务持续协会合作制定《业务持续管理:行为规范》,并开展相关领域的业务可持续性调查,以提升政府、企业处置突发事件的能力。

二、我国应急管理体系建设发展概述

自新中国成立以来,我国应急管理体系的演变和发展大体经历了三个阶段[49]:单灾种应对为主的应急管理体系(1949—2003 年)、以"一案三制"为核心的应急管理体系(2003—2012年)、以总体国家安全观为统领的应急管理体系(2012 年至今)。具体如表 5-1 所示。

表 5-1 新中国成立以来我国应急管理体系的发展阶段及特点

特点	阶段			
	单灾种应对为主的应急管理体系 (1949—2003 年)		以"一案三制"为核心的应急管理体系 (2003—2012 年)	以总体国家安全观为统领的应急管理体系 (2012 年至今)
	改革开放前	改革开放后		
管理理念	单一灾害管理		全类型突发事件综合应急	总体国家安全观
法律依据	专项法律法规政策:《中华人民共和国防洪法》《中华人民共和国防震减灾法》等		法制体系建设:基本法律《中华人民共和国突发事件应对法》、各专项法规政策配套	完善法制体系:《中华人民共和国国家安全法》、基本法律与配套法律

特点	阶段			
	单灾种应对为主的应急管理体系 （1949—2003 年）		以"一案三制"为核心 的应急管理体系 （2003—2012 年）	以总体国家安全观为 统领的应急管理体系 （2012 年至今）
	改革开放前	改革开放后		
组织模式	专门的部门或机构	专门机构＋部门间议事协调机构专门机构＋党委协调机制＋部门间议事协调机构（社会安全领域）	权威枢纽机构抓总（政府应急管理办事机构）＋部门间议事协调机构	国安委＋党政同责＋部门间议事协调机构＋统筹协调部门
管理主体	中央救灾委员会（1950 年）相继建立地震、水利和气象等（兼）专业性部门	各专项管理部门＋国家减灾委员会、国家防汛抗旱总指挥部、国务院抗震救灾指挥部等（自然灾害），国务院安全生产委员会（生产安全），中央社会治安综合治理委员会、中央维护稳定工作领导小组办公室（社会安全），临时部门间议事协调机构	在以往体系基础上，政府办公厅设立应急管理办公室	中央国安办、应急管理部（整合自然灾害、事故灾难类应对）卫生健康委（公共卫生类）、公安部（社会安全类）
管理内容及特点	自然灾害、生产安全、公共卫生、社会安全分类管理		四大类突发事件综合管理，强调准备体系的平战结合	强调国家安全涵盖各类突发事件的管理体系
管理方式	应急处置为主，被动应对		全流程应急管理与制度	建立综合性、系统性国家反应计划
管理手段	人海战术为主，不计成本		依靠科技、科学施救	
总体特点	高度集中、政治动员能力强 风险意识不强、部门间协调不足、信息公开不够		应急常态化、管理系统化应急管理办事机构"小马拉大车"问题突出	有利于资源整合，统筹协调有待推进

　　第一阶段主要针对单一类型的突发事件成立相应类型的应对机构。这些机构分属不同的管理部门，管理体制呈现"分散化"的特点；对突发事件尤其是复合型突发事件的管理，在多部门协同运作方面显得效率低下；面对巨灾、重特大突发事件时，则依赖既有行政机构临时成立指挥部或领导小组（或启动议事协调机构），选派得力干部应对危机，待事件过后各自回归原单位，如此反复。这种"临时响应、分散协调"的模式逐渐暴露出协同性较差、综合应对能力不足等问题。

　　第二阶段则由单一突发事件应对向综合应急治理转变，建设核心是"一案三制"，即制定修订应急预案，建立健全应急体制、机制和法制。在总结 2003 年抗击"非典"经验教训的基础上，基本建立了"统一领导、综合协调、分类管理、分级负责、属地管理"为主的应急管理体制。政府应急管理办事机构（应急办）的综合协调职能得以明确，以政府办公厅（应急办）为运转枢纽，协调若干议事协调机构和联席会议，覆盖各类突发事件的应急管理体制逐渐形成。

第三阶段主要以总体国家安全观为统领，统筹应对国内外全灾种、全领域的突发事件，编织全方位、立体化的公共安全网，加强、优化、统筹国家应急能力建设。以 2013 年中央国家安全委员会成立和 2014 年"总体国家安全观"的提出为标志，我国开始从国家战略的高度来决策部署应急管理工作。随着我国做出构建系统完备、科学规范、运行高效的党和国家机构职能体系的决策部署，以 2018 年成立应急管理部为重要标志，开启了应急管理体系建设的新篇章。这标志着我国围绕全面应对四大类突发事件，开始建立由一个或多个强有力的核心部门进行总牵头、各方协调配合的全面整合应急资源的应急管理体制。

自组建应急管理部以来，基本形成了统一指挥、专常兼备、反应灵敏、上下联动的中国特色应急管理体制，理顺了应急管理统与分、防与救的关系，探索构建了一套全新的应急管理工作体系。发挥综合统筹优势，不断提升国家综合应急能力水平。一方面，充分发挥统筹协调作用和综合优势，牵头建立健全风险研判、信息共享、协同处置、恢复重建等全过程跨部门联动机制，最大限度汇聚各方力量，解决了过去资源分散、各管一摊等突出问题，提高了应急管理的系统性、整体性和协同性，防抗救一体化工作合力明显增强。另一方面，灾害事故风险监测预警能力不断提高，自上而下的应急指挥体系基本建立，应急力量分布和统筹调动科学顺畅，全灾种、大应急综合救援能力明显提升。

总体来讲，国家应急管理体系纵向上包括从中央政府到县级政府等各层级的应急管理；横向上包括针对公共卫生、自然灾害、事故灾难、社会安全等不同类型和不同等级突发事件的应急管理。要求国家应急管理体系注意不同类型突发事件应急管理的综合协调和多部门联合响应，防止针对各种突发事件的应急管理各自为战而影响总体效能，但也要注意各种突发事件责任主体和风险、灾害的属性差异，避免将各种突发事件的应急管理混为一谈并张冠李戴。

应急管理体系是一个涉及多学科、多知识领域的综合性话题，大量研究成果为我国应急管理制度完善和政策制定提供了坚实支撑，但从不同视角分析，相关认识和政策建议的方向与侧重点也会有明显差异。基于系统视角，应急管理体系是一个包括目标体系、组织体系、防控体系和支撑保障体系等应急管理活动各要素构成的有机系统，通过相关体制融合，信息的搜集、交互和共享，相互调整、互相适应，进而发挥整体效能，最终推动社会系统从无序向有序演化。基于功能视角，应急管理体系可分为应急统筹协调、应急处置与救援、应急资源和物资保障、应急信息管理、应急预警和决策辅助等方面[50]，应急管理能力是这些方面有机整合、整体协同的结果，统筹协调应成为新时代应急管理的核心能力。但是，这种应急管理的统筹协调能力，不仅受制于地方党政主要领导的应急管理素质，还取决于整个应急管理体系内部政府部门之间，以及政府部门与企业、民政、社区、医疗机构、社会组织等利益相关者之间的协同和整合能力。在以政府为代表的公共机构组织协调下，构建多元应急管理机制，统筹市场、社会乃至国际资源，发挥各自优势协同行动，形成突发事件应急管理合力，提高国家应急管理效能和能力。

因此，国家应急管理体系既是一个科学完整的复杂系统，又是一个动态演进的调适过程。在积极推进新时代应急管理体系建设中，要按照"主动适应、全面整合、结构合理、目标清晰、制度完善、保障有力、技术先进"的目标，积极回应国内外环境的深刻复杂变化，从而最大限度地发挥国家应急管理体系的制度效能，提高综合应对各类突发事件的能力，为推进国家治理体系和治理能力现代化提供坚实的安全保障。

提升应急管理综合协调能力是当前国家应急管理体系面对的首要任务,如何实现应急管理体系的内部优化、外部协同、高效运行是新时代我国应急管理工作的关键。应急管理体系包括危机前的监测预警体系、危机中的应急联动体系和物资筹备调度体系,以及危机后公众危机意识及应急能力培养体系等。在应急管理中,分散于各部门的信息、资源无法有效整合,导致相关资源及人力重复投入或大量闲置,互相推诿现象时有发生。另外,专家意见混乱、应急管理体制僵化、信息沟通渠道阻塞及失真、公众参与和自治精神缺位等问题凸显。就跨域危机事件而言,在现有应急管理体制下,容易出现部门分立、协同指挥不足、应急资源调配不及时、整体联动性差等问题,严重影响危机事件处置效果。如何统筹协调各种资源、信息以有效开展应急管理工作已成为衡量国家治理能力的重要内容,提升组织间协同合作能力、实施整体性治理日益成为世界各国应对突发事件的共识。因此,加强跨域危机事件治理,构筑系统的应急管理体系是当前所面临的一项紧迫而艰巨的任务。

阅读材料

材料一　　国家应急管理体系建设状况与优化建议①

基于系统理论,应急管理体系是由应急管理活动各要素构成的有机系统,包括目标体系(愿景)、组织体系(主体)、防控体系(手段)、支撑保障体系(条件)等,各要素通过相关体制机制融合为一个有机系统,进而发挥出整体效应。

（应急管理体系建设的现实背景、应急管理体系的改革趋势与思考、应急管理体系的变革与发展）

一是目标体系。这是应急管理体系的努力方向和愿景。国家应急管理体系的总目标是要保障人民生命和财产安全,实现国家总体安全,为经济社会健康安全发展创造良好条件。具体到应急管理活动中,则是要通过组织动员各相关主体、综合运用多种手段,实现快速高效应对各类突发事件、消除或削弱突发事件负面影响等具体目标。

二是组织体系。这是应急管理体系的实施主体。这一组织体系是以政府系统为主导,政府、军队、市场、社会等多主体协同参与的有机系统,其中的核心问题是责、权、利的科学合理分配,集中表现为组织架构的搭建和多主体协同机制的设计。

三是防控体系。这是应急管理体系的应对手段,包括预防与准备、监测与预警、处置与救援、恢复与重建等覆盖事前、事中、事后全链条的突发事件防控活动。防控体系最关键的要义是建立相应的机制安排,使各类手段能够协同高效发挥作用,使各环节工作相互联系、相互衔接、相互支撑,形成良性循环。

四是支撑保障体系。这是应急管理体系的环境条件,包括法制规范、队伍建设、资金保障、物资储备调配、技术支撑、应急产业发展等。通过不断健全支撑保障体系,应急管理能力可以突破原有可能性边界,实现总体提升。

在一次次应对突发事件的成功实践中,我国应急管理体系充分展示出自己的特色和优势。

① 李清彬,宋立义,申现杰.国家应急管理体系建设状况与优化建议[J].改革,2021(8):12-24.

一是中国共产党的集中统一领导优势明显。中国共产党在突发事件应对过程中充分发挥领导指挥、统筹协调作用，覆盖面广、权威性强、适应性强，是我国应急管理体系最大的优势所在。党的领导的全面性保证了其能有效协调应急管理各主体，有效克服机构设置存在的不足；党的领导的权威性保证了其能形成强大的组织动员能力，快速完成资源调配；党的领导的适应性保证了其应对的弹性，更适合突发事件的不确定性和多变特征。

二是强大的制造能力和资源调配能力。我国是全世界唯一拥有联合国产业分类中所列全部工业门类的国家。应急管理产业发展迅速且区域布局日趋合理。同时，我国交通基础设施不断完善，全国各区域间联通性大大提升，高铁、航空等高速运输方式快速发展，大大提升了应急反应和调度能力。在应对新冠肺炎疫情过程中，我国在较短时间内迅速组织扩大抗疫物资生产，背后依靠的正是这种强大的制造能力和调配能力。

三是新技术、新工具的广泛渗透应用。物联网、云计算、大数据、人工智能等技术不仅提高了应急管理效率，而且通过新技术的采用突破原有情况下难以有效解决的难题，通过大数据和智慧平台系统能有效实现各部门的融合和数据共享。

当前和今后一段时期，应急管理面临的形势更为复杂，既存在重视程度空前提升以及科技和产业革命等有利机遇，也面临突发事件发生频率加快、复杂性和危害性加大、经济社会发展对应急管理提出更高要求等挑战。

从机遇来看，表现在如下方面：一是我国应急管理体系建设得到空前重视。我国经济社会发展面临的形势日益复杂多变，实现更为安全的发展成为新的发展要求。习近平总书记提出总体国家安全观，多次强调应急管理是国家治理体系和治理能力的重要组成部分，将应急管理体系建设提升到十分重要的地位。同时，受新冠肺炎疫情冲击，补短板、强弱项，进一步加强应急管理体系建设成为全民共识，相关工作已经紧锣密鼓展开。展望"十四五"时期，我国应急管理体系建设工作将迎来强化建设的黄金机遇期。二是科技革命和产业变革深入推进。以5G、人工智能、大数据、物联网等为代表的新科技革命将实现多点突破，新的生产方式、组织形态和商业模式不断涌现，推动着产业的数字化、智能化和柔性化变革。在科技革命和产业变革深入推进的影响下，应急技术和产业也将实现长足进步，支撑应急管理应对手段更加智能化、高效化，政府部门之间、政府与企业之间、政府与社会民众之间"深度整合、协同运作"，可实现以更少的资源投入达到应对更快、处置效果更好的状态，甚至可以预期应急管理体系中现存的体制机制障碍，也可能基于新技术手段的应用而得到缓解和解决。

【讨论题】

1. 请按照目标体系、组织体系、防控体系和支撑保障体系的框架来分析我国应急管理体系建设状况。

要点：防控体系从预防与准备、监测与预警、处置与救援、恢复与重建四个环节思考。

2. 我国应急管理体系存在哪些短板和弱项？

要点：一是组织体系不协调，包括府际关系不协调、政府与多主体关系不协调两方面。二是资源配置不平衡、不精准。三是应急法制、应急预案、应急资源投入、应急管理宣传教育与当前突发事件形势、群众需求不适应。

3. 我国应急管理面临哪些挑战？

要点：一是突发事件发生频率加快，复杂性和危害性加大。二是新时代安全发展对应急管理提出更严格要求。

4. 对于提高我国应急管理能力有什么建议?

要点:从理念、模式、目标、体系等角度思考。

材料二   中国应急管理机构的演进与发展:基于协调视角的观察①

机构设置和职权分配是管理体制的核心,科学合理的机构设置、职责分配、岗位分工,有利于为管理工作提供有力的组织保证。与常态下的行政管理相比,非常态下的应急管理工作具有时间紧、压力大、任务重、对人员素质要求高等特点,更需要建立分工合理、职责明确、关系清晰的组织结构,以及时、快速、高效地应对各种突发事件。

新中国成立以来,随着公共安全形势的变化和政府治理模式的调整,中国的应急管理机构也发生了重大变化。在 2003 年抗击"非典"疫情、2008 年应对南方低温雨雪冰冻灾害和"5·12"汶川特大地震等重大突发事件之后,中国对应急管理机构不断进行调整和优化。特别是 2018 年 3 月,根据《深化党和国家机构改革方案》,我国组建应急管理部,将不同机构分头负责的应急管理、消防管理、防灾救灾、地质灾害防治、水旱灾害防治等职责进行整合,引起了社会各界的广泛关注。

【讨论题】

新中国成立后特别是改革开放以来,中国的应急管理机构经历了怎样的一个变化过程?在此过程中,哪些方面发生了重大变化,又有哪些方面保持相对稳定?是哪些因素在驱动这些变化的发生?改革的价值导向和目标定位是什么?

要点:新中国成立后至 2003 年"非典"事件、"非典"事件到应急管理部的组建、应急管理部组建至今的阶段划分变化。

第二节   理论基础与研究视角

本节以跨域危机整体性治理为着眼点,就我国当前应急管理组织协调及联动机制问题展开探讨,分别从跨域危机治理组织和流程层面进行研究。一是在组织层面,借鉴网络分析方法,在跨域危机治理"碎片化"问题界定基础上,以典型案例及预案为依据,深入分析其组织协调问题。二是在流程层面,主要以应急预案为依据,深入流程层面对"碎片化"问题进行研究与分析。

一、理论基础

(一)跨域危机治理理论

随着现代社会各环节关联性的不断增强,危机事件日益呈现出鲜明的跨域性特征,学术界将其称为"跨域危机"(transboundary crisis),主要体现在如下方面。

1. 跨越行政边界

横向上,由于危机事件对多个国家、城市、地区产生威胁(例如传染病、金融危机等),需要不同区域政府展开横向合作;纵向上,主要涉及不同层级部门之间的组织协调问题,例如在危机应对过程中较低层级政府向高一级政府寻求支援。当横向、纵向都需要主体之间进行组织

---

① 钟开斌. 中国应急管理机构的演进与发展:基于协调视角的观察[J]. 公共管理与政策评论,2018,7(6):21-36.

协调时,危机治理活动变得异常复杂,具有鲜明的跨越行政边界特征。

2. 跨越功能边界

许多危机事件波及政治、经济和社会等多个领域,呈现跨功能边界的特征。例如,新冠疫情危机从卫生领域蔓延至实体经济、政治、社会等各领域。不同领域管理运行模式的差异性进一步加剧了危机事件的应对难度。

3. 跨越时间边界

很多危机事件往往在相当长的一段时期影响社会生产生活,例如新冠疫情危机、金融危机以及全球气候问题等,相关主体需要在相当长一段时期对危机进行持续关注与应对。危机事件发生、演化的高度不确定性,以及由此产生的应对方案的不确定性等问题,对治理活动提出了严峻挑战。在跨域危机应对过程中,决策所需信息、实施应对措施所需资源不是集中于某个主体内部,而是分散于多个隶属关系不同的参与主体,具体如图5-1所示。为有效应对危机事件,多个参与主体需要协作完成所需信息、资源的识别与配置等工作。一旦危机事件发生,具有不同动机,拥有不同信息、资源的组织在外部压力作用下展开协同响应。另外,为最大限度降低损失,常常需要在不确定状态下实施应对行动,这种情况下的危机应对,假若缺乏相关经验的积累,就会出现决策、响应实施困难等问题,对应急管理提出了严峻考验。

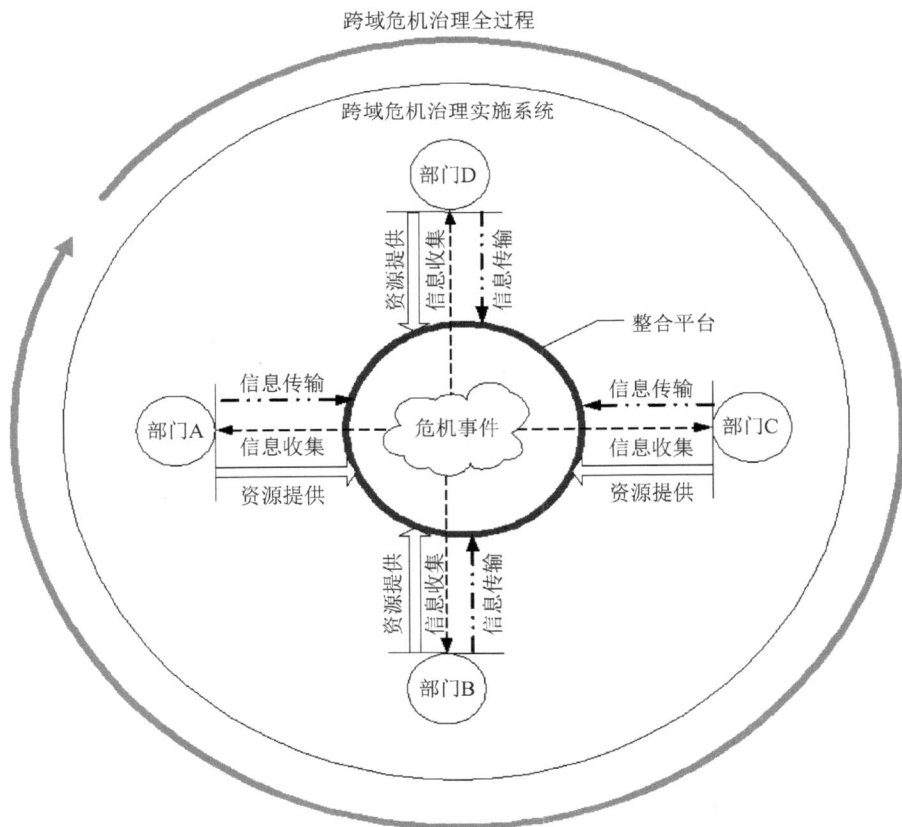

图5-1 跨域危机治理实施系统示意图

应急响应往往涉及较多部门。这些部门处在一个相互依赖的环境中,没有哪个部门拥有绝对充足的资源与知识可以独立应对危机事件。这就要求不同专业部门形成共同应对危机的共识并采取一致行动。但是在现实中,受传统部门危机管理体制制约,应急处置往往由于各部门职责不清、各行其是、多头指挥而难以有效协同,指挥中心分散,多头投资、重复建设、职能交叉等问题十分突出。其中,各个部门之间的协调不畅已经成为现阶段影响应急响应效果的重要问题。究其原因,主要是由于组织间缺乏有效的沟通机制与信息共享平台,应急响应相关的各类资源与信息的获取和流动还存在诸多障碍。在突发事件应急管理中,如何统筹协调各种资源、提升不同部门间的协同工作能力,以更有效地开展应急管理工作成为衡量一个城市、地区乃至国家综合管理能力的重要内容。

因此,危机事件发生、演化的高度不确定性,以及由此产生的应对方案不确定性等问题,对治理活动提出了严峻挑战。为了有效应对危机事件,多个参与主体需要协作完成所需信息、资源识别与配置等工作。一旦危机事件发生,在外部压力作用下,具有不同动机,拥有不同信息、资源的组织就需要立即展开协同响应。有时,参与主体信息、资源的"协同动员"可能比其自身行动更为重要。另外,为了最大限度降低损失,常常需要在不确定状态下实施应对行动。这种情况下的危机应对,假若缺乏相关经验的积累,就会出现决策、响应实施困难等问题,还会造成"碎片化"问题。

具体而言,在跨域危机应对过程中,决策所需信息、实施应对措施所需资源不是集中于某个主体内部,而是分散于多个隶属关系不同的参与主体。若组织协调问题未能有效解决,则治理"碎片化"问题就会凸显,进而影响治理的整体效果。

在跨域危机治理过程中,危机治理参与主体分别针对危机事件进行信息收集,并围绕危机治理活动完成整合,再据此进行决策,并调动资源(资源动员)进行响应。危机治理的实质可以归纳为在对危机事件发生、发展态势相关信息进行整合以完成决策工作基础上,通过资源动员实施应对措施的过程。此过程中,信息、资源整合的"碎片化"问题不仅直接影响决策及资源动员等重要环节,还会通过其内在关联(如图5-2所示的反馈环作用)被进一步"放大"。其中,信息整合"碎片化"问题可能会导致判断、决策失误,以致无法及时、有效进行资源动员。

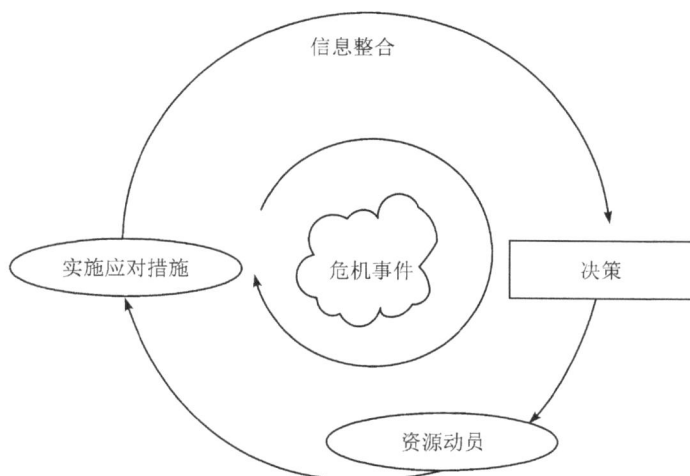

图5-2 跨域危机治理过程示意图

在跨域危机治理过程中,信息、资源的"碎片化"问题不仅直接影响决策制定以及政策实施等重要环节,还致使跨域危机治理的行政成本投入大大增加,使社会和行政资源被极大程度地浪费,降低了跨域危机治理的效果。其中,信息的碎片化问题会导致对于危机严重情况的判断失误,治理决策与现实情况不符,各部门没有获得应该获取的信息以及网络中信息流动堵塞等后果,而这些信息的碎片后果则会引发资源提供的滞后、资源分配的不均衡以及协调调动的不及时。因此,完善参与主体之间的组织、协调机制,减少、消除"碎片化"环节成为提升跨域危机治理水平的关键。

可以说,理解组织间网络与其中信息流的交换是提升应急管理水平的必要条件。自20世纪60年代以来,学界对灾害情境中的应急响应运作进行了大量的研究。近几十年的研究多集中在美国"9·11"恐怖袭击、卡特里娜飓风和日本地震引发核泄漏等极端灾难。这些研究主要包含以下三个方面:第一,在应对极端灾害时应急响应网络如何适应性地出现;第二,组织间的相互作用如何决定应急响应网络的适应性;第三,信息如何促进应急响应网络中组织间的互动。现有研究主要基于非集权政治背景,特别是集中于联邦体制的美国,并在揭示政府机构、私营部门和非营利组织之间的关系以及各级政府机构之间的关系方面具有重要贡献。灾害发生前各组织间的现有关系可能决定了组织在响应中的关系。张海波等学者指出,灾害响应网络的产生可能因不同政治环境中各组织间预先存在的关系而产生差异。在我国,灾害前各组织间存在的关系与联邦制背景的美国也存在显著差异[51]。

针对上述问题,一部分国家通过应急管理部门整合相关行动,例如俄罗斯紧急情况部、美国国土安全部等;一部分国家则针对复杂应急管理活动中自上而下的传统组织模式进行协调,采取综合协调的管理模式进行应急响应,例如英国内阁办公室的国内紧急状态秘书处,日本中央防灾会议、内阁风险管理中心等部门。就我国应急管理组织协调而言,在新一轮国务院机构改革中组建了应急管理部,其被赋予履行综合应急协调与运转枢纽的职责,作为我国应急管理体系的枢纽机构,负责编制国家应急总体预案和规划,指导各地区各部门应对突发事件,推动应急预案体系建设和预案演练。可以实现应急工作的综合管理、全过程管理和应急力量资源的优化管理,增强了应急管理工作的系统性、整体性、协同性,推进了国家治理体系和治理能力现代化。但是,推进应急管理体制机制改革,不是简单的"物理相加",而是要真正发生"化学反应",提升应急管理统筹协调能力还有很长的路要走。

(二)整体性治理理论

20世纪90年代中后期,基于对传统官僚制和新公共管理运动"分割"模式的反思,整体性政府理论开始成为理论界研究的重点之一,其核心目的在于实现不同部门和各种行政要素的整合。Pollit基于文献评述揭示了整体政府的内涵,强调排除相互破坏与抵触的政策情境,更好地联合使用稀缺资源,促使不同利益主体团结协作,为公民提供"无缝隙"服务。Ling认为整体性政府包括"内、外、上、下"四个"联合"子集:"内"指的是组织内部的合作,"外"指的是组织与外部组织之间的协作,"上"指的是新的责任与激励机制,"下"指的是新的公共服务方式。按照澳大利亚《联合政府报告》的界定,"整体政府是指公共服务机构为了完成共同的目标而实行的跨部门协作,或是为了解决某些特殊问题而组成的联合机构。所采取的措施可以是正式的也可以是非正式的,可以侧重于政策的制定、项目的管理或者服务的提供"。综上,整合

应急管理体系的"碎片化"问题

(integration)是整体政府最本质的内涵,其既包括行政系统内部各部门之间基于业务流程所形成的政务协同,也包括政府作为整体在公共服务供给层面与非营利组织、企业或社区之间所形成的公私合作伙伴关系。这样,不仅使行政系统组织结构和各种资源得到整合,打破了部门界限(boundaryless government),实现了跨部门的网络化政务协同与无缝(seamless)整合,而且还使各主体提供的公共服务及其提供途径得到了整合。在整体性政府构建过程中主要涉及组织结构整合、信息资源整合、业务流程整合以及服务与提供途径的整合。

在理论研究方面,佩里·希克斯等较早提出整体性治理的概念。Laugharne 认为面对分散的管理中所涉及的组织机构和层次,整体性治理能够为大众提供成本低、效果好的服务。公共问题的解决和公共政策运行目标并不能完全通过现存政府机构"碎片化"的活动来实现,也难以通过建立统一的"超级管理组织"来实现,实现公共政策目标关键在于跨越组织边界而实施协同行动与主动配合的"联合"工作。同时,实现"协调联动"的关键是将不同的目标、动机、管理机制与文化相结合,形成行动上的联盟和战略伙伴关系,并由公共部门、私人机构以及志愿者组织等积极配合协作以完成目标任务。

希克斯认为整体性治理其实是一种解决现存政府治理问题的方式,"碎片化"管理会引发转嫁责任等问题,例如司法系统被迫去处理解决青少年犯罪问题。在需要做出响应时,一些机构会在不与其他部门沟通的情况下采取单独行动,而最后却并未满足公众的真正需求[52];反之,公众也常常不知道怎样获得所需服务。登力维认为整体性治理理论的重点是重新整合,包括逆部门化、大部门制、政府重构、中央集权,重塑一些具有公共支撑功能的服务提供链,集中采购专业化、以"混合经济模式"为基础的公共服务。翁士洪认为政府管理旨在解决与民众切身利益相关的问题,而很多问题是综合的、复杂的,单一部门往往无法解决。因此,政府各部门之间的整合与协作尤为重要。整体性治理就是一些功能内部或功能之间的整合与协调,是同一层次内部或不同层次之间的合作(如地方政府的不同部门之间、中央政府与地方政府之间),其目标就是把政府横向与纵向等各方面的功能与资源进行有效整合,从而解决公众最关注的问题。刘波等认为整体性治理的核心是通过流程再造实现公共服务与资源的"无缝隙"提供与整合,从而高效地回应社会与民众需求。传统理论与实践中的官僚科层制严格遵循自上而下或自下而上的管理沟通程序,缺乏即时性、灵活性和协调性,难以实现上述目标。整体性治理以网络化组织为基础,形成贯穿纵横、联系内外的联动协调网络机制,能够赋予一线工作人员应变之权,及时回应民众关切。

综上,"整体性治理"是为解决部门主义、视野狭隘和各自为政等突出问题而提出的一套综合治理方案,要求各部门通过跨越组织边界合作来实现共同目标、完成共同任务、解决共同问题,最终完成多元主体整合,为服务对象提供高度整合的服务。因此,整体性治理理论与跨域危机治理具有高度的契合性,主要表现在如下方面:

首先,内核一致。当前,我国跨域危机治理网络整合度不高,信息资源流动受阻,产生了较为严重的"碎片化"问题,提升跨域危机治理网络整合度是解决该问题的关键。而整体性治理理论的核心是整合与协同,不仅包括政府部门内部以及各部门之间基于业务流程的整合,还包括政府与非营利组织、私营组织等的合作协同。

其次,危机的跨域性与整体性治理的目标要求存在一致性。危机的跨域性体现在跨越行政边界、功能边界和时间边界,提升跨域危机治理能力不是简单的危机治理体系的建立与完善,而是要在更深更广的平台上分析治理网络中各参与主体间的关系,最终将危机损失降至最低。而整体性治理的目标是通过对政府组织不同层面的整合,高效解决社会生活中的问题。在整体性治理理论中,整合的内容虽然分为政策、组织机构等不同层面,但每个层面都要求实现协同合作。相关部门必须经过科学整合、协调联动,在整个危机治理过程中发挥其自身作用,在各个领域、范围内解决实际问题,最终实现整体性治理。

最后,整体性治理理论提供了解决"碎片化"问题的路径。整体性治理理论体系包含大部制等政府部门的内嵌组织形式,同时强调官僚制仍然是整体性治理的基础。整体性治理理论要求政府向公众提供整合性服务,而整体性视角下的跨域危机治理则吸取了整体性治理理论中"整合""协同"等理念,为危机治理中"碎片化"问题的解决提供了有效实施途径。

综上,整体性治理理论开辟了研究政府治理的新视角,是对新公共管理理论及实践过程中"碎片化"问题的一种矫正,力图找回公共治理公共性的本质。但同时要将整体性治理理论运用于实践尚且面临诸多问题,如整体性治理过分关注如何利用先进的信息技术实现整合协同,而忽视了现实世界中的政治、社会等因素的影响,以及官僚科层制政府结构难以适应整体性治理要求的网络化组织结构等。因此,提升我国应急管理水平,其根本问题在于对"碎片化"环节进行整合,实现跨域危机整体性治理。

二、主要研究内容

(一)组织协调与联动

为适应跨域危机整体性治理需求,必须建立具有前瞻性与动态适应性的治理机制,否则将难以适应转型期风险社会的挑战。由于风险社会公共治理扩大了参与主体的客观要求,危机治理不能仅仅依靠国家、市场、公民个人,而需要构建由政府、企业、社会团体、公众等组成的治理网络。基于此,应急

应急管理体系建设的理论与研究进展

管理体系构建与优化的核心,在于通过信息、资源的有效整合,消除"碎片化"环节,进而提升应急管理能力,具体可以从组织、运作两个层面展开分析。

1. 组织层面

随着信息技术、交通手段的飞速发展,包括公共治理在内的社会活动呈现出鲜明的网络化特征,跨越了部门、组织甚至国家边界,为公共管理、企业管理等领域提供了日益广阔的组织平台。因此,有别于以信息技术、互联网为基础的网络社会(network society),"网络型社会(society of networks)"进一步强调了组织之间构建的协作网络,即"三个以上自治但相互依存的组织自觉创建的集合,致力于实现共同目标或解决共同问题"。这种以组织间网络为基础所整合的组织协同网络,有别于传统的二元组织关系,是一种新型的组织形态(而非多个组织的简单累加),是影响公共治理绩效的重要因素[53],更是研究当前公共治理问题的重要理论框架。

在研究方法层面,作为对当今公共政策的制定与执行参与主体众多、互动关系复杂等现实问题的回应,网络概念开始广泛应用于社会学、政治学等研究领域。网络分析方法与技术也开始应用于社会科学领域的研究,其集成了社会学、实证研究以及规范的数学、统计方法,在理论研究与应用方面具有较大优势。在实践领域,随着公共治理活动的日益复杂,网络化组织模式已深入公共管理活动诸多方面。但是,基于常态公共治理问题而构建的组织网络,主要以传统政府职能划分为基础,即构成网络的部门一般都隶属于某个系统(例如应急、卫健等职能划

分)。如图5-3(a)所示,常态下部门主要嵌入按职能划分所形成的组织间网络,而在危机事件发生后,原有组织边界被打破,形成新的网络结构,如图5-3(b)所示。危机治理过程中形成的危机治理网络与常态下的治理网络相比,尽管也由拥有相关信息、资源的部门组成,但是其整合能力由于相关主体嵌入性差异,以及治理对象高度不确定性等问题而远低于前者。所以,即使危机治理网络参与主体完全具备应急管理所需要的信息、资源,也可能由于整合能力较低而产生"碎片化"问题。

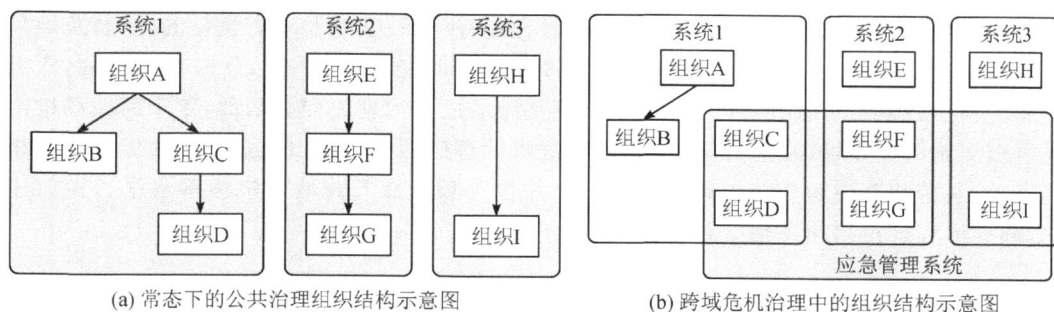

(a) 常态下的公共治理组织结构示意图　　　　(b) 跨域危机治理中的组织结构示意图

图5-3　危机治理组织结构比较图

　　目前我国主要采取应急管理部、国家卫生健康委为主的协调联动机制,危机治理体现为公共、私营部门的信息、资源整合过程,与网络治理形态相契合。但其"碎片化"环节所导致的运行效率较低等问题则影响跨域危机治理的整体效果。具体而言,鉴于当前管理体制条块分割的现实,依据垂直管理和属地管理原则,跨域危机治理网络实际上由两类子网络构成。一类是以中央政府为核心的垂直管理网络(例如铁路、民航、电力等系统),另一类是以地方政府为核心的属地管理网络(例如市政等部门)。在涉及危机治理问题时,由于专业部门隶属不同,管理层级复杂、多头指挥而产生的协调困难是"中国式碎片化"问题的根本原因,如图5-4所示。因此,基于整体性治理理论的跨域危机治理协同网络为解决"中国式碎片化"问题提供了有效路径。

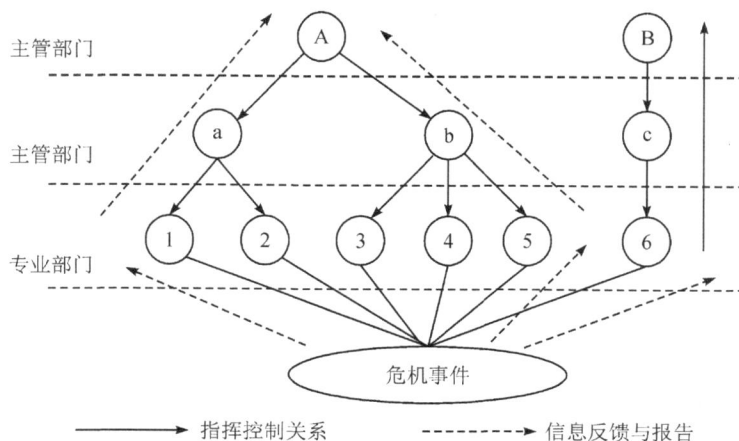

图5-4　现有体制下的跨域危机治理结构示意图

2. 运作层面

整体性治理模式中,信息、资源等要素突破传统职能和层级条块分割的权力壁垒,在相互交叉流动的基础上实现整合与共享,进而按照公共治理需求形成随需而变的流程与跨部门合作的工作模式。作为一类公共服务过程,跨域危机治理同样需要依托流程才能实现,由于涉及复杂的跨部门合作问题,除部门内流程外,更涉及复杂的跨组织流程协调、控制等问题。由于系统的复杂性、关联性及其高度耦合性,危机事件对其他相关要素或系统产生影响,导致跨域危机治理问题。应急响应可归为危机治理全过程流程组织、实施及动态调整的问题,跨域危机的有效应对涉及大量跨部门、跨层级的流程,涉及不同职能部门之间的合作,需要根据危机事件发展、演化态势在危机治理不同阶段不断调整跨域危机治理流程。因此,鉴于跨域危机治理流程组织实施的复杂性、动态性等特征,跨域危机治理过程中需要以应急预案为依据协调相关主体行动、规范相关流程实施以减少、消除"碎片化"问题,提升跨域危机治理水平。在前述基础上,依据流程理论得出评估分析框架,具体如图 5-5 所示。

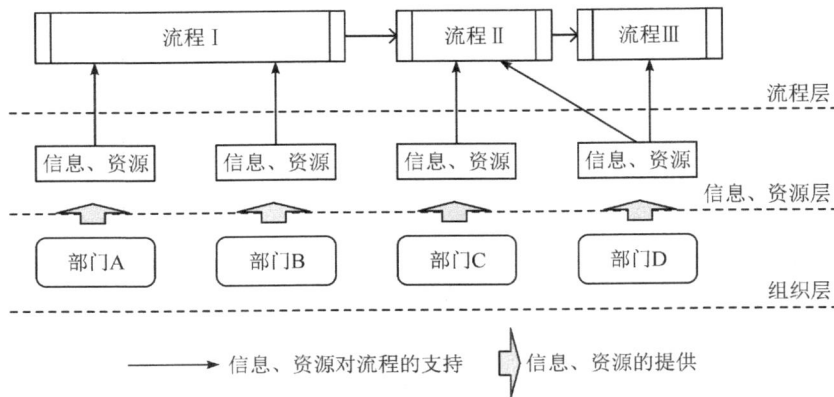

图 5-5 评估分析框架示意图

在危机治理组织层面,应急预案实质上就是跨域危机治理的任务分解、合作协议。其中,专项预案主要协调不同系统(主要按照功能划分)参与部门的任务分派问题;部门预案主要协调本系统内不同职能及层级部门的任务分派问题。应急指挥决策机构作为负责整个过程的参与者把任务外派或外包给承包人(即其下属成员单位),而承包人也在本级预案框架内重复任务分解过程,最终形成跨部门合作结构[54],具体如图 5-6 所示。该任务分解过程跨越了部门(组织)边界,体现了跨域危机治理活动跨越功能及行政边界的重要特点。

"碎片化"环节根源在于管理体制、组织设计等诸多方面,但都直接表现为流程实施中的"瓶颈"问题。在应急响应过程中,部分流程因信息、资源整合问题无法执行或执行速度较慢而成为影响整体性能的"碎片化"环节。具体包括两个层面:一是信息、资源层面。参与部门未能按要求提供跨域危机治理流程所需的信息、资源支持,使相关流程无法按时实施,影响整体危机治理效能。二是流程层面。在流程设计等方面由于信息、资源分配、调度不当而产生"瓶颈"问题。可细分为结构、性能两个方面:在结构方面,某些流程存在死任务、死锁、活锁等问题,导致其无法正常实施而引发系统崩溃;性能方面,由于信息、资源分配不科学,导致某些流程实施时间过长(处理能力偏低),成为制约应急系统整体性能的"瓶颈"。

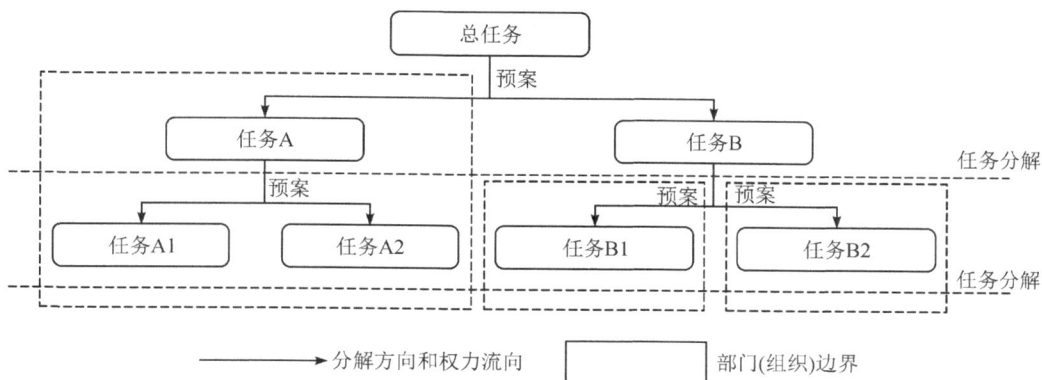

图 5-6　跨域危机治理组织结构图

综上,作为当代社会日益复杂化的必然结果,跨域危机对危机治理理论研究与实践活动提出了严峻挑战。由于其鲜明的跨域性特征,传统危机治理组织模式已不能适应其应对要求,必须探索符合其发展演化趋势、适应中国国情的组织协调模式。基于以上论述,可以得出跨域危机整体性治理的研究视角,具体如图 5-7 所示。

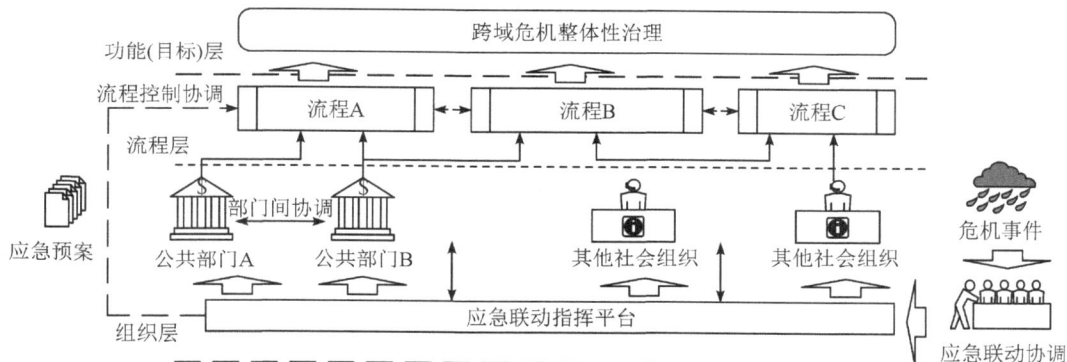

图 5-7　研究视角示意图

阅读材料

超大城市突发环境事件管理碎片化及整体性治理研究①

以整体性治理的主要理论内涵为出发点,结合天津"8·12"××公司危险品仓库特别重大火灾爆炸事故,从治理理念、治理机制、治理决策和治理信息等方面分析中国超大城市突发环境事件治理中的碎片化问题。

治理理念碎片化。从天津港"8·12"事故的发生过程来看,××公司违法违规经营和储存危险货物,安全管理混乱,致使起火物质硝化棉由于干燥和高温自燃,并引发相邻集装箱内的

应急管理体系建设的流程与描述

---

① 李胜.超大城市突发环境事件管理碎片化及整体性治理研究[J].中国人口·资源与环境,2017,27(12):88-96.

硝化棉和其他危险化学品长时间大面积燃烧是引发本次事故的直接原因。这也说明现行突发环境事件治理体系在预防和应急准备，以及控制险情扩大等方面表现欠佳，凸显了危机预防和监测预警能力的不足和"重应急，轻预防"的特点。然而，对危机治理而言，危机的每一阶段都对危机的解决具有决定意义，任何一个先行环节的失败都会导致后续环节的被动。因而，作为风险管理的主要责任人，地方政府及其职能部门预防意识缺失、监督管理不力，甚至玩忽职守、弄虚作假、违规审批，是导致此次事故的根本原因。

治理机制碎片化。以天津港"8·12"事故所涉及的危化品的监管为例：安监部门负责危化品的生产、经营和储存；交通部门负责危化品的运输管理，公安部门及环保部门则分别负责剧毒品管理和危化品污染事故处理。各个部门在危化品的管理上各管一段，权力配置互不隶属、权力行使独立运作，形成了碎片化的管理体制。一方面，这是由于部门之间的协调和沟通需要耗费成本和精力，尽管现代信息技术迅猛发展，但区域壁垒和部门壁垒阻碍了全国统一的危化品信息管理平台的建立，导致部门之间信息无法共享，不能实现对危化品的全时段、全流程、全覆盖安全监管，形成风险预防和应急处置环节上的碎片化；另一方面，则是危机管理理念和管理部门的官僚主义，导致管理部门对风险因素不知情或视而不见。同时，部门之间的利益分化和自利性倾向也极大地影响了政府部门的行为选择，地方官员陷入多重而又相互冲突的角色中，并逐渐成为本级政府和部门利益的代表者。正如希克斯所言，"碎片化的治理存在转嫁、让其他机构来承担代价……在对需要做出反应时各自为政"，使地方政府在公共治理过程中蜕变为地方本位主义和保护主义，给政府之间的协调与合作带来极大的障碍。

治理决策碎片化。在天津港"8·12"事故中，××公司危化品仓库选址问题是治理决策碎片化的有力例证。国家《危险化学品经营企业开业条件和技术要求》规定："危险化学品仓库与周边建筑的安全距离为1 000 m"，但爆炸现场地图显示，在爆炸仓库附近聚集十余个楼盘，其中A小区距爆炸点仅600 m，严重违反了国家关于危化品仓库要与周边建筑保持安全距离的规定。同时在仓库选址的社会调查方面，××公司称曾发放了130份调查表，征集公众关于项目选址的意见，且100％的被调查公众认为项目选址合理，但事后附近居民却称从未收到过调查表，A房地产公司表示："A房地产公司在获得该地段土地使用权时，所在区域为天津港国际物流生活服务区，属于住宅用地。当时周边尚未有普通物流仓库，之后仓库建成，但A房地产未被告知它会被改造为危化品仓库。"可见，周围居民和企业对××公司的危化品仓库选址问题并不知情，××公司和当地政府也并未切实地了解附近居民的意见，但2013年天津市环科院依然对爆炸点仓库做出了"环境水平风险可以接受，项目选址合理可行"的结论。事故爆发不仅暴露了天津市危化品仓库选址的漏洞，而且隐藏危化品储存信息，还侵犯了公众的环境知情权，也与《突发事件应对法》中"县级以上地方各级人民政府按照本法规定登记的危险源、危险区域，应当按照国家规定及时向社会公布"的规定不符。

治理决策碎片化的另一重要表现是专家参与不足。突发环境事件治理具有紧急性和专业性的特点，需要专家根据专业知识针对不同情况采取不同的处置措施。然而在天津港"8·12"事故的中，专家参与非常有限，仍停留于依靠政府部门经验决策的阶段，而没有得到专家治理决策的专业辅助。这主要体现为在危机生成期，消防员在不明险情的情况下进场灭火，导致付出了巨大的代价。此外，在灾害发生后，缺少舆情发布、社会救助、心理安抚等社会科学领域的专家的参与，致使网络谣言诱发社会恐慌情绪，进一步危害了社会稳定。

治理信息碎片化。在天津港"8·12"爆炸事故中，事故爆发后除了传统的电视和报纸进行了广泛的报道外,网络媒体也对此进行了大量的报道。信息的瞬间膨胀和扩散,加之部分信息的失真和互相矛盾,以及权威信息的缺失或出现多个信息权威,使公众很容易在海量的信息中产生信息迷失,从而为网络谣言的产生创造了条件,并继而造成社会对风险的恐慌和焦虑,进而放大了突发环境事件的社会风险,引发社会秩序的混乱和对政府的不信任。

【讨论题】

从整体性治理理论视角,应如何提高天津港"8·12"事故应对效率?

要点:从培育危机文化责任意识、推进组织结构调整改革、多元主体参与、信息整合共享等方面思考。

(二)危机学习

建立科学、有效的危机学习机制,有助于积累、总结应急管理经验,进而实现应急管理体系的持续改进与完善。自20世纪90年代起,组织如何从危机中学习进而提高危机应对能力的相关议题引起了众多学者的关注。危机学习是指组织从一个或多个危机事件中吸取教训,改变组织架构或相应的政策进而应对未来的灾害与危机。21世纪以来,随着世界范围内重大公共危机的频繁发生以及对公共价值带来的挑战,危机学习再次成为公共管理学界讨论的焦点,关于公共部门如何从危机中学习的理论和实证研究仍在不断深化。目前,公共管理学者对危机学习的影响因素和绩效进行了丰富的探讨,部分研究探索了政治因素和组织因素对危机学习活动的正向和负向影响,或在此基础上厘清危机学习过程和学习带来的后续变化。另外,也有研究是在重大公共危机后由各国政府开展的,如从事故调查、公开质询等活动入手,对危机学习可能存在的困境进行本土化阐释,但在实践中,我国危机学习尚未成为预防类似危机重复发生的有效机制。我们在对危机学习进行回顾与反思基础上,探索构建面向韧性治理的公共部门危机学习机制,进而厘清危机学习的目标和组成部分,以期推动危机学习成为预防和化解公共危机、培育和提升系统能力的重要途径。

因此,在新的征程中,迫切需要通过反思政府如何从危机学习这一现实问题,增强政府组织危机学习意识,改进政府危机学习方式,完善政府危机学习机制,提升政府危机学习能力,并最终实现政府危机治理现代化的目的,这不仅是新的历史背景下继续推进国家治理现代化的重要课题,也是落实"安全发展"理念的题中之义。

1. 危机学习的回顾与反思

不能从灾难中反思并纠正的政府是不善于学习的政府。近年来,危机学习越来越多地受到国内外学者的关注,研究内容涵盖危机学习的理论演进、某个特定"焦点事件"的全面回顾和反思、危机学习与组织结构关系、危机学习的经验总结等。针对公共危机引发的学习问题,学者们针对危机学习的内涵、影响因素与困境、学习的过程等方面进行了有益探索。

在危机学习的内涵方面,危机学习是组织学习与危机管理理论发展结合的产物,根植于组织学习又区别于组织学习。组织学习的概念最早由马奇(March)和西蒙(Simon)于1958年提出,而后阿吉利斯(Argyris)和舍恩(Schn)1978年出版《组织学习:行动理论之观点》一书,对组织学习展开了系统化的研究,并将组织学习概括为组织成员不断发现并纠正错误进而回应组织内外部环境变化的全过程。整个组织学习的过程旨在适应环境、调整偏差、保持优势进而实现组织的长期效能和生存发展,因此组织学习是一类常规活动。而危机学习通常指"在一个危机或多个危机的发生中汲取经验和教训",进而提升组织对未来灾害和危机的应对能力,即发生一次危机驱动一次学习。因此,危机与学习的关系、学习的频率、学习的内容等相关问题难以得到充分回答。为了进一步厘清上述问题,史密斯(Smith)和艾略特(Elliott)提出从"为了危机学习(learning for crisis)、作为危机的学习(learning as crisis)以及从危机中学习(learning from crisis)"等三个视角解析危机与学习的关系。在公共管理及应急管理研究领域中,危机学习多使用"learning from crisis"及"crisis learning",特指危机发生是引发学习的动因,是一种有目的的努力过程。

循此思路,每一次危机后都伴随着问题反思和经验总结。这种反思和总结应该在认识到不同危机存在异质特征的基础上,提炼其中共同点并用于危机预防和应对。近年来,国内外学者针对危机学习影响因素与实践困境展开了丰富的探索。已有文献主要从环境、政治、技术、知识等方面探讨危机学习的种种障碍,如外部环境威胁会阻碍危机学习,尤其是当环境压力与公共组织部门的问责相结合,这种阻碍会更加明显。政治因素对危机学习影响具有双面性:一方面增加了危机学习过程中知识管理和获取渠道,亦会随着公共危机焦点事件的推动打开政策议程的"机会之窗";另一方面,由于已有的体制和行政文化的强化容易导致应急决策困境及响应混乱。此外,技术系统的复杂性、危机相关知识管理和提炼、公共部门的偏好与认知等也是影响危机学习的重要因素。基于我国公共危机治理和危机学习的实践,李丹和马丹妮从知识管理的视角提出公共部门危机学习存在意识淡薄、危机系统化的科研培训和教育缺失等问题。刘江指出目前危机学习呈现"内卷化"状态,公共部门学习在话语宣导与行动之间存在巨大偏差,以致公共危机"类质同象"问题不能得到有效解决。薛澜等人、马奔和程海漫、张美莲、张宏波分别以事故调查报告为切口,探索了事故调查、问责和学习之间的关系,提出现阶段我国公共部门危机学习还存在诸如系统同构学习困境、组织记忆丧失、上级部门资源约束、制度化危机学习机制缺失、忽视公众意见、问责导向过重等现实障碍。

"非典"之后,我国的公共危机学习实践亦经历了长足的发展,并推动一系列政策法规或行业标准的更新。2003年"非典"推动了疫情信息发布、医学科学攻关、多部门联动与协同、公共参与、疫情信息收集或报送等方面的反思,并开启了我国综合应急管理体系建设的进程[55]。2008年汶川地震直接推动了《中华人民共和国防震减灾法》的修订,加强了我国地方政府应对地震灾害的应急准备,针对危机期间出现的社会力量参与救灾,民政部印发了《关于支持引导社会力量参与救灾工作的指导意见》等。同年,中国奶制品污染事件引发对食品监管制度的反思和改革,既推动了《中华人民共和国食品安全法》的修改和出台,又为国家安全委员会的建立奠定了基础;2013年,甬温线特大交通事故导致的公共危机逐步扩大到高铁技术和产业、事故抢险救援、风险沟通机制等多个方面,其事后的危机学习实质上也涉及当时的铁道部、安监等部门的协调,以及对我国突发公共危机事件政府传播策略的重塑;2015年天津滨海新区爆炸事故的发生,再次强调安全生产责任制的落实,其间发生的消防员牺牲悲剧也促使各级消防系统加强对消防员安全防护的训练并反思其编制问题。总的来讲,我国前期相关危机学习实践多体现为危机后通过事故调查追责、出台相关政策、修订法律法规及成立组织机构等,并且呈现焦点事件后事发部门单一主题进行危机学习的特征。

外界环境的不确定性和复杂性往往导致公共危机事件发生机理和表现形式更为复杂,风险监测、治理难度增大。为了解决前期静态、片面的危机学习导致的碎片化问题,从复杂适应性视角出发阐释危机学习是近年来应急管理与风险治理领域学者讨论的重要议题。科巴乔鲁(Corbacioglu)和卡布库(Kapucu)较早对动态灾害环境下公共部门学习和自我适应展开研究,研究显示通过对灾害响应系统内部组织间关系、信息流、信息技术平台、组织文化等方面的优化,可以提升系统对变动环境的危机学习和适应的能力。吴颖、方堃等人提出环境复杂性促使公共部门加强了信息和知识的需求,部门内部通过学习和组织变革,形成有关公共危机的知识共享,提升对复杂环境的适应性,从而能够在面对危机时拥有更快的自我调适能力。刘江、周洪建等人进一步明确了危机学习是公共部门改变自身内在结构以适应环境变化进而达成自我完善的全过程。

总的来说,国内外学者对危机学习的内涵、影响因素等问题进行了深入有益的研究和探索,但在危机治理事件中,我国危机学习仍呈现一定程度的碎片化特征、危机学习的主体较为单一、危机学习固化机制缺乏,已有的危机学习活动多被误解为追责。同时,在学界研究中,危机学习理论内涵较为模糊,对这一活动的阐释还缺乏动态的视角,我们尝试就以上问题展开探讨。

2. 面向韧性的危机学习机制

随着危机情景的不断演化,提升韧性愈发成为公共危机治理实践的核心要务。这种韧性是公共治理体系和能力在灾害风险领域中的具体体现,韧性理论关注其在受到灾害风险威胁与冲击的全过程中,及时有效地吸收、抵御、处置风险,并再生治理的能力,学习和适应是这一过程的核心环节。从韧性治理的视角出发,风险、灾害和危机不再被视作一种"伤害",而是治理体系与能力局部结构的不良反应。对此,面对公共危机有效的解决方式应是通过公共部门的内在自适应机制和组织间协调功能,建立新的和外界环境相适应的动态关系,进而提升公共部门处理外部扰动的能力。层层解构危机学习的核心要素,笔者认为面向韧性治理的危机学习需要重点考虑以下四个方面。

(1)危机学习的主体。

公共安全领域研究大多关注政府、公共组织或公共服务机构的学习,并以公共部门为主。在日益严峻的复合型灾害(compound disaster)风险形势下,危机复杂性、级联性、跨域性特征不仅导致公共危机的应对超出单一主体的能力范围,而且导致"结构式减灾"和"非结构式减灾"的同时失灵[56]。相应地,传统以危机发生领域的主管部门为主导的危机学习明显乏力,加之危机学习和灾后恢复所需资源又分布于不同层级和领域的部门中,因此韧性治理要求危机学习不再仅仅是应急管理主管部门和安监部门进行灾害调查、信息收集与事故问责,而是需要多类型公共部门的全面加入,对危机多角度、全方位开展学习与反思。

在公共危机应对中暴露的诸如应急管理体系的条块矛盾、风险预警和应急处置以及应急管理过程中的依法行政问题,需要应急管理部门、司法部门、卫健系统、公安系统、交通运输系统、应急物资生产和存储等多部门共同学习,打通语言壁垒、信息壁垒,疏通利益调整面临的部门障碍,进而完善公共危机应对的结构、制度、流程等。党的十九大之后,新组建的应急管理部整合了国家应急管理部等13个部门的相关职能,成为自然灾害和安全生产事故领域主要的危机学习主体。实现重组后应急管理部内外、不同学习主体间的"化学反应",仍是现阶段危机学习面临的重要议题。除了公共部门以外,实践表明来自社会组织、企业、公民个体的资源输出和志愿服务将有力协同推进公共部门的危机学习和信息共享。

(2)危机学习的机制。

网络社会、信息社会的崛起催生了快速变化的风险传导机制,这给以层级控制、专业分工为主的传统科层体系和相应的危机学习带来了新的挑战。探讨危机学习的机制安排,一般分为理论导向的讨论和对实际危机学习机制的剖析两个角度。根据理论框架的构建,前期国外研究从认知、结构和程序等三个层面构建学习机制;此外,还有研究提出构建涵盖岗位培训、信息系统、相互学习、学习论坛等环节的全过程危机学习机制等。在实践中,部分国家还成立了专职的事故调查机构,如美国的化工安全调查委员会、加拿大的运输安全委员会等。总的来说,国外实践部门制度化的危机学习机制相对成熟,其中既涵盖对各部门、各环节间关系的探讨,又明确提出推动危机学习从"后置性"灾难原因调查,转向"主动、前置"的教训汲取。在我国,"压缩的现代化"的程序特征带来的后果是"既强化了风险的产生,又没有给风险的制度化预期和管理留下时间"。换言之,我们在尚未做好充分制度准备的情况下,却已经面临诸多需要学习、消化、反思的危机事件。在实践中,这一后果表现为公共部门危机学习常沦为"一事一学习"的临时性措施,如 2003 年"非典"后成立的国务院应急预案工作小组、天津港"8·12"××公司危险品仓库特大火灾爆炸事故调查组等,多为临时性的组织设置,难以对某一类型公共危机产生长期追踪学习。此外,还存在由于应急管理干部流动、各部门资源禀赋和权力信息不对等、部门间信任缺乏等导致危机学习经验流失等问题,加之现阶段危机学习过于"重问责"的导向,不利于发现危机事件背后的根本原因,使危机学习有时会陷入象征性学习(symbolic learning)的困境。可见,依靠单一部门或者主管领导的推动难以产生符合我国国情的危机学习机制,更难以依靠危机学习产生有效的治理策略。

在应急管理体制的转型过程中,应急管理部是指导我国安全生产类、自然灾害类应急救援的主责部门,公共卫生和社会安全类事件的处置应对则主要由国家卫健委和政法委等负责。党的十八大以来,以习近平同志为核心的党中央创造性提出总体国家安全观,开辟了中国特色国家安全理论的新境界,为新形势下维护和塑造国家安全提供了强大的思想武器和根本遵循,因此公共危机学习机制的外延要比应急管理部主导的部门学习更加广泛。2019 年习近平就防范化解重大风险提出了系统性要求,进一步扩充了风险化解需关注的领域,并强调了风险化解前置的重要意义①。在此背景下,从总体国家安全观的视角构建危机学习机制显得尤为重要。这一时代性、系统性、整体性的安全理念阐述,强调公共安全事件应对的总体性,这就要求我们:一方面在以问题为导向、以职能为主线整合不同类型公共部门的基础上,综合应对公共安全事件;另一方面,启发我们构建"综合学习"(如部门间信息共享、横向跨部门的综合学习)和"立体学习"(全危机周期、纵向的跨时间序列的学习)两类危机学习机制,直接回应公共危机的治理需求并形成"首尾相连、循环往复、持续改进的闭环"。例如,在新冠疫情应对过程中,国家卫生健康委牵头建立包括 32 个部门的疫情联防联控工作机制,通过制度化的疫情监测报告工作、多部门方案制定与会商等措施,实现了信息共享和跨行业、跨部门综合学习。针对新冠疫情危机特征与演化规律,习近平总书记多次主持召开了中共中央政治局常委会会议,明确指出疫情应对的重点是随危机周期和时间序列不断演化的,据此提出应高度关注疫情可能带来的公共卫生风险、社会经济发展风险和社会稳定风险,并通过综合研判、及时调整修正应对策略②。以上应对新冠肺炎疫情的实践可以理解为在总体国家安全观指导下对"综合学习"和

---

① 防范化解各领域重大风险,习近平有明确要求[EB/OL].(2019 - 01 - 22)[2020 - 07 - 01].http://www.xinhuanet.com/politics/xxjxs/2019 - 01/22/c_1124024148.htm.

② 习近平谈总体国家安全:把生物安全纳入国家安全体系[EB/OL].(2020 - 04 - 14)[2020 - 07 - 01].https://baijiahao.baidu.com/s?id=1663938728550580567&wfr=spider&for=pc.

"立体学习"的有益尝试。

（3）危机学习的内容。

由于公共部门之间信息壁垒、信息格式差异、部门职能目标冲突、公共危机涉及的行业差异等，危机学习常常存在"碎片化学习""限制性学习"等问题，导致学习的结果不具备举一反三的能力。因此对危机学习过程中危机知识的关注和有序重组，是重塑、整合危机学习内容的有益途径。在前期公共危机治理过程中，由于纷繁复杂的信息流容易导致信息过载和不知所措，因此危机学习常被置于危机治理活动的后期，目的是为公共部门总结、提炼危机事件经验教训，赢得冷静思考的时间和学习资料，例如常用的事故调查报告、灾后重建报告等，但韧性治理视域下危机学习是一个持续的、长期的活动，贯穿了危机全生命周期。相应地，各个阶段的危机信息收集、危机知识提炼也应是一个连贯的过程，在此过程中危机学习的重心应从一般的危机信息内容收集转向危机的整体知识构建。

当讯息（message）被赋予意义后就成为信息（information），而后经过整理加工转化为知识（knowledge），然而有别于这种传统的知识获取方式，危机知识是一种强调情境的知识。在公共危机中，没有一个部门能够声称掌握整个系统需要的全部知识，必须通过知识共享、交流传播才能满足危机治理需求，并通过达成共识的方式予以呈现。由于危机信息既是动态情境的又是分散的，既存在显性信息又存在隐性信息，既包括数据库等结构化的信息又包括经验、图片、声音等非结构化的信息，如部分智库和高校前期成立的综合集成可视化应急管理平台、公共政策实验室及案例库等，因此构建一类组织化的综合集成知识库是解决上述问题的有益思路。通过跨部门资源整合以及公共部门、专家、社会组织、民众等多主体综合研讨，将危机信息作为知识库的"输入"，通过情境构建等方式"输出"未来可能出现的危机情境与治理策略。自新冠疫情发生以来，卫生行政部门多次投入到诊疗方案的制定与修订之中，根据当前对病毒特征、救助资源、防控重点的把握，先后进行组织学习和讨论。

截至2023年1月，共发布了八版诊疗方案，其中关于治疗和防控的建议更是基于知识的"循证决策"。可以说此举是构建"知识库"的有益尝试，这一与时俱进的过程可以在危机知识增量的基础上推动循证路径的形成。

（4）危机学习的过程。

对于危机学习过程，前期学者进行了丰富探讨，提出了三阶段、四阶段、五阶段等不同环节，总的来说呈现阶梯上升或环形。近年来，对危机学习过程的探讨更多着眼于个体、公共部门和环境之间的互动作用。在此基础上，相关研究从系统视角出发将公共部门定义为一个系统，把公共部门对环境的反应视为学习，侧重分析二者之间的复杂适应过程。在这个"不是线性的而是循环的（recursive）"过程中，公共部门从危机中学习进而发生改变，相应的危机信息获取、危机知识转移、多主体共识构建等都是其中重要要件。可以看到，对于危机学习过程的探讨日益呈现鲜明的"韧性"特征，换言之，随着危机情境的演化，提升韧性愈发成为危机学习过程的最终目标和落脚点。因此，我们尝试提出全过程的面向韧性治理的公共部门危机学习，其中在强调制度化、全过程的危机学习与组织学习的同时，倡导防灾减灾经验的积累与组织能力的系统提升。在整个制度化的危机学习过程中，通过跨部门的信息共享、知识传播和持续反馈，将纷杂混乱的危机信息转换为危机情境知识，促使多元主体明确各自的权责边界、达成合作治理的共识，将个体智慧集结成群体智慧，进而提升公共部门对复杂外部环境的适应程度。

综上，构建面向韧性治理的公共部门危机学习机制将成为我国推进应急管理体系和治理能力现代化的重要举措。该机制更加关注治理体系在受到公共危机事件冲击后,通过综合学习和立体学习构建危机学习闭环、提炼危机信息推动知识整合,处置危机事件继而减少其负面影响,在复杂多元的外部环境中实现动态的结构调整与功能优化并再生治理功能。

第三节　研究示例

本节基于以上对跨域危机整体性治理和提升应急管理统筹协调能力的分析结果,以新冠肺炎疫情为例,综合运用内容分析法和社会网络分析方法,从组织协同层面针对跨域危机组织协调机制问题展开分析,以期为提高中国应急管理体系的统筹协调能力,优化应急管理体系提供借鉴。

一、研究背景

新型冠状病毒感染(以下简称"新冠")疫情是二战以来对全球冲击最大的政治、经济和社会危机,只有实施全过程管理,形成闭环循环,才能对其进行有效应对。疫情危机暴发以来,习近平总书记多次强调精准施策、精准落实,养成精准的思维习惯。疫情防控各阶段战略重心的动态调整,为打赢疫情防控阻击战提供了有力支撑。从应急响应初期的"加强重点地区疫情防控"到"实行分级分类诊断救治",到应急响应中期的"在确保疫情防控到位的前提下,推动非疫情防控重点地区企事业单位复工复产,恢复生产生活秩序",再到应急响应末期的"落实分区分级精准复工复产",一系列精准施策使应急响应任务随着危机生命周期的演化而不断变化,最终实现了危机的有效应对。

厘清新冠疫情危机应对全过程的关键任务、核心组织角色地位和网络结构的动态演化情况,有利于把握传染病类突发公共卫生事件全生命周期演化规律,积累此类突发事件的应对经验,从而为完善国家重大疫情防控体制机制、增强国家危机应对动态适应能力、健全公共卫生管理体系提供借鉴。因此,本节基于跨域危机整体性治理视角,在新冠疫情协同应对机制研究的基础上,进一步针对其疫后恢复组织协调问题展开分析。在具体研究方法上,将时间切片引入社会网络分析,构建疫后恢复组织协同动态网络分析框架,探讨疫后恢复组织系统的动态演化过程。

二、研究设计

(一)分析方法与步骤

将时间切片引入疫后恢复组织协同网络,运用社会网络分析方法(social network analysis)提取和阐释疫后恢复组织协同网络的时序演化特征,并对疫后恢复协同网络动态演化过程展开分析。具体步骤如下:

(1)构建隶属网络。以天为单位进行数据编码,通过文本分析识别疫后恢复参与主体及应急响应功能,构建组织-功能2-模网络。在此基础上,引入时间切片将其合并为加权邻接矩阵,为后续网络结构分析奠定基础。

(2)网络结构分析。将疫后恢复协同组织-功能2-模网络转换为组织关系1-模网和功能1-模网。在此基础上,分析网络结构和紧密程度演化情况,识别核心组织、中介组织和边缘组织分布情况。具体应用"块模型"分析网络结构对等性和区块之间互动关系演化情况;运用标准度数中心度分析网络节点的角色地位演化情况;利用拓扑图分析组织-功能2-模网络的紧密程度演化情况。

(3)关键任务识别与演化态势分析。通过对不同时间切片的功能网络标准度数中心度的测量,探析疫后恢复核心任务动态演化情况。

(二)数据搜集

本书重点研究 2020 年 2 月 19 日到 2020 年 4 月 28 日应急性非常规疫情防控阶段的疫后恢复组织协调问题。具体将新冠疫情应急性非常规疫后恢复过程划分为五个时间切片(T1:2.19—3.3 日;T2:3.4—3.17 日;T3:3.18—3.31 日;T4:4.1—4.14 日;T5:4.15—4.28 日)。以天为单位搜集此时段国家卫生健康委员会官网疫情防控动态专栏公布的有关疫后恢复的新闻报道文本。

疫后恢复组织协同的功能指标来源于《中华人民共和国传染病防治法》《国家突发公共卫生事件应急预案》和《湖北省突发公共卫生事件应急预案》,具体包括监测预警、疫情防控、分级响应、预防与应急准备、驰援物资、医疗救治、科研攻关、追踪管理、科普宣传、科学预判、指挥协调、协调联动、舆论宣传与引导、群防群治、信息发布、通信与交通保障、复工复产、应急处置、恢复重建、心理援助、制度保障、政策支持、经验交流、稳定社会等 35 项应急响应功能。编码矩阵包括协同组织名称、响应功能和协同频次,如果两个组织同时参与了同一项应急响应功能,则将其编码为"1";反之,则编码为"0"。如果同一组织再次参与同一项应急响应功能,则将先前的编码值增加新的交互次数,从而得到加权邻接矩阵。

三、分析结果与讨论

(一)组织网络结构演化测度与分析

通过程序计算可得各时间切片具体组织数量和相互作用关系,如表 5-2 所示。可以看出,在整个应急性非常规疫后恢复过程中组织网络密度均较低,在 T5 阶段组织间互动关系最为频繁,组织关系密度和紧密程度最高,充分体现我国强大的制度韧性和动员能力。经过在疫后恢复阶段的不断学习,国家依据内外部环境的动态演化调整疫后恢复参与组织、组织间关系和网络结构,从而提高组织协同效率和疫后恢复能力。在 T1 阶段国家和地方层级参与组织数量最多,组织间链接数最高。到 T2 阶段,随着国内疫情得到进一步控制,国外疫情形势不断恶化,疫情防控压力由国内转向国外。全国援鄂医疗队从 3 月 17 日开始离汉,更多的地方政府参与到此工作中来,从而使此时段的参与组织数量快速增加,组织网络密度最低。到 T3 阶段,国内疫情形势完全得到控制,3 月 24 日我国内地实现无本土新增确诊和疑似病例,全国工作重心转为内防输出、外防输入,进入全面复工复产阶段,此时段的网络中心势最低,表明网络分布比较均匀分散。到 T4 阶段,随着援鄂医疗队离汉工作全面完成,4 月 8 日武汉解封,国内疫情得到全面控制,全面进入疫后经济社会恢复和发展阶段。地方参与组织不断减少,更多中央政府机构参与到疫后恢复的政策措施制定和实施中来,组织网络的平均路径最短,信息传播速率最快。到 T5 阶段,武汉在院新冠肺炎患者实现清零,组织间关系密度和网络凝聚力达到整个疫后恢复时期的最高点。

表 5 - 2　疫后恢复组织网络测度表

指标名称	T1(日) 2.19—3.3	T2(日) 3.4—3.17	T3(日) 3.18—3.31	T4(日) 4.1—4.14	T5(日) 4.15—4.28	总(日) 1.23—2.26
组织节点数	87	97	82	64	52	211
连接数	549	278	452	380	257	7388
密度	7.3403	2.9800	6.8181	9.7158	9.6712	16.6725
平均路径	1.422	1.507	1.484	1.331	1.373	1.436
凝聚力	0.771	0.747	0.760	0.834	0.813	0.765
网络中心势/%	19.41	10.21	9.98	13.59	15.34	8.15

因在 T3 时段,我国内地首次实现无新增本土确诊和疑似病例,全国工作重点转为内防输出、外防输入,进入全面复工复产阶段,对于应急性非常规疫后恢复过程具有较强代表性。因此,本章以该时间切片为例,呈现组织网络“块模型”分析过程和组织-功能 2-模网络拓扑关系,具体区块分布如表 5-3 所示。

表 5 - 3　时间切片 T3 区块分布表

区块名称	参与组织
区块 1	中共中央政治局常委会、中央应对新冠肺炎疫情工作领导小组、国家卫生健康委员会、国务院联防联控机制、中央指导组、国家邮政局、交通运输部、海关总署、工业和信息化部、商务部、农业农村部、教育部、国家税务总局、财政部、文化和旅游部、外交部、中国气象局、公安部、中国民用航空局、国家移民管理局、国家发展改革委员会、中国疾控中心、市场监督管理总局、自然资源部、水利部、供销合作总社、国家监委、湖北
区块 2	生态环境部、住房和城乡建设部、全国爱卫办、中央文明办、全国妇联、共青团中央、全国总工会
区块 3	国家中医药管理局、中国中医科学院、北京中医药大学、天津中医科大学、东南大学附属中大医院
区块 4	中国信息通信研究院、中国移动、中国联通、中国电信
区块 5	安徽、江西、福建、青海、吉林、甘肃、新疆、贵州、湖南、浙江、山西、广西
区块 6	世界卫生组织、英国、法国、德国、韩国、日本、新加坡、波兰、西班牙、美国、埃及、埃塞俄比亚、肯尼亚、巴西、基里巴斯、哈萨克斯坦、利比里亚、保加利亚、阿尔及利亚、爱尔兰、东盟、二十国集团、非洲、拉美和加勒比共同体、南亚、欧亚

由表 5-3 可知,可将时间切片 T3 所对应的疫后恢复协同组织网络结构分割为六个区块。进一步可求得时间切片 T3 的六区块简化图,即块模型(见图 5-8)。区块 1、3、4、5 存在内部互动关系,表明其区块内部各组织间信息和资源流动较为顺畅,组织间合作相对紧密。区块 1 中的组织最为活跃,与区块 2、3、6 均存在双向互动关系,与区块 4 和 5 存在单向互动关系,表明区块 1 中的组织掌握着大部分信息和资源,在整个组织网络中处于领导核心地位。区块 3 和区块 5 也较活跃,扮演着执行角色,落实和执行区块 1 制定的政策措施。区块 2 和区块

4扮演着协同角色,为疫后恢复提供后勤保障。区块6与其他区块的互动关系较少,主要致力于强化全球疫情应对和疫后恢复工作的国际间合作。

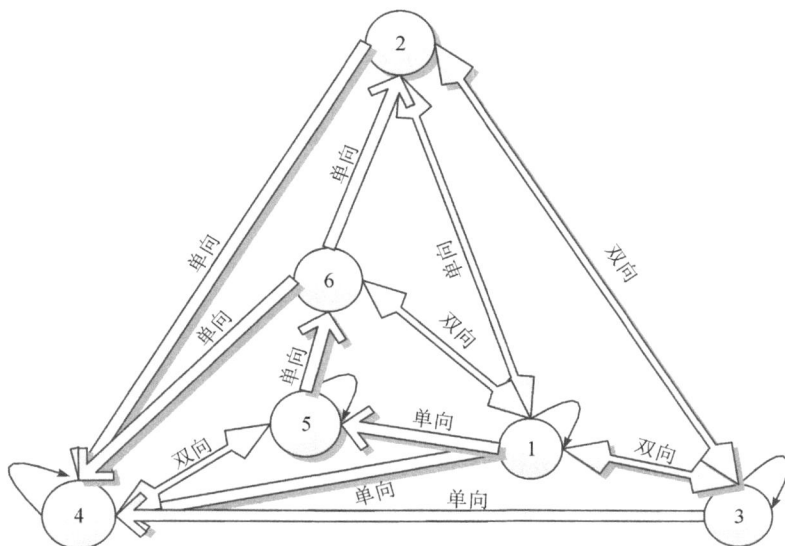

图 5-8 时间切片 T3 区块简化图

  疫后恢复组织网络随着疫情危机全生命周期的情景演化和内外部环境的变化而不断演变。在整个应急性非常规疫后恢复过程中参与组织数量呈先增加后减少的演化趋势,组织间关系密度、网络中心势和凝聚力均呈先减少后增加的演化趋势,疫情控制程度和经济破坏程度共同决定了组织间合作强度。随着疫情危机内外部环境的变化,疫后恢复组织目标、任务、路径和政策措施随着时间的推移而不断调整,从而决定了组织网络参与主体、角色地位和排列组合方式不断变化,组织间互动关系频次和协同合作强度不断变化,网络结构、区块结构和网络对等性不断变化。在网络结构的组建、重构和演化过程中,组织通过不断学习调整自身行为适应危机事件的内外部环境变化,从而影响集体行动结果和网络韧性能力。所以在疫情危机应对中,要依据应急响应任务和目标的变化不断调整参与组织、组织间关系和组织角色地位,处理好政府内部组织协同的条块关系、党政关系、行政层级制度等,强化中央各部委之间的协同合作,加快完善危机学习机制和协作网络有效性、适应性的评价机制等,构建基于危机事件全生命周期演化规律的"国家战略—响应任务—网络结构—应对效能"协同应对闭环循环管理模式,为整个经济社会恢复重建提供精准政策措施保障,提高国家危机应对效能和动态适应能力。在应急性非常规疫后恢复过程中,一手抓疫情防控防止疫情反弹,一手抓经济社会快速恢复,这是我党取得此次疫情防控阻击战全面胜利的关键。党中央依据传染病疫情危机全生命周期演化规律,识别疫情危机应对关键时间节点,做到了分阶段、分层级、分区域、分领域精准施策、精准防控,确保我国经济社会快速恢复,维护了人民的生命财产安全,充分彰显了中国特色社会主义制度优势。

(二)组织-功能关系演化测度与分析

  本书基于各时间切片疫后恢复协同组织-功能 2-模网络拓扑图,研究组织-功能之间相互作用关系的演化情况。时间切片 T3 的疫后恢复协同组织-功能网络拓扑图,详见文献①。通过对不同时间切片的疫后恢复协同组织-功能网络拓扑结构的研究发现,在整个应急性非常规疫后恢复组织协同过程中随着时间的推移,组织-功能网络拓扑关系密度呈先下降后上升的演化趋势。从 T1 到 T2 时间段,参与组织数量虽略有增加,但涉及的应急响应功能数量和组织间相互作用关系的数量都明显减少,组织-功能关系网络密度显著下降,网络拓扑结构逐渐稀疏;之后参与组织数量和所涉及的应急响应功能数量逐渐减少,但组织-功能关系网络密度逐渐增加。

在整个疫后恢复重建过程中各参与组织-功能网络拓扑关系密度随着时间的推移呈先下降后上升的演化趋势,并与任务的复杂性和目标的多样性高度相关。疫后恢复初期,国内疫情尚未得到全面控制,必须统筹做好疫情防控和经济社会发展;疫后恢复中期,国内疫情全面得到控制,而海外疫情全面爆发,须加强同世界各国的经验交流与合作,共同维护地区和世界公共卫生安全。之后,进入常态化疫情防控阶段,需依据国内外环境变化调整国家战略重心,重构经济发展模式,推动经济社会快速平稳发展。

(三)组织角色地位演化测度与分析

为进一步研究疫后恢复协同组织角色地位演化情况,我们计算了各时间切片的组织节点标准度数中心度,绘制了关键参与组织的标准度数中心度排名演化趋势图,如图 5-9 所示。

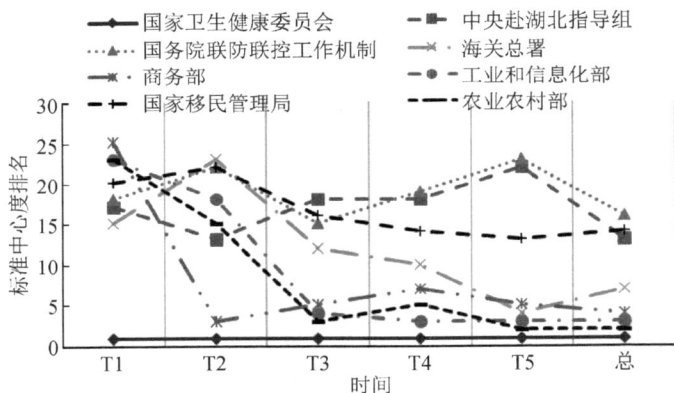

图 5-9　关键参与组织标准度数中心度排名演化趋势图

可以发现,多数组织在疫后恢复协同应对过程中的角色地位和重要程度随着时间的推移而动态变化。国家卫生健康委员会在疫后恢复的全过程中均处于协同网络的核心地位,扮演着重要的领导人和中间人角色,对资源和信息具有强大的控制力,其标准化度数中心度在所有时间段均排名第一。突发公共卫生事件应对是国家卫生健康委员会的重要职能,在疫情危机爆发伊始中共中央启动举国体制,由国家卫生健康委员会牵头组建国务院应对新冠疫情联防联控工作机制,代表国家组织协同全国新冠疫情危机的全过程应对,包括在疫后恢复过程中其同样扮演了重要角色。但其他参与主体在组织网络中的角色地位随着时间的推移而不断变化,例如中共中央政治局常委会、中央应对新冠疫情工作领导小组在应急响应阶段和应急恢复

---

① 郭雪松,黄纪心.基于复杂适应系统理论视角的疫后恢复组织协调机制研究[J].中国行政管理,2021(5):95-102.

阶段的角色地位存在显著差异,在应急响应阶段发挥了关键的领导角色,但在疫后恢复阶段全国解除了突发公共卫生事件一级响应,其恢复常态化工作,所以其标准度数中心度相对较低。国家发展和改革委员会、工业和信息化部、商务部、国家税务总局、交通运输部和市场监督管理总局在经济社会恢复发展工作中扮演了重要的角色,不断强化组织间协同合作,为经济社会复工复产精准施策。财政部、国家税务总局、央行等部门为企业复工复产提供政策和资金保障,有序推进经济社会复工复产。农业农村部、交通运输部为农业复工复产提供了坚实的政策措施保障,有序推进农业复工复产。科技部、国家卫生健康委员会和药监局致力于疫苗、药物和检测试剂的科研攻关工作,力争为高效检测试剂、有效药物和疫苗等方面尽快取得重大突破提供政策支持和服务保障。海关总署、国家移民管理局、外交部、中国民用航空局等部门强化协调联动,通过精准施策内防输出、外防输入。国务院联防联控机制、国家卫生健康委员会和地方政府一方面需继续做好疫情防控工作,防止疫情反弹;另一方面需做好疫后经济社会恢复重建工作,推动经济社会快速平稳发展。

📖 阅读材料

公共卫生事件应急管理中政府部门间合作网络的变化①

应急管理体系建设的分析思路及示例、应急管理体系建设的结论与改进对策

2020年2月14日,中央深改委第十二次会议提出,公共卫生应急管理体系要"补短板、堵漏洞、强弱项",这就需要在理论层面厘清中国公共卫生应急管理体系的关键特征。在新冠疫情的应急管理中,国务院联防联控机制的有效运行是疫情防控取得阶段性胜利的重要经验之一,已成为中国公共卫生应急管理体系的核心组成部分。实际上,国务院联防联控机制并非此次新冠疫情首创,而是已有近20年的实践探索。早在2003年抗击"非典"之时,国务院通过设立指挥部,显著增强了相关职能部门之间的联动,为开展联防联控积累了经验。在2009年防控"甲流"时,国务院开始探索联防联控机制,以加强跨部门协调。在新冠疫情的应对中,以国家卫健委为牵头部门的国务院联防联控机制先后召开100多场新闻发布会,显示了国务院相关职能部门之间的高效合作。从依托指挥部权威的多部门联动到由国家卫健委牵头的多部门协同,显示了中国公共卫生事件应急管理中政府部门间合作网络的变化。

⊟ 推荐书目

1. 郭雪松、朱正威,《中国应急管理中的组织协调与联动机制研究》,中国社会科学出版社。

内容简介:本书以跨域危机整体性治理为着眼点,从组织、流程等层面对应急管理组织协调和联动机制问题展开探讨。在组织层面,主要借鉴网络分析方法,深入分析应急管理组织协调问题。在流程层面,运用 Petri 网等模型重点对"碎片化"环节识别与消除等问题进行探讨,并提出流程分析系统设计模型。在此基础上,引入系统评价方法,针对应急能力及管理信息系

---

① 张海波,陶志刚.公共卫生事件应急管理中政府部门间合作网络的变化[J].武汉大学学报(哲学社会科学版),2021,74(4):114-126.

统建设等问题展开研究。本书读者对象主要包括应急管理领域研究人员及实践工作者。

2. 朱正威、郭雪松，《区域公共安全与应急管理协调联动机制研究：基于陕西省的实证研究》，科学出版社。

内容简介：本书是一部系统研究区域公共安全与应急管理协调联动的专著。在理论层面，本书基于我国当前的现实国情，提出了本土化的区域应急联动机制分析框架，为我国省及地市层面地方政府区域应急联动系统的建设和完善提供了理论依据和现实启示。在技术方法层面，本书将社会网络分析的实证研究方法引入区域应急管理领域，基于典型案例的实证分析对政府管理机制进行了较为系统的研究，同时也在一定程度上证明了该研究方法在政府应急管理等传统研究范畴的适用性。

3. 王宏伟，《健全应急管理体系：从制度优势到治理效能》，应急管理出版社。

内容简介：本书从结构上共分为七章：第一章是"国家治理现代化与应急管理改革"，主要论述国家治理现代化对应急管理改革的要求；第二章是"我国应急管理改革的成效与思考"，主要通过对应急管理部组建以来的改革成效与存在问题进行分析；第三章是"深化应急管理改革的现代化取向"，主要探索如何以现代化为目标，通过深化改革实现应急管理的跨越式发展；第四章是"应急管理统筹协调体制的优化"，主要分析整合高层次议事协调机构的意义和路径；第五章是"美国应急管理改革的经验与借鉴"，主要全面、系统研究美国应急管理改革的历程与重要方面；第六章是"比较视野下的我国显著制度优势"，主要通过中外，特别是中美比较论证我国应急管理方面的制度优势；第七章是"健全应急管理体系：突发事件治理效能的提升之道"，主要从急难险重任务处置、国家综合性应急管理体制、应急信息管理模式、社会力量参与、区域应急管理协同、基层应急管理能力建设、国际应急管理合作等方面探索如何将制度优势转化为治理效能。

案例篇

案例一　"改炕"本是安邦策，
奈何农户几多愁

一、案例说明

本案例以清洁能源改造工作为例，讲述了政策执行过程中可能引发的社会风险问题。在IRGC风险治理研究框架中（详见本书理论篇），风险治理被定义为一个包括行动者、规范、习惯、过程和机制在内的整体，并通过有计划、有组织地控制主体活动，综合运用风险评估手段，建立相应的评估机制，将可能发生的风险化解于萌芽之中，进而促进社会良性发展。

阅读本案例可以发现，政策预期效果的达成与否不仅取决于政策自身，更在于其执行过程中是否存在执行环境、利益主体、个体关注以及社会影响等多维度差异，进而造成执行难、执行偏差的现实问题。同时基层执行过程中，为了在短时间内实现政策普及，可能存在着夸大宣传、过度补贴等现象，易忽视政策普及后的持续跟进，进而诱发社会风险，陷入政策执行难、公众不理解的怪圈。本案例通过还原清洁能源改造工作的原貌，探析政策执行中的刚性要求与弹性需求，识别社会风险治理的重要影响因素，最终有助于理解社会风险形成与演化的复杂机理。

二、案例正文

"改炕"是用电、天然气等清洁能源替代传统烧炕使用的柴草等，实现低排放、低能耗的积极政策，对生态环境保护、美丽乡村建设具有重要战略意义。《打赢蓝天保卫战三年行动计划》对农村清洁能源改造提出要求，以B市作为试点，选择成本相对较低、改造难度较小的"电炕"推广实施，据相关部门统计显示，B市3年已累计"改炕"61.65万户。

本案例以B市C镇清洁能源改造工作为背景，讲述了"改炕"政策复杂的社会影响、执行过程中存在的社会风险治理问题，结合政策执行过程理论与风险治理研究框架，运用政策执行模型，分析政策刚性要求和执行弹性需求之间的深层逻辑，对公共政策执行中存在的社会风险问题进行思考。

（一）引言

2017年国务院印发《打赢蓝天保卫战三年行动计划》，在推进北方地区清洁取暖工作中明确提出"坚持从实际出发，宜电则电、宜气则气、宜煤则煤、宜热则热，确保北方地区群众安全取暖过冬"。2017年，B市按照A省关于大气污染防治的有关精神，印发了《B市铁腕治霾保卫蓝天1＋18方案》，在全市范围内开展农村电气化替代散煤、生物质燃烧专项行动，分步实施"改气、改电、改炕、改灶、改暖"工程（以下简称"五改"），逐步实现清洁能源或洁净煤替代市域全覆盖，大幅减少原煤散烧、生物质燃烧污染。

随着政策调整改进，C镇3年先后完成清洁能源替代任务17299户。去年D村182户农户实施了电改炕，免费领取了价值1000元的电炕、电磁炉和电暖气，并签订协议承诺不再使用散煤、秸秆等非清洁能源烧炕。然而当下才刚刚入冬,农户弃电用柴现象便反弹严重,整个村庄烟雾缭绕。距离 2021 年的到来还有 20 多天,但 B 市空气质量指标已经"余额不足"。面对不断爆表的环境检测器,分管环保的副市长、区长、镇长焦头烂额,层层施压,试图通过夜查来突击完成大气污染防治任务,却引发了群众的反感和不满。如今,"改炕"任务完成了,群众却不满意,温暖过冬成了问题,好政策却没有达到好效果,这其中有什么故事呢? 让我们一探究竟。

"汪汪汪,汪汪汪",院内急切凶横的狗叫声盖过了陈区长一行的敲门声。这个月已经是他们第三次来 D 村老李家敲门了。吱呀一声,大门旁边的窗子被推开,一位中年妇女从窗子里探出头来,明知故问地望着夜访的不速之客。

"谁呀,啥事?"

"我们是咱区上环保局的,刚看你们家炕门在冒烟。不是给你们发了电暖炕么,怎么还烧炕呢?"

"电费贵得交不起么。"

"政府给你们每户每年发放 300 元的电费补贴,你没有领吗?"

"一个冬天 300 元能够吗? 再说了,电热毯插上房子不暖和么! 我一家 5 口人睡三个炕,就发了一个电褥子,不烧炕冻死呀! 领导住的暖气房哪能感觉到冷吗",农户说着声音大了起来。

"那你们去年都签了协议承诺不烧炕,电具也都领了,现在又偷偷烧炕,这不是违反国家政策,浪费国家资源呢吗?"

"政策是为了惠民,不是为了冻民。发个电褥子就叫'改炕',发个车轱辘就能当车开吗?"妇女说完就关掉了窗子,不一会儿房子的灯也关了。陈区长脸色难看,转过身对镇长说道:"这就是你们完成的任务!"

（二）案例介绍

1. "改炕"之初——政府下本要"改炕",群众迟疑观风向

B 市 C 镇位于城区北部,2003 年被纳入高新区规划建设范畴,是推进城乡融合发展的核心区,村上的中青年人多在市区务工,村庄"空巢化"严重。因为该地区是典型的大陆性季风区暖温带半湿润气候,当深秋来自强大的西伯利亚、蒙古高气压"光临"这里时,取暖成了人们的头等大事。

近年来,为了改善空气质量,提高农民生活水平,适应新时代农民对干净整洁的人居环境的要求,全国从上到下开展清洁能源替代工作,即通过改变农民生产生活中使用的保暖设备,达到天然气、电等清洁能源代替传统的散煤、秸秆等高污染燃料的目的。2017 年政策执行之初,B 市决定以发放清洁取暖设施的方式实现煤改电,具体工作由环保部门负责推进,各县区根据户籍人口数摊派任务。清洁取暖设施由各县区统一组织招投标,相关企业闻风而动、乘势而为,大力推广电暖画（碳晶电热板）和电炕（电热床板）,一时间环保设施行业成了"牛市"。C 镇接到"双替代"任务后,立足 C 新区建设规划,给不参与棚户区改造和土地征收的 6 个农业发展村下达改造任务,2 年内 8571 户农户实施改电项目。

政策要求,农户改气或者改电,二选一就算完成 1 户任务。改气费用 4100 元,政府每户补

助 1000 元,如果愿意使用天然气的群众比较多就可以争取项目铺设管网,整村推进。改电主要是发放电具,如果选择价值 1100 元的电暖画,政府补贴 1000 元,如果选择 500 元的电炕,政府免费发放。听起来是好政策,但是在推广之初,村民并不能广泛认同和接受,镇村干部只能从党员和身边的亲戚朋友入手打开工作局面。

D 村 70 多岁的张大爷是村里面第一批参与"改炕"的群众。他儿女较多,年轻时家里经济条件拮据,他每天早出晚归。由于经常在严寒酷暑中劳作,张大爷早早患上了"老寒腿"。虽说家里已经盖起了楼房,但还是必须给他个火炕,每当霜降一过他就开始烧上自己暖烘烘的火炕,以便冬天来给他的腿找个"窝"。

"娃们都不在屋,就我和老张两个人,娃们早都叫冬天住到城里,暖气房一呆,多舒服!"张大爷的老伴在一边说着。

"你到底是女人家,啥都不懂,城里的暖气咋能有我的火炕舒服,外面下大雪,我把我的炕烧得旺旺的,被子一盖,你先看嘹不嘹",张大爷笑眯眯地说。

"你嘹得很,炕都是我烧呢,你又不受脏不受累",老伴唠叨到。

工作人员一听老人也不愿意烧炕,赶忙说道:"张大爷,政府现在出台了清洁能源替代政策,你要是用了电炕就再也不用烧土炕了,干干净净还能暖暖和和,你看你跟我姨都这么大年龄了,就不要这么辛苦啦,烧炕那烟对身体也不好。"

张大爷挑起了眉毛,质疑道:"有这么好呢? 电炕我还头一次听,但是我估计跟电褥子差不多吧?"

"那不是,电炕比电褥子大么,能铺满整个炕,而且加热快,几分钟被窝就热啦。"工作人员笑道。

"但是,电炕不用柴可要用电呢,电费现在贵得很。"老伴儿说道。

"姨,这电费差不了多少! 你侄儿现在是村干部,你可要支持我的工作呢呀!"旁边的村干部听到老人有些犹豫,凑上前说道。

"哈哈哈,你这新官上任三把火先烧自己人么! 能行,你看别人要是改的话咱也改,要支持你的工作么。"

如此情景在各家各户接续上演,一些群众仍然持观望态度,但在镇、村干部软硬兼施之下,2017 年至 2018 年,C 镇顺利完成下达任务。

2. "改炕"之中——宣传推广唱高调,群众竞相赶时髦

"改炕"就像"吃螃蟹"一样,"只要别人家改了,咱家也能改",和张大爷的邻居们一样,越来越多的村民从形式上接受了"改炕"。

2017 年的冬季比以往几年冷得晚点,电炕板的热量足以抵挡寒气,加上工作人员的大力宣传,各村刮起了"改炕"风。嘴皮子溜的乡亲们编起了顺口溜:"火炕脏,电炕净,电炕睡了做好梦""电炕电炕了不起,政府补贴把暖取。"

从一开始工作人员到家家户户去宣传,到后来人山人海去村委会排队签协议、领补贴。办完手续的群众一手拎着电炕板,一手攥着补贴现金,心里乐滋滋,脸上笑呵呵,碰见邻居还好心提醒,"赶紧去,去晚了就要等明天了"。

回到家后把火炕打扫干净,铺上电炕板,再铺上褥子、床单,插上电源,打开开关,每一个动作都很"虔诚"。晚上睡一觉,第二天还要在街道上交流体验感受。

"电炕就是美，昨晚把我睡得舒服的，早知道早早把协议签了，拿回来享受"，一位中年男人得意地说。

"就是，就是，我娃他爸爸昨晚睡了一夜，今天腰也不酸了，腿也不痛了，我看这东西还能治病，哈哈哈"，一位妇女应声喝道。

"改炕"给群众带来的新鲜感和时髦感，已超过它的取暖功效，在不太冷的天气里，火炕给人们带来了身体上的舒适、精神上的富足。大家心里想，"改炕"后一不用烟熏火燎地去烧炕，二不用整天到处去擦拭灰尘，三来政府还有补贴，这一举多得的事情不干白不干。

在补贴政策兑现、干部宣传推进和农户理解参与之下，农村清洁能源替代工作全面铺开，政府工作压力渐渐释放，这项改革工作好像也并不难。

3. "改炕"之后——政策本意促环保，奈何执行存风险

然而从"改炕"前群众普遍表现出的迟疑观望可以看出，地方政府未充分开展政策执行前的政策接受度调研，导致在政策执行之初，群众便对此项政策持怀疑和抵制态度，由此形成了潜在的公众与政策执行间的社会风险。在"改炕"中，地方政府所表现出的急于政策上马、忽视政策执行延续等行为，导致公众将由执行前的期望转为执行后的失望，进一步激发了的村民对于政策执行的抵制反抗，最终形成了"改炕"之后的风险与冲突爆发。

（1）惠民政策走形式，无奈群众空欢喜。

煤改电完成任务量层层上报，从统计的数字来看用不了三年北方农村地区就能全面实现清洁取暖了。污染源得到大量控制，可是为什么空气质量没有大幅度改善呢？2018年冬天，这个问题得到了答案。

2018年，环保工作成为一项底线工作，打赢蓝天保卫战，给人民群众"一口"干净的空气，是各级政府的政治任务。散乱污企业治理、扬尘治理、柴油车淘汰、清洁能源产品使用等，政府多措并举，铁腕治霾，打响蓝天保卫战。

环保部门为了控制农村散煤、秸秆燃烧，常常明察暗访，检验"改炕"成效，经查发现大多数电炕板已经被群众当成地板。镇村干部又开始挨家挨户地宣讲，说服群众用电炕取暖，这一次群众不再买账，炕烟依旧冒上天。镇政府工作人员顶着上级问责的压力每日"夜查"，做出了堵炕、拆炕的过激行为，引发了广泛的群众抵触和社会舆论，甚至形成了一定规模的潜在社会风险。

"村支书、村干部积极推动这事我们能理解，但这政策执行不是应该看我们老百姓是不是真的满意吗？"在改用清洁能源取暖后，C镇一些村子的确存在取暖费用高、取暖效果不佳的问题，导致部分村民违反此前与村委会签订的不再使用秸秆、煤炭取暖的协议，个别村干部以堵炕、拆炕等粗暴方式防止农户烧炕，进一步激化了矛盾，增加了村民对清洁能源改造工作的抵触情绪，为该项工作的持续开展带来了较大阻力。

首先是取暖费用高昂。张大爷坐在自家已经弃用的炕头说："这烧炕是农村一直的传统，确实污染环境，政府让咱用电取暖出发点是好的。可是我发现，用电费用实在是高，平时家里就我们老两口，取暖花这么高的电费我是真心疼。"

由于年轻人外出务工，农村空巢老人现象普遍，老人经济收入微薄，其收入来源多为农地自给自足外加子女补贴。发放的电炕每小时耗电0.7度，若每天使用10小时，则约4元，北方农村由于冬季气温较低、房屋保暖性较差，取暖一般从11月至来年3月，则整个供暖期需要约

480元。

其次是取暖效果不理想。"农村这房子大，烧炕能把整个房子都烘热，这电炕不行了，一下炕房子里边都渗冰渗冰的。我们老两口也不能每天坐在炕上啥都不干么！而且这电炕把电一关就不热了，插一天电，兜兜里的钱不允许么！"说到电炕的取暖效果，张大爷抱怨得停不下来。

的确，农村房子大多是半封闭式，房内空间大，尤其到了夜间，室内空气温度和被褥温度更低，取暖设备提供的是点热源，取暖舒适度较差，且对房屋内升温作用几乎微乎其微。

同时存在传统观念根深蒂固。提起传统土炕，村中老人讲得头头是道："这村里盖房，都得给屋里留出盘炕的位置，现在条件好一些了，用砖、用混凝土板搭炕，外面瓷片一贴，漂亮！"B地区土炕的生火口及烟道多设置在室外，因此房屋内基本无烟雾和薪柴碎屑，不影响环境。

"至于生火的材料，麦秸秆、牛羊粪都能用，跟用电比起来，土炕取暖基本没啥后续费用，扒出的草木灰还能做肥料。"

"我一直有关节炎，睡土炕还能驱身体里的寒气，电褥子、电暖气片哪有这能耐呢。"

"逢着年了，孙子孙女回来，或是家里来了亲戚，就赶紧叫着上炕暖和，一家人其乐融融的，这才是团聚在一起的样子啊。"

农村地区传统土炕兼具了起居休息、取暖养生、会客社交等多重功能，年长者难以舍弃也有其充分的理由。

（2）政策变化存争议，惹得群众不满意。

媒体监督是新时代政府收集民意、吸纳民智的最便捷、高效的途径。看到来自各个地区的农户不断反映"改炕"政策带来的社会问题，上级政府及时做出政策调整。

2019年，B市政府印发《2019年全市农村清洁能源替代工作实施意见的通知》，改由发改部门负责推进农村清洁能源替代工作，并将改电标准提至每户1000元，对前期改造达到标准未享受补贴或补贴领取不到位的，按新标准补齐，但不得重复领取，差额的500元主要通过发放电磁炉和电暖器替代。同时，将电炕改为电褥子，并对完成改电任务的农户电费进行补贴，超过300元只补贴300元，低于300元的实报实销。

但是政府没想到，这一改，矛盾更加突出，工作问题一度演变成了纪律问题。关于村干部"优亲厚友""假公济私"的信访问题层出不穷，甚至有些没享受到新政策的村民直接在村委会与村干部吵了起来。

韩家村韩某讲到"家里老人在2018年就积极响应政府号召，实施了改电政策，当时村里只发放了价值1000元的电暖画，我们还自己掏了100元，虽然感觉不暖和但是我们也认了。改的晚的村民前面领了电暖炕，现在又多领电暖气和电磁炉，凭啥我们没有呢？"

"2017—2018年的政策当是给大家说清楚的，1000元的电暖画和500元的电炕大家自己选。今年的新政策把改电的标准提高到1000元了，前期电炕只有500元，所以现在给'改炕'的农户再增发价值500元的电暖器和电磁炉。这是政策规定，我们也没有办法。"村书记宋某无奈地解释道。

"啥是你们没有办法，我看就是你优亲厚友，让你们老宋家村的人享受好政策。"

韩家村是原宋家村、韩家村、鲁家村合并后的行政村，2017年清洁能源替代工作推广实施时，原宋家村没有下达任务，所以赶上了新政策。宋某原是宋家村的支部书记，合并后成为韩家村的支部书记，所以村民韩某的说辞也是"有理有据"。

享受到新政策的农户免费领取电具也很高兴,但是他们并没有将使用电具和清洁能源替代联系起来,免费领取电器谁不乐意呢?而且发一个据说价值500元的电褥子就让他们以为是"改炕",也有些掩耳盗铃、不切实际。毕竟电褥子由来已久,它的取暖性能也众所周知。

(3)返璞归真。

在经历了农村清洁能源替代工作全面铺开、改用电炕一段时间后的取暖费用高昂、取暖效果不理想等方面的难题后,为了驱寒取暖,C镇上的村民们又开始烧火炕了。

当夕阳恋恋不舍地趴在山顶上俯瞰大地时,农户人家屋顶的上空便升起袅袅烟雾,或扶摇直上,或缭绕缠绵。一天的嘈杂喧嚣渐渐归于寂静,鸡子要回窝了,老狗蜷在麦草垛根闭目养神,张大爷噙着旱烟袋锅看着炕烟的升腾,一天的疲惫都随之消散,朴素简单的幸福挤在脸上深深的皱纹里。

坐在自己家的热炕头上,张大爷终于喜笑颜开了:"老牛破车疙瘩绳,娃娃婆娘热炕头。还是咱的炕好啊!柴火一烧,又便宜又暖和啊,比起政府发的电暖气片不知道强了多少倍!用电取暖那电费高的呦,那点补贴哪里够啊!我一个老头子哪来的那么多钱交电费啊!"

正值饭点隔壁王大爷就过来串门了,刚一脚迈进堂屋,张大爷就招呼他上炕:"快过来坐,特别热乎。"老王也没客气,脱了鞋子就往炕上坐,接过烟开始吞云吐雾了起来,饭一做好,大盘小碟一齐端到炕上。大家围坐在一起说说东家长、聊聊西家短,烟火气里透着丝丝惬意。宽宽的炕上烟雾缭绕、笑声朗朗。一盘炕,烘焙出泥土的馨香,更有浓浓的烟火气。一把柴火填进灶膛,连同西府大地上劳动人民的喜怒哀愁一起煮上,飘起的是阵阵饭香。灶台的火袅袅而上,一缕炊烟就是万千灯火不熄的梦,满满的烟火味、满满的家的味道。

炕的历史源远流长,在西府地区已有千年之久。过去的年代里,无论是谁家盖起了新房,乡亲们见了都必定先问炕盘了没有。在他们根深蒂固的潜意识里,炕就和锅碗瓢盆一样平常又金贵,是安身立命不可或缺的生活必需品。一把柴火就能燃起一个家的温度,一盘炕承载着的西府大地劳动人民最简单的向往,这种朴素的温暖对西府大地上的农民来说更是珍贵的财富。尽管时代变了,即使有了柔软的床榻,炕也会让人有着念念不忘的温存,让人体会到真实的温暖,承载着时光和印记,让西府之家的劳动人民难以割舍、无法抛弃。

(三)结语

A省各级政府贯彻落实打赢蓝天保卫战三年行动方案以来,投入大量人力、物力、财力推动农村清洁能源替代。其间,牵头单位由环保局变为发改局,煤改电补贴标准由每户500元变为1000元,发电炕改成发电褥子。前后政策变化,以及政策执行过程中的堵炕、拆炕等过激行为导致群众不满,造成了不良的社会影响以及潜在的社会风险,表现出在上层政策设计与实际需求背离时,基层工作推进的艰难和群众理解配合的不易。当前农村清洁能源替代任务数已"达标",但是电炕的使用率、满意度仍不容乐观。在整个政策执行过程中,缺乏前期调研,存在"一刀切",基础设施、技术支持和政策保障未跟进,政策执行效果与目标相去甚远,甚至引发了社会风险。本案例结合风险治理研究框架,将从政策制定之初的刚性要求和政策执行之时群众弹性需求之间的政策模型进行分析和探讨,希望为政府制定好政策、落实好政策,以及形成体制机制健全、公众积极参与、专家合理评估的社会风险治理路径带来一定的思考和借鉴。

三、案例分析

以煤为主的能源消费结构导致了严重的环境污染，2020年，由耶鲁大学等研究单位联合发布的《2020年全球环境绩效指数（EPI）报告》显示，在参评的180个国家和地区中，我国以37.3分位居第120位，总体排名较为靠后，尤其在空气质量方面存在问题，空气污染问题尤为严重。燃烧煤炭是大气污染的主要来源，尤其是散煤的不完全燃烧、缺乏污染物处理装置等因素增加了散煤的治理难度。为减少冬季燃煤污染、改善空气质量，2013年9月10日，国务院出台《大气污染防治行动计划》[①]，提出加快推进集中供热、煤改电和煤改气工程建设、改用新能源等重要举措。2014年12月29日，国家发展改革委印发《重点地区煤炭消费减量替代管理暂行办法》[②]，要求有关油气、电力等企业积极落实"煤改清洁能源"等配套工程，将居民现用的燃煤分户采暖方式改为以电力、天然气、太阳能等清洁能源为主要能源的分户采暖方式，实现煤炭减量。2018年，国家印发《打赢蓝天保卫战三年行动方案》，系统地对防治大气污染、改善空气质量提出要求，其中煤改电是推进北方农村地区清洁取暖、调整能源结构的重要举措。根据国家和A省关于大气污染防治的有关精神，B市2017年提出了"改气、改电、改暖、改炕、改灶"工程的"五改"工作，核心是以清洁能源利用为主线，以煤改气、煤改电等为抓手，坚持政府主导、社会参与、精准治理、全民共治，形成"多能"互补的农村清洁能源替代格局，持续改善农村生态环境的工作目标。

尽管国家和省市出台了明确的清洁能源改造政策，但政策在基层的具体实施过程中却存在着不同程度的执行偏差，最终执行成效也不尽如人意，甚至造引发社会风险。本案例以B市C镇为例，基于政策执行过程中的执行弹性和风险治理视角，来探讨煤改电政策在基层执行中的偏差问题。以期从政策执行过程方面发现C镇的煤改政策在具体执行过程中出现偏差的原因，以及在社会风险治理中暴露出的问题和解决问题的经验，并对C镇煤改政策的后续推行效果进行未来展望。

（一）理论基础及分析框架

1. 史密斯政策执行过程理论

1973年，由美国著名政治学家史密斯撰写的《政策执行过程》一书首次提出了史密斯政策执行过程理论模型。史密斯指出，在一些第三世界国家中，由于政府更倾向于制定某些宽泛而宏观的政策，而这些政策的相关执行机构并不具备相当的执行能力。在某些理想化的政策制定出台之后，无法按照政策的初期期望被顺利地贯彻落实，并且在实际执行中，利益集团、反对党以及相关群体和个人并不是认同政策，而是倾向于利用一些工具来影响和改变政策。在此背景下史密斯提出了公共政策执行过程的模型，认为产生社会张力的源头是公共政策的执行，且产生这种张力的四大主体分别是理想化的政策、执行机关、目标群体和环境因素，如图1所示。在政策执行过程中，这四个组成部分均会产生张力，对政策形成反馈，通过这种对政策制定者与执行者的反馈，形成对制度进一步的支持或阻碍。

---

① 国务院关于印发《大气污染防治行动计划》的通知[EB/OL].(2013-9-10)[2020-10-15].http://www.gov.cn/zhengce/content/2013-09/13/content_4561.htm.

② 关于印发《重点地区煤炭消费减量替代管理暂行办法》的通知.[EB/OL].(2014-12-29)[2020-10-15].https://www.ndrc.gov.cn/xxgk/zcfb/tz/201501/t20150114_963734.html? code=&state=123.

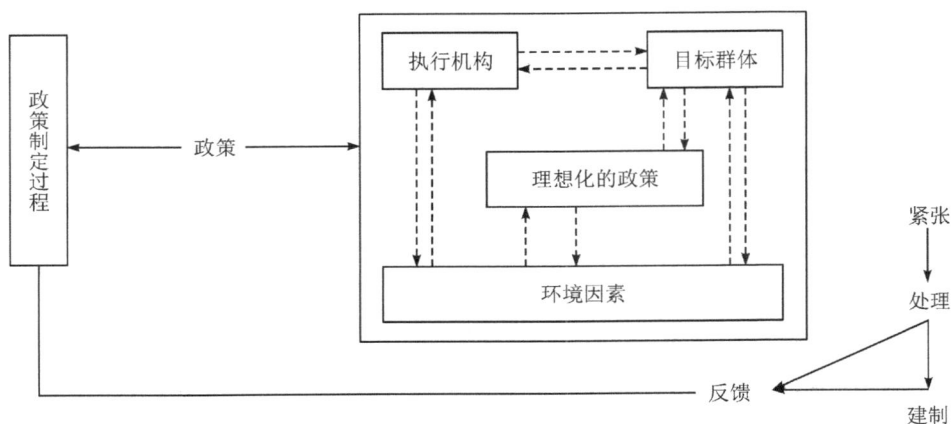

图 1　史密斯政策执行过程模型

这一模型是公共政策分析的经典模型之一,本书结合模型,以 B 市 C 镇的煤改政策为例来分析当前政策在基层落实的现状,并以此来透视我国在进行大气污染防治和具体政策落实过程中可能存在的盲点。

2. 政策执行弹性分析

政策执行是把行政决策者意图转化成实际行动的过程。所谓政策的刚性执行,是指政策不打折扣、不容变通地予以严格执行,现阶段党中央、国务院一系列关乎人民福祉的重大决策部署和落实中普遍强调"钉钉子"精神、不折不扣抓落实、打赢攻坚战、决战决胜、从严落实、铁腕治理等,均体现了对政策执行的刚性要求。

学界认为中国的公共政策执行是一种"中央统一性和地方多样性"并存的格局[57],完全照搬上级命令、不折不扣地有力执行并不一定能够达到理想的政策执行效果。部分学者提出了应该柔性地执行政策,即政策执行的弹性问题。政策执行弹性,是指下级政府在应对上级政府政策推进过程中所具有的自主决定权[58]。弹性执行意味着政策执行者可以不严格按照上级制定者的要求开展执行活动,采用各种方式予以"变通应对"。政策执行弹性表现为模式内容和指标弹性两个层面:模式内容是指地方具体政策实施的模式与上级政府要求内容的一致程度,政策实施的模式越一致,说明政策执行的弹性空间越小;指标弹性是指上级对下级政府下达的绩效考核指标的松紧程度,包括指标的细致程度、指标目标的刚性和绩效与问责的关联。

政府政策执行的强度特征和弹性特征共同构成上下级之间政策执行的基础,通过执行强度与执行弹性高低的组合,得到四种基本模式,即自主型、控制型、松散型和无序型(见图 2)。在不同模式下,绩效损失生成的过程和机制均有所不同。

B 市 C 镇在煤改政策的执行过程中表现出较明显的控制性特征,即下级政府不具备更多的政策弹性空间,但是下级政府有较强的能力来完成上级政府的政策意图,此时下级政府往往面临较为明确的绩效指标。就 C 镇而言,煤改政策实施效果的考核主要依据进行了"改电"的户数比来明确,绩效考核指标硬化且单一,并未考虑实地情况和政策落实的实际效果,因此造成多数农户重新燃煤取暖的现状。

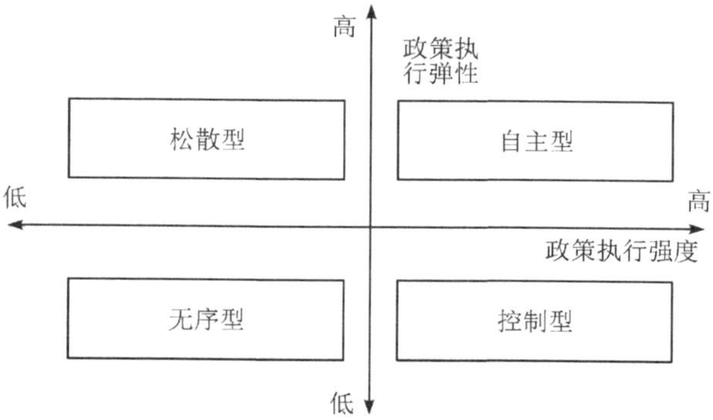

图 2 四种政策执行基础模式

3. 案例分析框架

本案例分析主要分为三个部分。第一,阐释了分析过程中运用的史密斯政策执行过程理论和政策弹性执行的主要内涵及其对本案例的指导意义。第二,在史密斯政策执行过程理论的指导下,结合风险治理研究框架,指出 B 市 C 镇在煤改政策的具体实施过程中存在的"一刀切"问题以及所造成的社会风险问题,并剖析上述问题出现的原因,包括基层政府在政策实施过程中执行弹性缺乏、沟通机制缺乏、实地调研不足等。第三,在政策执行弹性的指导下,提出推进更有效的煤改政策的建议,包括转变行政理念、健全协调机制、完善监督制度、提高行政能力等,以进一步推进大气污染防治,保证治理成效。

(二)分析要点

1. C 镇煤改政策执行过程分析

(1)政策制定分析。

论及一项公共政策是否理想,首先需要提到的是评估标准,重要的范畴包括成本、收益、绩效、风险、政治可行性、行政简化、合法性、不确定性、公正和时间安排。史密斯的标准则较为抽象,认为理想化的政策应该具备合法、合理与可行性的特点。

2017 年,B 市为贯彻落实 A 省《铁腕治霾打赢蓝天保卫战三年行动方案》有关精神,印发了《B 市铁腕治霾保卫蓝天 1+18 方案》,其中为减少农村散煤和生物质燃烧、改善空气质量,印发了《B 市农村地区改气改电改炕改灶改暖专项行动方案》,要求在全市范围内开展农村电气化替代散煤、生物质燃烧专项行动,分步实施"改气、改电、改炕、改灶、改暖"工程,逐步实现清洁能源或洁净煤替代市域全覆盖,大幅减少原煤散烧、生物质燃烧污染。基于此,B 市拉开了农村清洁能源替代的大幕。各县区按照 B 市要求,结合各自实际情况,展开了轰轰烈烈的农村"五改"工作。对于工作开展方式,有的县选择水暖炕技术"改炕",有的县让农户自己选择产品,然后凭票补助,按"改炕"一户补助 500 元,取暖改电一户 1000 元,而 C 镇所在的区则是直接购买补助标准金额的产品(电褥子、电磁炉、电暖器)按户发放给农民。

就合理、合法性层面来讲,B 市出台的政策具有合理性和合法性,适应了国家和 A 省大气污染防治的要求,并将重点放在了散煤治理方面,针对农村地区烧煤烧炕取暖的实际情况要求进行"五改"整治,实现清洁能源替代。而在政策的可行性层面,则可能缺乏充足的实地调研,单靠发放暖具和进行资金补助,且暖具使用效果不佳、用电过高、资金补助不足等,并不能使当地农户完全接受并改变以往燃烧散煤和秸秆取暖的生活习惯,因此整体政策在不同区域的可行性上存在差异。就 C 镇而言,煤改电政策在当地的可行性受各种因素的影响有所不足。

(2)执行机构能力分析。

B 市在政策的实际执行过程中,2017—2018 年主要由环保局牵头负责,改电包括 500 元标准的电暖炕和 1000 元标准的电暖画,改气费用共 4100 元,其中政府安装气表补贴 1000 元,其余费用村民自担。2019 年 8 月,B 市政府印发《2019 年全市农村清洁能源替代工作实施意见的通知》,市发改局负责推进农村清洁能源替代工作,将改气标准提至每户 1300 元,改电标准提至每户 1000 元,对前期改造达到标准未享受补贴或补贴领取不到位的,按新标准补齐,但不得重复领取。在 B 市的政策执行中,自 2019 年 8 月起,主要由发改局进行负责,财政局按照标准进行资金拨款,总体而言政策执行机构较为专业,且人员、资金等可以得到保障。

但在 C 镇进行政策落实时,主要依托各村委会负责组织实施,基层乡镇部门和村委会等人员对政策理解不到位、宣传不到位,缺少财政资金。且村民文化水平有限,经济水平偏低,缺少契约精神,对政策认识有偏差,造成基层政策执行机构执行能力不足。在面对农户接受政策后仍燃烧散煤和生物质的行为,只能采取堵炕、拆炕等过激行为,而无法采取更加合理且行之有效的方式。

(3)政策执行的目标群体。

公共政策是对社会公共利益的权威性分配,煤改政策作为一项公共政策,其目的是为改善大气环境,倡导农户采用更健康环保的生活方式,农户也将从自身利益的角度来选择是否配合接受这一政策。

若农户选择进行"改电""改气"的效果能取得以往烧煤或生物质取暖相同的"温暖"效果,并不会增加额外负担的情况下,农户对此政策肯定也是欣然乐道。但在农户接受煤改电政策后,"领到的就是一张电褥子,一家人好几张炕,怎么用?而且我们农村房子大,到处透风,电褥子也就让床上暖和一下,屋子里还是冷得很""用这些电褥子、电暖风,用不起啊,可浪费电了,原先根本用不了这么多电,一下子每个月电费都多花不少呢",供暖效果不佳、电费过高等问题的涌现,损害了农户自身利益,这就导致政策目标与农户利益相违背,因而造成了散煤复烧的现状。

(4)政策执行的环境因素。

影响煤改电政策执行的环境因素有很多,而就 C 镇这一地区而言,影响因素主要是自然环境、经济水平、基础设施、社会环境等。

从地理条件来看,C 镇气候偏冷,农村房屋独院独户,房屋结构空间大,密闭保温效果较差,电炕难以达到火炕的取暖效果。从经济成本角度来看,C 镇整体经济水平不高,农户收入偏低,而电具取暖成本偏高,使用散煤、秸秆等燃料更加经济实惠。从基础设施来看,煤改气、煤改电不满足政策实施条件,截至目前,全镇只有四个村铺设了天然气管道,农户使用率过低,难以实现整村推进,在此基础上,煤改电是农户相对更优的选择。从社会环境来看,C 镇属于劳务大镇,青壮年多选择外出打工,造成镇内独居老人多、空巢化严重,老年人对政策的理解和接受能力不强,并已习惯烧炕取暖的生活方式,难以改变。

除此之外,B 市在进行煤改电政策实施中,由于缺少高技术支持,无法进行高技术、专业化的土炕改造,只能选择发放暖具的方式,这种方式取暖效果不好,无法满足农户取暖要求,因而造成整体政策执行效果不尽如人意。

2. C镇实际煤改政策执行成效

自B市煤改政策施行以来，C镇通过发放暖具的方式顺利完成煤改电和煤改气任务，但实际效果与政策目标相去甚远。主要体现在：群众对煤改电接纳程度不高，即使领取了政府补贴，签订协议承诺不再使用散煤或秸秆等，但散煤复烧现象频发。在考核指标的强力推动下，基层部门办法不多、效率低下，甚至采取拆炕、堵炕等过激行为，致使政府部门与农户之间的矛盾加重、冲突升级，更不利于政策的持续推进和落实。

3. C镇煤改政策执行偏差影响因素分析

结合风险治理研究框架，在C镇煤改电政策的实际执行情况和政策执行弹性相关内容的基础上，进一步分析C镇煤改电政策产生执行偏差的原因。

（1）风险预评估与风险评价：实地调研沟通不足。

B市主要依据国家和A省相关政策要求制定煤改电政策，但在执行具体的政策之前，并未对各县区进行有效的考察调研，对实际执行过程中的复杂性、差异性了解不足，没有准确把握农户的确切利益诉求，未给予各县区充分的自主权，对政策执行难度并未形成充分预估。其次，并未进行充分的宣传解释，导致农户对煤改电政策理解不到位，并未深刻认识到清洁能源替代工作的重要性。同时，政策执行过程中缺乏沟通反馈，不能督促政策制定者因势利导，对政策做出及时合理的调整，造成了潜在的社会风险。

（2）风险特征评价：技术条件不足。

B市在煤改电政策实施中，由于高技术水平和专业技能人才缺乏，无法采用更科学、经济、环保的技术来进行"改炕"，只能通过发放暖具的方式完成工作"任务"。该方式一是供暖效果不好，不能满足农村房屋的供暖需要；二是电费高昂，加重了农户日常用电负担；三是用途单一，仅能用作炕上保暖，无法达到原先通过燃烧秸秆既做饭又热炕的双重用途。

因此可归纳为对风险特征的掌握不够充分，所应用技术未能有效满足公众需求。若能采用更节能环保的措施进行土炕改造，实现冬有所暖、经济适用的目的，则可减少农户的诸多困扰，也不会造成如今"改炕"复烧的困境。

（3）风险管理与跨领域：政策执行中缺乏弹性。

基层政府在政策实际执行过程中，完全按照上级政府部门的要求来实施，对照上级的考核指标"一刀切"式执行，达不到就采取堵炕、拆炕等手段，表现出基层治理中存在风险管控意识淡化等问题。同时，上级政府针对煤改电政策执行效果的考核指标也较为单一，以参与"改炕"的户数为关键指标，限制了下级因地制宜开展工作的思路和举措。比如，2017—2018年的改电补贴标准为500元的电炕或1000元的电暖画，2019年8月以来，上级政府提高电具补贴标准，为前期选择"改炕"的农户增发电磁炉和电暖器，政策前后不一致造成了农户意见很多。这也说明了在政策实施的不同阶段，乡镇基层各部门仍是单纯地按照上级的安排部署来完成相应的任务，而未进行适当研判与调整，从而引发了社会风险问题。

（三）对策建议

1. 政策制定要立足前瞻性跟进配套政策

政策是在一定的历史时期内，国家为实现奋斗目标，完成明确任务，遵循的行动原则、工作方式，是国家进行社会治理的工具，具有目的性、引导性、时效性。随着政策执行与推进，众多社会问题也会逐渐显现,这就要求政府在政策制定之初,要充分进行调查研究和系统谋划,要立足前瞻性跟进对政策设施的保障和后期维护。比如在清洁能源替代工作中,煤改气实施前应做好天然气管网建设等基础设施工程,煤改电应优先对农村房屋进行保温处理,并明确电费补贴等,打消农民的思想顾虑。同时,政策制定并不是一贯到底的,应该随着实施情况及时做出调整和补充,确保政策推进"有面更有里"。

2. 基层执行政策要给予弹性空间

推进清洁能源替代,调整能源结构,改善大气环境质量,提高人民群众生活水平,这是新时代背景下实现环境效益、经济效益和社会效益多赢的重要举措,各级地方政府都应该坚决贯彻落实。A省南北跨度大,传统文化习俗差异性大,各地市在贯彻实施清洁能源替代政策时更应该立足实际,因地制宜,给予基层充分的弹性执行空间。

基层是政策执行的"最后一公里",是与群众交流最密切,对当地经济水平、自然条件、基础设施、社会环境等方面认识最深刻、把握最准确的一级政府。在政策执行过程中,基层既要有力推进上级政策落地见效,也要广泛收集民情民意,及时反馈,为政策改进提供参考。对于上级下达的工作任务,基层应有适当的发挥空间,比如有权利选择更加符合群众实际需求的清洁能源替代产品,在任务推进落实中有时间宣传试点,逐步推进,在遇到困难和问题时有勇气对上级提出改进建议,为政策更好地服务群众、推动发展起到关键作用。

3. 目标责任考核重量更要重质

近年来,"为基层减负"成为政府工作的热门话题,相比以往,上级到基层检查的频次大幅度减少,有效遏制了基层为了"迎检"突击性加班的乱象。在全面深化改革背景下,各行各业都在大刀阔斧地改革,此类工作任务常常以量计,为了完成"任务"达到考核要求,基层政府拿出"对策"积极应付,扶贫"一发了之",厕所"一改了之",对于政策实施后期的保障和维护不管不顾,无法真正实现改革目标任务。科学完备的考核指标体系是目标责任考核工作的"风向标"和"助推器"。上级应注重从工作质量、群众满意角度对基层政府工作实绩进行考量,而不是简单地用数字衡量,为基层树立错误的工作导向。

"政策执行中的社会风险治理"案例课件

案例二　积雪扫除，方得长安

一、案例说明

本案例以 A、B 两市暴雪灾害后的应对为例，讲述了当前我国在应对自然灾害事件中的缺陷与不足。随着城市化进程的不断加快，我国社会中影响公共安全的因素日益增多，表现出承载体进一步脆弱、新旧矛盾进一步叠加、社会风险进一步放大等特征。形成了复杂多样的灾害链、事故链，考验着应急管理的协同与治理能力，反映着地方治理体系和治理能力的综合水平。在我国目前公共危机治理过程中，由于政府职能部门职权划分、管辖权限与边界的模糊性，造成了大量复杂状况，不仅在数量特征上表现为大量"碎片"，且在地域和功能上彼此交叉重叠，同时在危机治理等重要活动中缺乏协同。

提升我国应急管理水平，其根本问题在于对"碎片化"环节进行整理，实现跨域危机整体性治理。跨域危机整体性治理实现的关键在于其治理网络中信息、资源整合问题，目前管理体制条块分割的现实，以及由此形成的专业部门隶属不同、管理层级复杂、多头指挥，进而产生的协调困难，是"中国式碎片化"问题的根本原因。在本案例中，我们结合 4R 危机管理模型和协同治理理论，分析暴雪事件呈现出的组织协调联动相关缺陷，形成城市危机应对的相关政策建议。

二、案例正文

2018 年 A 市暴风雪事件是考验政府应对突发自然灾害时风险评估和应急准备能力的典型案例。本案例以 A 市暴风雪事件为例，分析暴雪对城市造成的影响，如道路交通拥堵、打车难、上班难等问题，并针对城市危机应对情况进行了分析。在此基础上，与同期 B 市对暴风雪事件应对与处置情况进行分析。在第二次暴风雪后，A 市政府通过吸取教训、吸收经验，从事后处理转变为事前预防，通过多部门协同工作，有效地化解了第二次暴风雪可能导致的再一次瘫痪。

本案例通过纵向时间对比和横向区域对比，分析了不同地域政府在应急管理和风险治理方面的差异。运用访谈和文本分析的方式，以多元主体协调联动为切入点，探究城市危机应对问题，为政府完善应急管理提出新思路。

(一)案例介绍

1. 暴雪后的 A 市

2018 年 1 月 3 日，这个冬日里看似平凡的一天，A 市迎来了新年的第一场强降雪。

(1)暴风雪前的宁静。

2017 年 12 月 31 日 10 时，××省气象台发布雨雪消息，2018 年 1 月 2 日至 4 日将迎来入冬以来范围、强度最大，持续时间最长的一次雨雪天气过程。又于 2018 年 1 月 2 日 10 时、3

日 17 时、3 日 20 时,连续三次发布暴雪预警信息,提示 2 日至 4 日将出现大到暴雪,设施农业、交通、铁路、航空、电力等将受到影响。

随后,××省气象灾害应急指挥部办公室于 2017 年 12 月 31 日和 2018 年 1 月 2 日连续向各设区市人民政府、省级各成员单位下发《关于做好强雨雪天气防御工作的通知》《关于做好暴雪天气防御工作的紧急通知》《关于做好低温冰冻灾害防御和信息报送工作的通知》,要求各方面做好迎接暴雪的准备。2018 年 1 月 2 日××省气象局还针对本次暴雪天气过程召开了新闻发布会,通报了预报服务情况。向农业管理部门提供《设施农业气象报告》等为农服务材料,提醒防御管理要点。

另外,2018 年 1 月 2 日××省政府也下发了《关于做好暴雪灾害防御的紧急通知》,通知要求全省各区市人民政府及其直属机构,要做好暴雪灾害防御应对工作。3 日早 10 时,××省防汛抗旱总指挥部也发出通知,要求各市区和省级有关单位进一步做好冰冻防害工作。

早在 2017 年 12 月 31 日,A 市气象灾害应急指挥部办公室即向各区县政府、开发区管委会、气象灾害应急指挥部成员单位下发《关于做好雨雪降温天气防御工作的通知》(市气指办函〔2017〕20 号),要求各相关单位高度重视此次雨雪降温天气的应对工作,加强应急值守,提早做好相关安排部署。

同时,相关媒体也发布了相应的预警信息,例如××报气象新闻称:"1 月 2 日起我省将迎来雨雪。"进入新年后的 1 月 1 日,该报更是明确指出,"元旦过后,我省将迎来入冬以来范围、强度最大,持续时间最长的一次雨雪天气过程。A 市有望收获中到大雪,大家做好堆雪人、打雪仗的准备"。1 月 2 日××报的报道再次提醒:"大雪即将抵达,本次天气过程以降雪为主,由于气温偏低,易出现道路结冰,建议相关部门提前做好降雪防御工作,市民出行时注意交通安全。"

一切准备工作都在井然有序地进行着。终于,在所有的期待、准备和预料中,这场久违的大雪如期而至。

(2)暴雪后的封城。

2018 年 1 月 3 至 4 日,A 市普降大雪,市区雪深普遍超过 10 厘米。途经城市的六条高速路段实行了封闭和交通管制,三条高铁线路部分列车停运,机场 627 架次航班取消或延误,2334 辆客运班次停运。而市内更为严峻的是,由于积雪清理不及时,造成道路结冰,全市大面积交通瘫痪。这场如期而至的大雪装扮了城市的同时,似乎同时暴露出了城市管理的巨大漏洞,大雪封城,道路交通管制,地铁瘫痪停运,公交迟迟不来,出租车打不到,网约车排不上。这场大雪,让 A 市的城市交通系统几近崩溃,大部分被耽搁了上班出行的市民怨声载道。

A 市暴雪当天,人们也被迫将地铁移出了日常最稳定出行方式列表。因为地铁限流,人们不仅进不了地铁站,甚至出站都困难。统计显示,1 月 4 日当天,地铁线网客流达 245.64 万人次,创历史纪录。面对客流激增,地铁公司临时加开备用车辆,以缓解客流压力,部分站点配合采取客流控制。公安地铁分局也根据激增的人流量,实施大客流工作预案,开展治安秩序维护工作。但 5 日早高峰期间,地铁二号线突发设备故障,列车延误,导致大量市民滞留地铁站内,既上不了车,也出不了站,直至 10 点 50 分故障才排除。难以上车的地铁,等不到头的公交,都让着急上班的市民不得不选择步行。

相较于前一天朋友圈"雪景大赛"的热情高涨,1 月 4 日的吐槽充斥着各种各样的不满:对政府工作的批评,对路况结冰的指责,对天气强度的抱怨,以及对公交、出租和地铁的种种诟病。

尤其是在 1 月 5 日早晨，当地铁二号线突发设备故障的消息传出时，人们所有的坏情绪几乎到达了顶点。"4 日的地铁只是拥挤一些，今天直接被关在地铁外面，地铁工作人员都劝我别坐地铁，选择其他交通工具出行。可是你看，到处是冰溜子，走都走不稳，公交看不见几辆，出租车更是别想，滴滴打车也叫不到车，市民到底要怎么出行？" 5 日上午，市民纷纷在微信朋友圈继续吐槽。

据交警指挥中心统计数据显示，1 月 3 日 12 时至 4 日 12 时，A 市交通事故发生数量较上年同期明显大幅上升。据部分媒体记者在××医院采访了解到，从 1 月 3 日 15 时到 4 日 15 时，医院有 387 名摔伤患者就诊，其中大部分都是摔倒后手肘撑地，导致腕部骨折的；而在急诊科接诊中，摔伤患者达 160 余人，占到急诊接诊数的 44%。

为此，远在北京的 A 市委书记三天里急发 7 道批示，以应战"雪考"，2018 年的这场初雪，让 A 市民很快失去了欣赏雪景的心情，都在朋友圈里吐槽起了这场暴雪带来的不便，一时民怨沸腾。

其实，大量的信息表明，这并不是一场意料之外的暴雪，从气象部门的暴雪预警，到政府部门的紧急预案，看起来似乎面面俱到，而又环环相扣，那这样一场"雪灾"，究竟是哪个环节出了错呢？

暴雪预警到位了吗？——气象服务：已经最大范围做好预警和宣传。

经统计，此次暴风雪，公众气象服务向公众发布手机短信共计 9194289 人次、彩信 168244 人次，12121 声讯电话拨打次数 58340 人次。启用"绿色通道"发布 1 次，受众 261770 人次。通过 LED 屏、农村大喇叭信息工程公司发布信息 29531 次，××气象微博共发布信息 29531 次，××气象微博共发送省级微博 18 次，微博受众 3342260 人次、微信受众 12734 人次、向广播电台发送传真 7 次。

媒体宣传方面，在××省电视台三个频道发布预警信号 16 次，每个预警信号连续 3 小时登播，每 30 分钟游飞一次。在中国气象频道本地插播一字屏发布预警信号。通过社会媒体联络微信群、QQ 群等方式向社会媒体共享各类预报服务信息共计 37 条。××省等主流媒体发布气象新闻近 90 条。同时，在省局网站开设暴雪应急服务专题及应急天气信息发布最新天气情况及应急服务信息情况信息 61 篇；视频报送共计 11 条，参与全国电视直播 1 次，全国网络 1 次。在中国天气网刊登高清图集 3 篇，联合直播 1 次。在中国气象报刊登稿件 1 篇，中国局网站刊登稿件 2 篇。

积雪清理刚开始为什么慢？——A 市城管局：机械设备有限，人工除雪是主因。

目前积雪清理主要靠人工清扫，还有车辆抛洒融雪剂。自 2018 年 1 月 3 日下午 A 市开始出现降雪，全市城管系统便按照市城管局《关于做好雨雪降温天气防御工作的紧急通知》中针对不同降雪时段的要求，做好清雪除冰工作部署，所有清雪机械按照"先重点、后一般""先主干、后次巷""阶次清扫、分类作业"的原则，安排清雪线路。

1 月 3 日当晚，全市城管系统纷纷启动应急响应，连夜派出扫雪车和融雪车，沿路清扫、抛撒融雪剂，同时安排环卫工人进行道路积雪的清扫。力图按照早高峰前恢复主干道、机动车道通行条件的要求，集中力量对主干道路、立交桥等路网结点地区开展扫雪除冰工作，以保证道路交通顺畅。然而遗憾的是，第一场雪后，许多道路积雪并没有如计划清除。城管局工作人员表示，"未能及时清除积雪，主要是由于机械化的清扫设备实在有限，全要靠人工清理，速度自然缓慢，没有车，连融雪剂都抛撒不及"。据悉，A 市城管系统的专业扫雪车、融雪剂抛撒车仅36 台，满负荷运转也无法满足扫雪除冰工作的需要；同时能参与到清雪工作的环卫人员虽然全员在岗，但人数也无法匹配扫雪工作的需求。

在调研采访某区城管执法局基层工作人员时，我们也了解到，他们的主要工作措施就是组织执法人员发动群众、沿街单位及商户出门扫雪，落实"门前三包"制度，以及组织单位内部人员上街扫雪。但在实施的过程中，并未能形成全民参与扫雪的良好氛围，而因为他们没有执法强制力，也会遇到不愿配合的商户，而对于不愿配合的群众，他们也无计可施。

公交车为何久等不来？——公交公司：路滑行车缓慢，适当绕行，车祸堵路。

1 月 4 日，几乎所有的公交站点都是望不到尽头的排队长龙，但是平时 20 分钟到站的公交车却迟迟不到。实际在当天，早班的公交司机都已经被要求 4 点到岗，提前观察道路结冰情况，负责各自线路的融雪撒盐工作，以进行预防，但依然未能解决 4 日公交难等的状况。

在通过对公交司机的调研访问中得知，道路结冰之后，公交车会搭防滑链，为确保安全行驶，行车速度会降低；而在尚未搭配防滑链时，遇到上下坡路或立交桥，积雪较多或已经结冰的路段，公交车会选择绕行。同时大雪天一般不会增加出车数量，有时甚至还会相对减少，因为新驾驶员雪天驾驶经验不足，可选择停止运营。同时雪天路滑导致车祸频发，不少公交车被堵住前路而无法行驶。

下雪打车难在哪儿？——出租车司机：出车风险高，宁愿在家休息。

雪天打车有多难，从平时上下班拥挤的高峰期就可见一斑。一个下雨天，叫车软件就能排队一个多小时，更不用说暴雪天气，私家车本就出行较少。据当天出行的市民反应，暴雪后连摩的都已经加价了，而且在公交站、地铁站，部分坐不上车又着急上班的市民都是抢着坐，而在平时，摩的司机基本都是无人问津的。

从降雪当天开始，不仅是出租车打不到，连网约车也是附近没有可用车辆，或者是需要排队等待才能进行预约。据平台统计，A 市 1 月 3 至 4 日，某平台快车呼叫量是平时 2 倍以上；4日当天，专车呼叫量达平日 3 倍以上。

出租车司机说，暴雪天气，一般出车率是平时出租车出车率的 80%，但是由于暴雪天公交车难等，网约车排队时间长，有打车需求的出行人员并不少，造成供不应求。调研了解到，不少出租车司机认为，下雪天出车，行车缓慢，道路拥堵，事故率高，所以无论是维修费用，还是举报罚款等一系列费用算下来，根本得不偿失，还不如在家休息。

交通客流为何多处滞留？——火车站地区管委会：防御工作已经提前做好。

接到 A 市气象台发布 2018 年 1 月 2 日至 7 日雨雪降温的通知后，A 市火车站地区管理委员便发布做好雨雪降温天气防御工作的通知。雨雪过后，西安火车站地区管委会还在站台、售票厅外和旅客集中出行通道口布洒融雪剂，组织人员清扫拉运积雪。

道路积雪谁负责清扫？——市政公用局：主要维护重点区域，道路由街办清扫。

据市政公用局工作人员解释，清扫主要集中在重点区域和立交桥、一级道路路面。人行道和三级以下道路。按照规定，大雪或暴风雪过后三天内必须将路面清扫完毕，原则上降雪后30 分钟内会适量散撒融雪剂，以保证路面不留积雪。但是 4 日晚上雪量太大，所以清扫速度还是赶不上积雪速度。

2. 暴雪后的 B 市，42000 人守护

无独有偶，在 2018 年 1 月 3 日 A 市突降暴雪的当晚，B 市街头也下起了纷纷扬扬的雨夹雪,随后变成了大雪,渐渐成为暴雪。当地市民很是担心地说,B市好多年没有见过这么大的雨夹雪了。

但是,B市市民4日和5日出行几乎没有受到太大的阻力,马路上私家车、出租车、公交车依旧,地铁站井然有序。尽管街道两边的树木和建筑上都落了厚厚一层雪,但柏油马路上却湿漉漉的,全是水渍,很难见到路面结冰的现象。

这样一番景象的对比,让人不禁感到疑惑,是因为B市这场雪真的没有A市的雪大吗?然而从官方给出的雨雪量数据得知,两地累计降雪量所差甚微,同时截至4日清晨,两地部分城区积雪深度都达到了10多厘米,可见A市雪更大的说法似乎站不住脚。

那么,是由于B市的气温比A市高,所以冰雪融化快的缘故吗?且看两地当时雪后的天气预报就会发现,B市雪后的天气情况及温度依然与A市相差无几(见表1),这么看来,似乎也不是由于南方城市温度高,导致冰雪自然融化快的缘故了。

表1 A市和B市雪后气温对比

	1月5日	1月6日	1月7日
	温度/℃	温度/℃	温度/℃
A市	−4～−2	−5～−2	−5～−1
B市	−6～−1	−6～2	−3～2

其实,此次暴雪只是致灾诱因,造成危机事件的产生不是偶然的,而是B市和A市两个城市面对此次暴雪时,城市自身脆弱性、孕灾环境系统脆弱性以及环境致灾因子综合作用的结果。如图1所示,多重扰动和不利因素既有来自系统内部的,也有来自系统外部的,并对系统脆弱性造成不同程度的影响,进而变成危机事件的外在诱因。城市规模、人口密度、经济发展状况和基础设施水平都影响到城市的脆弱性。

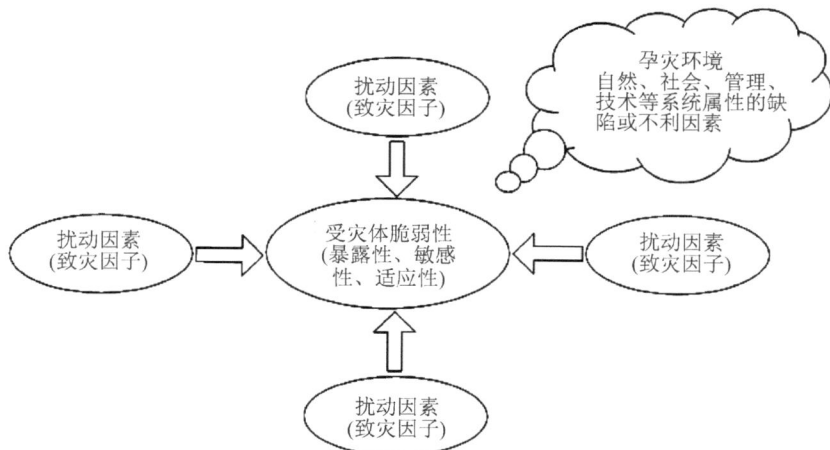

图1 公共危机事件生成机理示意图

从用地规模来看,B市总面积6587平方千米,建成区面积817平方千米。A市总面积10752平方千米,建成区面积729.14平方千米。通常认为,城市规模越大,越容易遭受突发事件扰动而导致更大的损失,相比较来看,B 市城市规模更大、敏感性应更高。

从人口密度来看,截至 2018 年,B 市常住人口 833.5 万,人口密度约 1248 人/平方千米。A 市常住人口 961.67 万,市区人口近 300 万,人均居住面积 10.19 平方米,A 市人口密度为 894 人/平方千米。一般来说,人口密度越大,越容易遭受突发事件扰动而导致更大的损失,由此可见,B 市的城市结构更脆弱。

从经济水平来看,2018 年,B 市 GDP 总量 12820 亿元,人均 GDP15.4 万元。A 市 2018 年 GDP 总量 8349.86 万元,人均 GDP8.7 万元。B 市经济发展水平远远超过 A 市,经济社会发展和基础设置建设水平越高,城市应对突发事件的能力越强。因此,从经济发展水平来看,A 市的城市脆弱性更强。

如此来看,城市本身的结构性来看,B 市与 A 市的城市结构相比,并非更占优势。那么究竟是什么原因让两座城市在暴雪后形成了如此之大的反差呢?就在降雪的 3 日当晚,B 市连夜组建了 4.2 万人的应急扫雪队伍。当大多数市民还在梦中酣眠的时候,有 4.2 万人为了保障所有市民的早高峰出行,彻夜未眠上街扫雪。1 月 3 日晚 8 时,B 市即启动了市区扫雪防冻预案。预案不仅包括组织有关力量扫雪,还包括对"门前三包"的落实和查处。同时《B 市市容管理条例》第三章十四条规定:道路两侧的单位和经营户应当保持责任区容貌整洁,遇有冰雪天气,及时扫雪、铲冰。

也就是说,道路沿街单位和商户有着要在冰雪天气对其门前责任区进行及时扫雪除冰的义务。与此同时,B 市市政府向全市发出扫雪号召,倡导社会各界积极加入清雪铲冰的队伍,对于有清雪职责的单位,更要及时清除其责任区域的积雪,并会对拒不履行者开出罚单。

回过头看 B 市此前应对雪灾的预案报道:早在 1 月 2 日夜间,B 市城管局就启动了扫雪防冻预案。3 日夜间,B 市城管局近万名工作人员就开始奔赴扫雪一线,用融雪剂和手中的铲,彻夜奋战清除道路积雪。无论是高架桥、主干路,还是地铁口、校园内,都随处可见执法队员、环卫工人、协管人员,甚至志愿群众组成的扫雪队伍成员身影。

截至 1 月 4 日,在整个清雪过程中,B 市城管系统共消耗约 150 吨融雪剂,使用 228 台滚雪车、推雪车和融雪剂抛洒车等扫雪机械设备,城管巡查分队六点就开始上街进行巡查。针对被积雪挤压悬挂的树枝,还出动了摇摆臂来进行高空除雪。

"扫雪"让 B 市路是路、雪是雪。也正是因为如此,B 市 4 至 5 日没有发生因为雪灾而出行难的问题。4 万多 B 市人用他们的一举一动告诉我们,行动是最好的融雪剂。而再回头看看 A 市,面对茫茫大雪,无论是公职人员还是普通市民,大家除了晒雪景、发牢骚,似乎并没有多少作为。

从本次暴雪事件来看,B 市和 A 市的致灾因子是相同的,暴雪的降雪量和地面温度是相同的。而通过对两座城市的结构性分析,B 市较 A 市来讲,城市的脆弱性更高。由此可见诱发此次危机事件的原因并非系统外部,而来源于系统内部。而真正导致系统内部脆弱性的原因是政府的应急管理能力。这包括:保护、维护和利用自然资源预防灾害的能力;支持、动员和规范公民行为及整合资源的能力;识别、减少脆弱性和培育危机弹性的能力;准备、应急、恢复等应急系统运作能力等。而要更好地应对此次公共危机,就要通过对脆弱性的减控,提高城市系统的抵抗力和抗逆力,降低或消除风险。

3. 二次暴风雪——要做的那座城

在 1 月 3 至 4 日连降两日大雪后,2018 年 1 月 22 日,接到气象局通知,A 市在 1 月 24 至

25 日,又即将迎来新一轮大范围降雪。而在新一轮的雪考中,A 市政府能否交出一份让市民满意的答卷呢?

(1)以雪为令,重新布局。

就在第一次暴雪结束后的 4 日当晚,中共 A 市委办公厅便下发了《关于做好雨雪恶劣天气应对工作的紧急通知》。1 月 5 日××省应急管理办公室下发《关于进一步加强暴雪灾害防范应对工作的紧急通知》。1 月 6 日,××省减灾委、民政厅及财政厅等多部门联合,下发通知要求各地市及有关部门提前进行部署,积极应对,切实做好防害减灾工作,尤其防止道路交通事故和供气取暖不足等突发状况,务必保证社会大众生产生活的正常运转,平安温暖地度过寒冬。同时要第一时间掌握灾情,妥善安排受灾群众,及时做好灾后救援帮扶工作。

省通信管理局向四家电信运营企业做了部署和安排,要求各单位按照文件要求做好特殊天气时期应急通信工作。××省委宣传部要求各相关部门及时做好监测预警和信息发布工作,组织省内传媒工作者利用网络媒体等平台,及时发布灾害预警,提供便民服务信息。A 市各级单位在省委部署,市委市政府的组织牵头下,纷纷打响了一场"除雪保畅攻坚战"。

(2)全城动员,共御冰雪。

1 月 6 日,A 市委、市政府派出 12 个督导组,赶赴扫雪除冰一线,督导检查工作进展。

气象局:5 日市气象灾害应急指挥部办公室再次向各单位发出《关于做好降雪低温冰冻灾害防御的通知》(市气指办函〔2018〕2 号),要求各级各部门积极部署应对,做好新一轮降雪低温冰冻灾害防御工作。截至 1 月 8 日 8 时,省市县三级气象部门共发布暴雪橙色预警信号 2 期,暴雪黄色预警和预警信号 93 期,暴雪蓝色预警和预警信号 36 期;道路结冰红色预警信号 19 期,道路结冰橙色预警信号 49 期,道路结冰黄色预警信号 1055 期。所有预报预警信息均在第一时间发送相关党政领导、基层防汛责任人及气象信息员。

市政部门:加大对全市道路主干道、高架桥、立交、下穿隧道的除雪消冰工作,督促机关院校、企事业单位、营业门店等单位落实"门前三包"责任制,及时清雪,实现"边下边清、雪停路净"的标准。在组建了 18 支 1780 人的专业融雪除冰队伍基础上,还准备了专用除雪车、平地机、装载机、融雪剂布洒车等 193 台,提前储备三天环保型融雪剂 924 吨。截至 25 日 10 时,持续进行了 9 次集中融雪除冰工作,累计出动融雪车辆 1333 辆次、平地机 27 台次、消雪铲车 87 台次、清雪滚刷 5 台次、工作人员 8896 人次,抛洒融雪剂 375 余吨。

市城管局:通过向社会紧急租借,先后投入总计约 640 台清雪设备,在二次清雪过程中,设备的机械化程度大幅提高。同时城管部门通过广泛社会动员,越来越多的沿街商户、单位组织以及志愿群众加入扫雪队伍中来。组织应急处置队伍,出现雪情后 20 分钟内启动除雪工作。

市公交总公司:市公交总公司启动冰雪天气道路安全行车应急预案,清扫积雪,抛洒融雪剂,疏导客流。6200 辆公交车满负荷出车,缩短高峰发车间隔,确保市民顺利安全出行。连夜组织 155 人对途经郊区线路的 663 辆车配备防滑链,截至 1 月 25 日清晨,出动 1300 人次清雪除冰,早高峰公交出车 6212 辆。

A 市地铁:早高峰时段地铁一号线上线 26 列、二号线上线 39 列、三号线上线 36 列,成立 7 支应急小分队,早晚高峰随时准备加开列车 10 列,高峰运能最大提升 10%,用以疏导客流。站台站厅出入口喷洒融雪剂、铺设防滑垫、设置提示牌等,方便市民出行。

同时公安地铁分局加强地铁站点沿线的巡逻防范工作,启动大客流预案,主动对接特警支队,根据站点客流,科学部署了 200 名增援警力。同时启动街面与地铁警力联动应急处置,对地铁十三个重点站点弹性用警,时刻关注地铁站口客流及治安情况。

市公安局:加强值班备勤,指挥中心、治安局、交警支队、消防支队、地铁分局要及时启动应急预案,确保城市安全稳定有序。同时要求交警支队加强道路交通疏导,地铁分局加强地铁安保,各分县局动员全体民警,积极主动上街除雪。同时在市扶贫办的牵头下,深入受灾救灾一线。

交警支队:1 月 24 日提前启动二应急勤务响应,提前储备铲雪除冰机械和防滑物资。做好勤务布防和交通信息发布,25 日凌晨截至晚 8 时,A 市交警各级官方微博和户外诱导屏启动路况播报,共发布各项路况信息 1200 余条,引导市民合理出行。

同时凌晨 5 点,全体交警按规定着装,上街进行交通指挥和疏导,确保道路畅通有序,同时协助市政、城管部门做好路面的除冰除雪工作。全天出动警力 3559 人次,仅早高峰期间,出动警力 1106 人次,警车 273 辆,保障全市交通畅然有序。

市卫健委:全市 57 家市属市管二级以上综合医院开启雨雪天气急诊绿色通道,做好应急救治物资准备。A 市急救中心城区 27 个分站点各启用 1 台备班车辆,急救中心应急特勤大队相应准备 11 台应急车辆,同时消除医院救治通道冰雪隐患,纷纷做好雨雪天气突发事件的医疗救援准备。

市物价局:下发暴雪极端天气价格监管的紧急通知,密切关注群众日常生活必需品的市场价格动态,避免出现异常波动。A 市商务局安排保障应急融雪盐品供应,共协调向各区县供应 900 吨融雪盐品,同时启用所有库房和传送机配合融雪盐调运。同时,为稳定市场价格,保证市场供应,从 1 月 7 日至 11 日将政府储备蔬菜投放市场。除此之外,A 市热力总公司、天然气公司、供电公司等也都纷纷展开行动,确保暴风雪期间全市正常用水用电用气等,以维持市民的正常生产生活。

(3)居安思危,方能长安

2018 年的第一场暴雪为 A 市政府敲响了警钟,吸取第一次的教育,在第二次暴风雪的应对中,全市各行各业全体出动,各个部门协同配合,提前预警措施到位,道路交通有序疏导、分工协作、合理调度,路面积雪及时清理、保障路面不结冰。全市的车辆通行安全顺利,事故发生率降低,暴雪几乎对城市的正常运转、人们的正常生活没有产生不良影响,可以说打了一场漂亮的翻身仗。就连央视新闻也对 A 市二次降雪之后,各部门的除雪保畅工作做出了高度肯定。

而针对两次暴雪,制作本案例的同时我们进行了两项问卷调查。一项是关于 2018 年 1 月 A 市暴雪事件的民众关注度的调研,共发布问卷 200 份,回收问卷 200 份,其中有效问卷 200 份。从问卷结果可以看到,有 32.5% 的市民对第一次的雪后处理不满意,52% 的市民基本满意,而不满意的原因主要集中在政府反应不及时,公共交通设备增设不足,清雪方式单一。相较第一次暴雪应急处置,大部分市民认为第二次雪后在路面清理、政府反应速度以及交通疏导等方面都得到了明显改善。

另一项问卷主要针对政府机关、事业单位及国企工作人员,关于在两次暴雪中政府应急管理处置能力的调研,共发布问卷 108 份,收回有效问卷 108 份。从调研结果我们可以看到,只有 50％的人员认为政府在第一次暴雪中反应及时并举措得当,而 92.5％的人认为政府在第二次暴雪的应对举措效果明显优于第一次。同时大部分答卷人员认为,政府应该在预警信息发布、应急反应速度、多部门协同联动、事故处理及救援措施等方面继续加强应急管理能力。

而无论是从大家认为应该发动的社会力量主体,还是群众自愿上街扫雪意愿的调研结果来看,只要政府引领得当,是会有更多的社会主体愿意参与到上街扫雪的队伍中来的。

(三)结语

2018 年 1 月的第一场暴风雪,让前一秒还沉浸在曼妙雪景的 A 市人,下一秒却为出行犯了难。第二次同样程度的暴风雪却并未对人们的出行造成困扰,城市运转一切正常。同样是暴风雪,隔日情况完全不同。同样的暴风雪,时间相差半月,但无论是反应速度,还是应对措施都大有提升。如果说生机盎然的春天带给人们的是新生和活力,那么,冬天则因为其寒冷和孕育给人们以反思和期许。2018 年的寒冬,A 市这场突如其来的暴风雪,让人们冷静下来的同时,带给了人们深深的思考。

瑞雪兆丰年,雪是冬之精灵、春之风铃。对于北方人来说,没有雪的冬天是不完整的,银装素裹才是北国之冬。暴雪之于 A 市,不是灾难,而是考验。在每个市民的共同守护下,A 市的冬天,也可以是头上飘雪,脚下有路的冬天。而雪后的 A 市,也依然会是看壮丽雪景、赏傲骨寒梅的壮观之城。

三、案例分析

本案例立足于 A 市 2018 年暴雪事件,结合应急管理体系构建的相关概念与理论,通过具体气象灾害应急案例的分析,对应急管理中的组织协调问题展开探析。通过学习和借鉴相关城市在应急管理联动上的成功经验和有前瞻性的探索,结合 A 市的实际情况提出了如何提高应急联动效率的建议和对策。

(一)理论基础及分析框架

1. 4R 危机管理理论

4R 危机管理模型是由美国著名的危机管理专家罗伯特·希斯提出的,该模型是现今公共危机应急管理领域最常见的理论模型,它包含了四个环节:缩减(reduction)、预备(readiness)、反应(response)和恢复(recovery),如图 2 所示。通过该模型可以将应急管理任务分成四个步骤:一是通过前期准备尽可能地降低危害带来的影响力;二是积极组织各相关机构协同应对突发情况;三是对发生的危害迅速采取措施应对,避免危机进一步恶化;四是危机后的恢复工作,保障各方面顺利运行。4R 模型的有效利用,可以大幅减少突发公共事件带来的严重后果,降低政府成本,提高应对公共危机的防备能力并在危机过后及时恢复有效管理。

(1)缩减。

作为 4R 危机管理理论的核心,危机缩减管理是指从源头降低危机带来的风险,是危机管理理论的一部分关键内容。主要就是应急管理机制中的社会管理机制(环境)、风险防范机制(结构)、应急准备机制(系统)和社会动员教育培训机制(人员)[59]。缩减有助于降低风险发生的概率,一定程度上减少危害时间,降低危机的破坏程度,节省管理资源,降低损失。缩减贯穿整个危机的管理过程,在预备阶段可以检测修正预警系统,在反应阶段可以识别危机根源,在恢复阶段可以对恢复情况进行评估,从而使恢复工作达到最大效果。

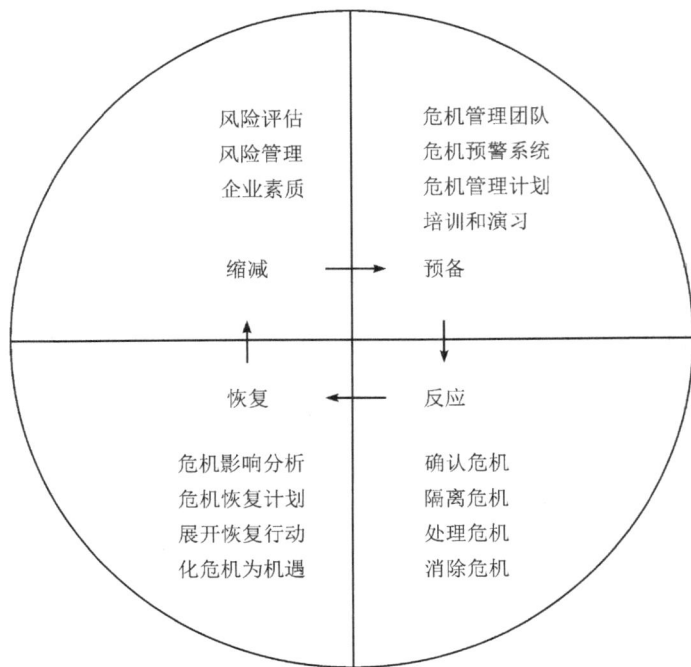

图 2　4R 危机管理模型

（2）预备。

预警和监视系统通过对特定区域及环境进行监视，保证第一时间得知危机发生的信号，并及时告知各相关部门发布预警，从而避免危机的进一步扩大。监测机制和预警机制在整个过程中相互配合、相辅相成，共同遏制了危机的不可控蔓延。本案例中第二次暴雪来临时 A 市气象局及时预警，市政府下发了《开展清除积雪积冰工作的紧急通知》，启动应急预案，体现了政府预备环节工作效率的提升，对后期冰雪灾害的进一步应对奠定了良好基础。

（3）反应。

反应是强调在危机来临时做出的策略性解决公共危机的应对措施。危机反应管理所涵盖的范围包括危机沟通、媒体管理、决策制定等。案例中 A 市政府第一时间做出批示，要求各单位全面做好应对工作，并联合电视、报刊、网站等多种方式对信息进行发布，协调多方力量开展冰冻灾害防御工作，反应迅速，处置得力。

（4）恢复。

恢复主要包括：一是指在危机爆发并在第一时间得到有效控制后，对后续形象进行恢复；二是指在危机管理进行到后期的总结阶段时，为今后的危机管理提供有效经验和积极支持，避免犯同样的错误。因此就需要建立应急管理恢复重建机制、调查评估机制、责任追究机制等。

通过以上分析可以得出，4R 理论的这四个方面恰好对应应急管理理论不同阶段的应急管理机制，这就为本案例在后续突发暴雪中的政府应急管理机制现状分析提供了理论基础，利用 4R 理论将政府应急管理建设内容分为预防与应急准备、检测与预警、应急处理与救援及恢复与重建四个阶段（见图 3）来进行具体的分析和研究。

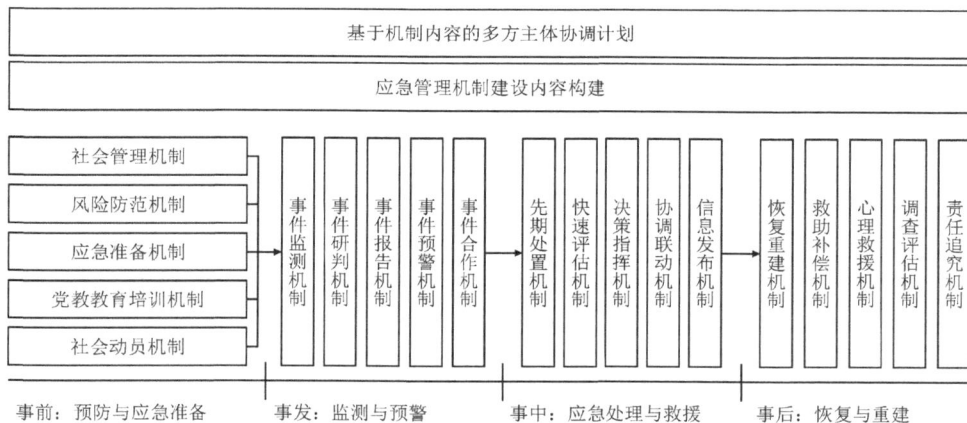

图3　应急管理机制建设总体架构图

2. 协同治理理论

协同治理理论的研究开始于20世纪90年代。从理论角度看,协同治理理论是基于协同和政策网络的相关理论和分析方法对治理理论的重新审视。协同治理理论最先被应用于公司治理中,为解决不同治理主体在合作过程中的冲突矛盾,其用来说明多个主体合作的效果大于单个作用的简单相加。后来逐渐应用到公共治理中,促进公共治理理论的发展。

作为协同治理的主要特征,协同性可以从三个方面加以理解。从主体上看,协同治理涉及跨部门、跨层级、跨区域的多元主体,是多元主体针对同一政策目标的协同;从机制上来看,法律法规或政策文件会明确协同治理的路径和方式,能够从机制上保证协同过程和协同结构的统一,进而实现协同效果;从目标性来看,多元主体的协同都是基于一定的政策目标和具体问题,当具体的政策问题出现时,协同的必要性凸显,当政策问题解决时,多元主体的协同效应实现,同时目标也是衡量协同效果的重要因素。

与其他新兴理论类似,尽管协同治理理论已经应用于许多领域,但在基本概念的定义上仍然存在一些不确定性和模糊性。Mark认为协同治理是一种引导、控制和协调具有不同自治程度的个人和组织以实现共同目标的方式。Ansell和Gash提出的协同治理框架有四个主要因素,即起始条件(starting conditions)、领导作用(facilitative leadership)、制度设计(institutional design)和协同过程(collaborative process)。相比于Ansell和Gash以及其他学者对于协同治理的定义,Emerson等人的定义更为具体且涵盖范围更广,协同治理指的是多元合作者治理(multi-partner governance),是旨在实现某一公共目的的公共政策决策和管理的过程和结构,能够使人们积极跨越公共机构、政府层级和公私以及公民团体的边界,否则不能完成。Morse和Stephens认为协同治理是一个涵盖面极广的术语,包括公共行政领域中相当多的概念,如区域主义、跨部门合作关系、府际协同、建立共识和公众参与等。

协同治理更强调通过资源的整合,达到共同目标的实现。突发事件的有效应对,不只是政府政绩的一种表现形式,更是满足人民美好生活的实现形式。政府与非政府组织等社会力量的有效协同,汇集了零散的民间资源和信息共同抗灾,为实现灾害应对的及时性、全面性和有效性提供可能。

本案例第二次暴雪来临时,各单位在A市委市政府的组织要求下,纷纷打响了"除雪保畅攻坚战"。A市公安局进入二级应急勤务响应,交警支队积极协助市政、城管等相关部门,对高架、隧道口等容易出现结冰积雪的有关路段加强执勤和管理,及时铺撒融雪剂除去路面积雪,并在政府各部门间加强信息公开与共享,及时了解除冰行动进展情况,并对下一步行动提出建设性意见,保障了后续除冰除雪工作的顺利开展,避免了冰雪灾害的进一步恶化,体现了多部门协同合作的优势。

(二)分析要点

A市政府吸取第一次暴雪"焦头烂额"的教训,在第二次暴风雪来临时,及时启动应急预案。多措并举、全面应对、加强督促、统筹协调,全面进入应急工作状态,在信息资源、应急准备、事故处置等环节形成合力,使得全市的车辆通行安全顺利,事故发生率降低,暴雪几乎对城市的正常运转、人们的正常生活没有产生不良影响。由当初的"按兵不动",到后来的"积极出动";由当初的"手忙脚乱",到后来的"有条不紊",体现了政府在吸取教训后的反思与行动,同时也留给我们诸多思考,政府应急管理的关键一环究竟在哪儿? 二次暴雪应对是否能证明政府今后公共危机应急管理能力的长效提升? 多部门协作对于政府应急管理到底起到什么样的作用? 这些都是需要我们思考的问题。

1. 问题界定

综合该案例,可以看出在协同治理的过程中,决策所需信息、实施应对措施所需资源不是集中于某个主体内部,而是分散于多个隶属关系不同的参与主体,如果其组织协调问题未能有效解决,则治理"碎片化"问题就会凸显,进而影响治理的整体效果。在本案例中,可以将其组织协调中存在的"碎片化"问题归于信息和资源整合两个方面,具体如表2所示。

表2　第一次暴雪事件中碎片化环节列表

问题成因	主要涉及要素内容	存在问题
信息整合	气象信息及预警的下达	重要程度的强调
	动员各部门清雪扫雪信息传达	不及时
资源整合	除冰设备及人员的配备,交通部门、志愿者组织资源整合	缺乏

协同治理实质可以归纳为在对危机事件发生、发展态势相关信息进行整合以完成决策工作基础上,通过资源动员实施应对措施的过程。在此过程中,"碎片化"问题不仅直接影响决策及资源动员等重要环节,还可能在网络聚焦的背景下进一步被放大。其中,信息整合"碎片化"问题导致判断、决策失误,以致无法及时、有效进行资源动员。因此,完善参与主体之间组织、协调机制,减少、消除"碎片化"环节(包括信息、资源两个维度)成为提升协同治理水平的关键。

本案例中,A市针对暴雪发布了预警信息,××省气象局还针对本次暴雪天气过程召开了新闻发布会,通报了预报服务情况。另外,××省政府随后也下发了预警通知:要求各设区市人民政府、省人民政府各有关工作部门、直属机构,做好暴雪灾害防御应对工作。由此可见,大雪降临后A市针对前期预警也是做了一定准备工作的。

但此次应对过程也暴露了一些问题:上下级乃至同级部门之间的信息公开共享程度不够,横纵向部门间信息阻隔,政府各个部门间的一些有效的信息无法在第一时间得到共享,应急管理信息系统也没有建立科学完善的技术规章,没有统一的数据衡量准则与数据交换格式。政府部门间、各个地区间因为诸多原因,信息流通不畅,造成了所谓的"信息孤岛",种种原因造成了此次暴雪灾害应对中的"碎片化"问题,直接影响了应急管理联动的快捷有效,延误错失危机管理的时机。

2. 问题分析

（1）纵向分析——流程层面。

首先，根据预案启动进行分析（见图 4）。4R 危机管理模型中的一个重要环节就是准备（readiness），即通过前期准备尽可能地降低危害带来的影响力，而应急管理理论中也强调了监

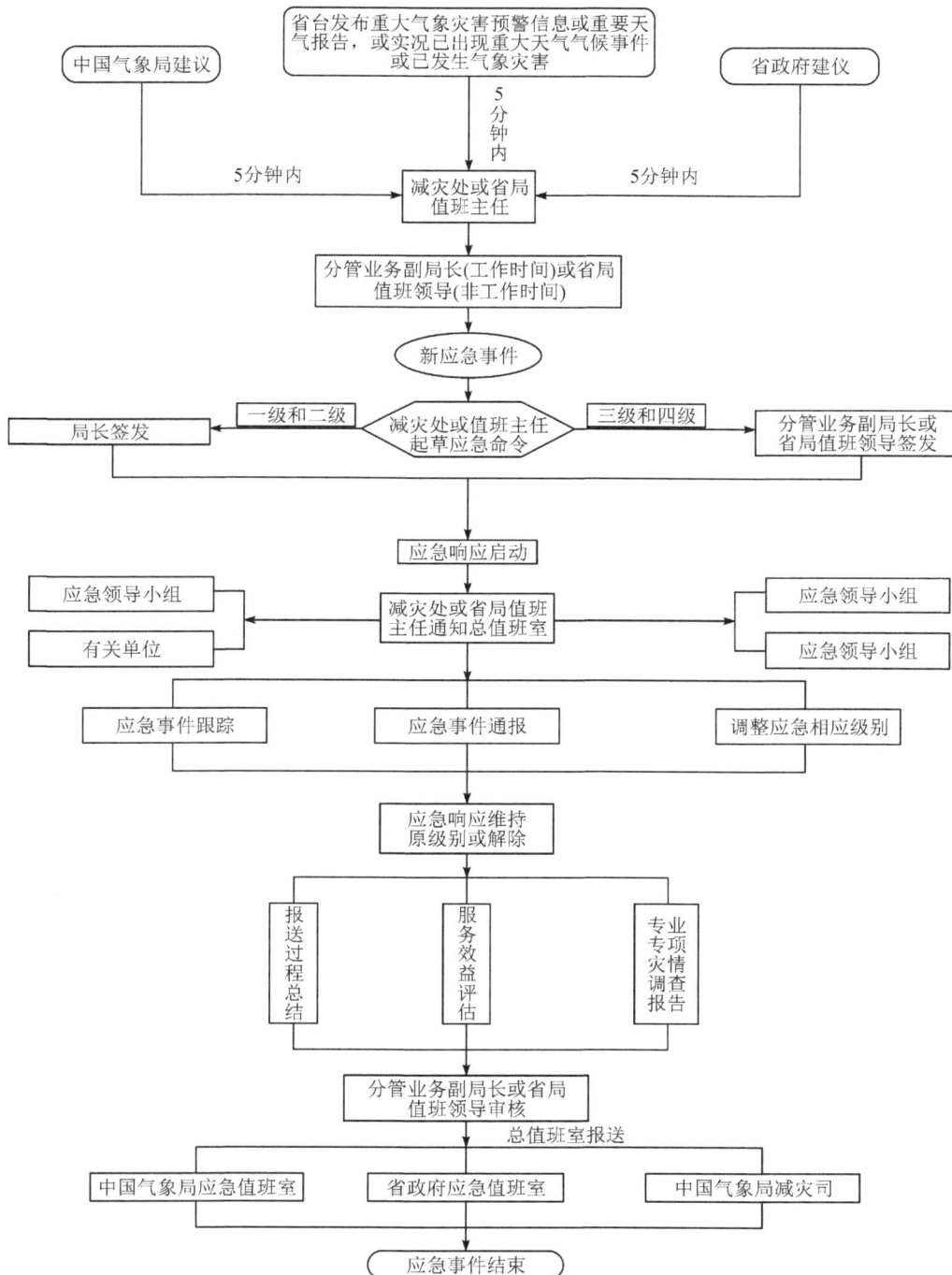

图 4　××省气象局气象灾害应急预案流程图

测与预警的基础性作用。本案例中，第一次暴雪来临时，××省气象台随即发布了预警信息，省气象灾害应急指挥部办公室在 2017 年 12 月 31 日和 2018 年 1 月 2 日，连续向各设区市人民政府和省级各成员单位下发了紧急通知，要求各方面做好迎接暴雪的准备。

其次，根据救援应对进行分析。2018 年 1 月 3 日下午降雪初开始时，全市城管系统 20 分钟内启动了除雪除冰工作，通知全市城管系统各单位启动应急响应，并印发了《关于加强道路扫雪除冰工作的紧急通知》，要求各区县政府、开发区管委会和市级各部门在组织扫雪除冰工作同时广泛动员各级机关干部上街参与应急处置，但是由于整合力量过于单一，并没有达到预期效果。

各部门联合不及时、社会救助力量缺少引导与管理，对政府的应急救援能力产生了一定的消极作用。案例中，A 市政府并未构建专门的应对突发公共事件的常设机构，只能在发生突发事件后，由市政府牵头成立临时应急领导小组，而临时小组往往缺乏对社会资源的统一整合能力，一时难以有效统一协调政府组织和民间组织的工作范围与分工职责，极大地降低了救援效率。因而，尽管部分社会力量参与了应急救援工作，但由于政府对民间组织缺乏统一领导、统一规划，各组织之间没有及时有效的协调机制，致使部分救助行为没有达到效率最大化。

最后，根据灾后恢复进行分析。此次暴雪事件之后并没有明确、具体、详尽的追责管理办法。对于公共危机事件，当应急救援工作完成，人们往往就认为此项应急管理工作告一段落，对责任追究没有高度的认识，缺少必要的回头反思，不能很好地总结经验教训，使灾后学习不能落到实处，不利于应急管理工作的提升和发展。

（2）横向分析——组织层面。

本次案例中，应急管理组织不够及时充分、行动太晚、缺乏部门间联动机制等问题让群众大为诟病，一时间网络舆论矛头直指政府不作为。客观来说，降雪主要在后半夜，易造成积雪结冰，清理难度大，地方党委、政府也在第一时间下发紧急通知，积极组织应对，但为何在 1 月 5 日继续严重拥堵？究其主要原因，是缺乏有效的协同治理机制。在上下级、部门之间的发文、开会、请示、汇报中错过最佳除雪时间，继而导致交通继续瘫痪，也让群众的质疑和不满的情绪也达到了极点。

从组织机构角度分析，在应急管理组织层面，现阶段更加重视危机治理网络的形成，强调组织间协调沟通、资源整合，从而达到统一领导、迅速响应的目的。但是，协同治理理论也指出，随着公共治理活动日益复杂，网络化组织模式已深入到公共管理活动的诸多方面，基于常态公共治理问题而构建的组织间网络危机治理网络逐步转变的过程中也有诸多问题。

因此，首先对相关部门常态下的治理结构进行分析。在本案例中，涉及的主要部门有市气象局、市交通运输局、市城管局等部门（见图 5），在常态下的治理网络主要以传统政府职能划分为基础，在统一的指挥下，按照专业化分工原则各司其职，构成网络的部门一般都隶属于某个系统，有明确的上下级关系，权责清楚，便于统一领导，信息畅通，各组织之间基本无职责交叉，都为较为封闭的组织系统。

但是在暴雪事件发生之后，原有的组织边界应该被打破，形成新的网络结构（见图 6）。在本案例中，原有常态治理结构下组织将需要被重新分配。在上层结构中，省气象厅、减灾委、民政厅及财政厅等多部门联合，暴雪事件中涉及的市气象局的气象台、公共气象服务中心、防灾减灾气象中心等部门职责也将合并，组成新的协调应急治理网络，从而达到信息共享、迅速反应的目的。

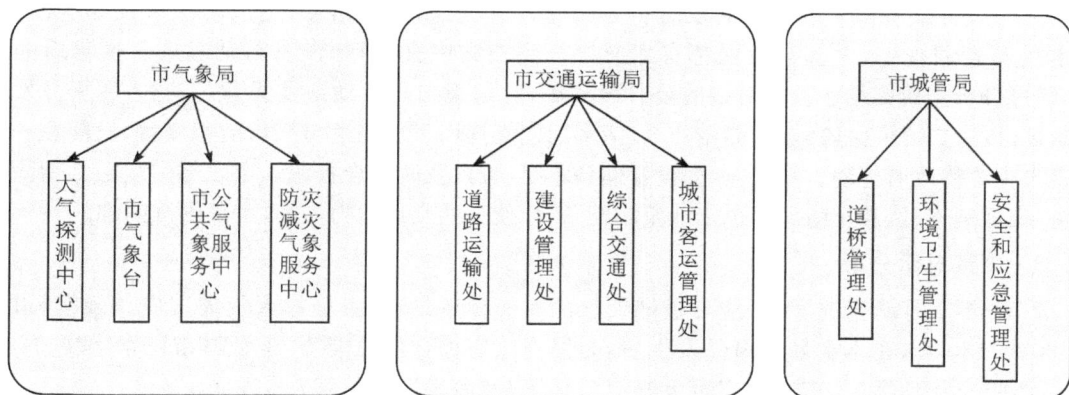

图5　A市暴雪事件中各相关部门组织结构示意图

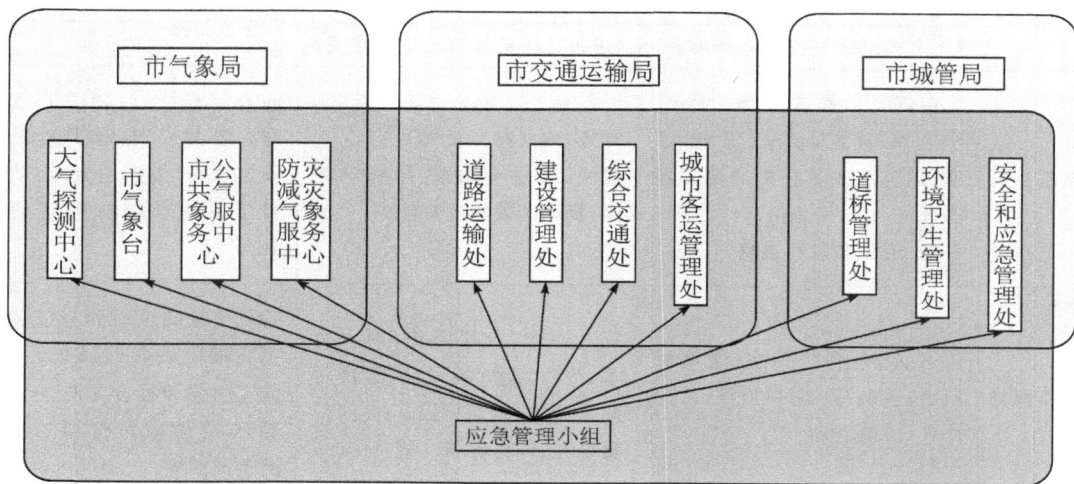

图6　纳入应急管理系统后暴雪事件中相关部门结构示意图

　　同时,我们也要看到,协调应急治理网络与常态下的治理网络相比,尽管也是由拥有信息、资源的相关部门组成,但是其整合能力由于相关主体嵌入性差异以及治理对象高度不确定性等问题而远低于后者。所以,即使协调应急治理网络参与主体完全具备应急管理所需要的信息、资源,也可能由于整合能力低而产生"碎片化"问题。

　　具体而言,"碎片化"问题体现在两个方面:一方面组织间信息整合力度较低。在案例中,市政部门的应急预案在实际操作中存在很多问题,几级响应应出动多少人、多少设备,都没有详细规定,预案内容也没有明确的措施,而各单位又过于依赖行政权力中心,实际操作凭借领导经验决策,进而在上下级、部门之间发文、开会、请示、汇报中错过最佳除雪时间,交通继续瘫痪,引起群众质疑。气象部门及时预警,但各部门重视程度不高,降雪迟迟不来,又正值深夜,应急人员思想松懈,从而对降雪影响缺乏预判,没有第一时间收集信息,做好提前预防。另一方面是组织间资源整合能力欠缺。第一,缺乏纵向"自下而上"组织协调联动机制,市民参与城市应急管理方式有限。政府没有及时引导舆论方向、公布灾情信息,造成本次事件再次发酵。在本次问卷调查中,大多数市民都有意愿参与到扫雪中去,但却没有行动起来。这背后的原因,经过分析主要归结于没有对接的公共服务单位,组织扫雪活动杂乱无章。例如:哪里分发扫雪器具,该清扫哪个路段,自己能做什么,诸多问题都挫伤了市民参与扫雪的积极性,只能在一片抱怨声中等待政府行动。第二,相关设备储备不足,难以及时整合资源。市政部门缺乏大型除雪设备、融雪剂不足,甚至防滑链也未能及时配备,致使公共交通运力失衡,市民出行困难。

3. 政策对比分析

2018 年 1 月暴雪前,A 市应对极端天气的应急预案是《A 市极端天气灾害应急预案》市政发〔2010〕130 号,在本次暴雪事件发生后,为提高政府综合应急能力,保证城市正常运转,12 月 6 日,新版应急预案《A 市冰雪灾害天气应急预案》市政发〔2018〕117 号发布。

(1)预案总则内容差异分析。

两版预案总则内容比较分析如表 3 所示。

表 3　两版预案总则内容比较分析表

	《A 市极端天气灾害应急预案》	《A 市冰雪灾害天气应急预案》	差异
编制目的	对象:暴雨、暴雪、寒潮、大风、沙尘暴、高温、干旱、雷电、冰雹、霜冻和大雾在内的诸多极端天气 目的:避免和减轻影响	对象:冰雪灾害天气 目的:要健全和完善响应制度,提高预警和应对能力	前者较笼统,后者强调及时有效的应对,较前者对象更明确,指向性更强,且对预案的响应有明确的要求
工作原则	以人为本、预防为主;适度反应、快速响应;统一领导,部门协作,应急联动	统一领导、分级负责;以人为本、预防为主;各司其职、密切配合;科学预警、及时响应;信息公开、社会参与	后者更强调纵向的分级负责和横向的各司其职,强调了预警和社会参与的重要性,强调应急管理工作的重点前置
编制依据	国家级和省级极端天气和突发事件相关法律法规条例及应急预案	国家级和省级突发事件和气象方面法律法规及应急预案	后者更具针对性
适用范围	应对上述提到的极端天气灾害类型以及其造成次生、衍生灾害	关于冰雪灾害天气的预防、准备、监测预警、应急处理、恢复重建等全过程应对	后者更强调对"冰雪"这一灾害性天气的全过程应对
分类标准	参照《××省特别重大、重大、较大、一般突发公共事件分级标准(试行)》,依据本市气候特点,按照极端天气灾害(冰雪灾害天气)的社会危害程度,从低到高分为"一般、较大、重大、特别重大"四个级别		相同

(2)应急预案组织指挥体系对比分析。

从应急指挥部人事结构(见表4)可以看出,新版的应急预案减少了层级结构,加强了专业指导。

表4　两版预案应急指挥部人事结构比较表

	《A市极端天气灾害应急预案》	《A市冰雪灾害天气应急预案》
总指挥	常务副市长	分管副市长
副总指挥	分管副市长	分管副秘书长、气象局局长
成员单位	市委宣传部、市政府办公厅、市物价局在内的29个部门和部队	市委宣传部、市应急办在内的33个部门、企业和部队
主任	无	市气象局分管副局长兼任主任市城管局、市市政局分管领导兼任副主任

关于应急指挥部职责,前者与后者相同方面是"全面负责灾害的应对工作,研究决定重大事项""决定启动和终止应急程序""研究决定处置方案和应对措施",不同之处仍是前者负责所有的极端天气,需要负责各种类型极端天气的应对,需要根据类型选择适合各种灾害天气的应对方案,后者专门应对冰雪灾害天气。

《A市极端天气灾害应急预案》规定,应急指挥部要负责落实调度指令、传递信息、研判和评估、相关单位会商、检查监督处置工作、制定完善相关预案等职责。《A市冰雪灾害天气应急预案》在前者基础上,未明确提出检查监督处置工作、制定完善相关预案,但成立了应急联络员制度、要求区县成立应急组织机构,并主张开办联合新闻发布会等,以制度形式固定下来,有利于加强制度建设,发展提高灾害应对长效机制,提高灾害应对能力(见表5)。后者按照各自职责启动相应的应急预案,在应急指挥部的统筹协调下做好联动防御和重大险情应急处置工作,后者更加体现应急管理的统一领导、综合管理。

表5　两版预案应急指挥部职责比较分析表

内容	《A市极端天气灾害应急预案》	《A市冰雪灾害天气应急预案》
落实调度指令	√	√
传递信息	√	√
研判和评估	√	√
相关单位会商	√	√
检查监督处置工作	√	未明确提出
制定完善相关预案	√	未明确提出
应急联络员制度	无	√
区县成立应急组织机构	无	√
联合新闻发布会	无	√

根据两版预案的规定,梳理出了与冰雪灾害相关的成员单位列表(见表6)。新版预案的规定,单一部门应对的压力减少,资源不止集中在少数几个部门,呈现逐渐分散的趋势,需要各部门分担任务,发挥各自的功能,运用所拥有的资源来共同应对灾害,是连接性和协调能力加强的体现。

表6　两版预案成员单位表

序号	成员单位	《A市极端天气灾害应急预案》	《A市冰雪灾害天气应急预案》
1	市委宣传部	√	√
2	市政府办公厅	√	√
3	市物价局	√	√
4	市教育局	√	√
5	市工信委	√	√
6	市公安局	√	√
7	市民政局	√	√
8	市财政局	√	√
9	市国土局	√	√
10	市环保局	√	√
11	市建委	√	√
12	市市政公用局	√	√
13	市交通运输局	√	√
14	市水务局	√	√
15	市农委	√	√
16	市林业局	√	√
17	市旅游局	√	√
18	市商务局	√	√
19	市文化广电出版局	√	√
20	市卫生局	√	√
21	市市容园林局	√	√
22	市安监局	√	√
23	市粮食局	√	√
24	市食品药监局	√	√
25	市城管执法局	√	√
26	市气象局	√	√
27	A市供电局	√	√
28	A市警备区	√	√
29	武警A市支队	√	√
30	市网信办	○	√
31	市人社局	○	√
32	市轨道办	○	√
33	电信××	○	√
34	移动A市分公司	○	√
35	联通A市分公司	○	√

附注："√"表示预案中包含的成员单位；"○"表示预案中不包含的成员单位。

(3)预案搜集及应急响应功能梳理。

以《A市极端天气灾害应急预案》内容为基础,结合各部门的专项预案,梳理出以下15项功能(见表7)。

表7 政策依据网络功能列表

响应阶段	应急准备	监测预警	响应	恢复
响应功能	1.宣传和培训 2.应急演练 3.制度制定 4.保障措施	5.检测与上报 6.预警启动	7.应急响应 8.应急值守 9.指挥协调 10.灾情统计	11.恢复重建 12.灾情评估 13.灾害保险 14.责任与奖惩 15.预案管理与更新

通过分析《A市冰雪灾害天气应急预案》文本中提到的成员单位部门的官方网站以及市政府网站。经过文献研究和相关预案内容分析,得出本预案涉及的响应功能有以下17项(见表8)。

表8 制度改进网络功能列表

响应阶段	应急准备	监测预警	响应	恢复
响应功能	1.宣传和培训 2.应急演练 3.预案修订 4.应急保障	5.预警制度 6.预警预报 7.预警准备 8.预警发布	9.前置处理 10.应急响应 11.信息发布 12.救灾救济 13.卫生防疫	14.灾情评估 15.设施恢复 16.保险理赔 17.责任与奖惩

以《A市极端灾害天气应急预案》与《A市冰雪天气灾害应急预案》为主体,分别梳理出了19项、23项相关预案(见表9),并依据预案内容,分别概括出了15项、17项应急响应功能。

表9 政策依据网络预案列表

序号	名称	发布部门	时间
1	《A市突发环境污染事件应急预案》	市政办发〔2006〕37号	2006-3-3
2	《A市突发公共事件新闻发布应急预案》	市政办发〔2006〕135号	2006-6-29
3	《A市气象灾害防御条例》	市政府	2007-6-1
4	《A市加强基层应急管理工作的意见》	市政办发〔2007〕265号	2007-11-7
5	《A市生活必需品供应应急预案》	市政办发〔2008〕174号	2008-8-28
6	《A市极端天气灾害应急预案》	市政办发〔2010〕130号	2010-09-03
7	《A市突发地质灾害应急预案》	市政办发〔2010〕209号	2010-11-01
8	《A市生产安全事故应急预案》	市政办发〔2010〕227号	2010-11-24
9	《A市网络与信息安全事件应急预案》	市政办发〔2011〕1号	2011-1-4
10	《A市大面积停电事件应急预案》	市政办发〔2011〕7号	2011-1-7

序号	名称	发布部门	时间
11	《A市地铁运营突发事件应急预案》	市政办发〔2011〕129号	2011 - 8 - 12
12	地铁二号线开通试运营初期突发性大客流应急预案	市政办发〔2011〕166号	2011 - 09 - 23
13	A市"十二五"地质灾害防治规划	国土局-地环处	2013 - 01 - 05
14	《A市空气重污染应急预案（暂行）》	市政办发〔2014〕5号	2014 - 1 - 23
15	《A市自然灾害生活救助资金管理办法》	市财政局	2015 - 11 - 04
16	《A市支持引导社会力量 参与减灾救灾工作实施办法（暂行）》	市民政局	2016 - 9 - 27
17	A市2017年地质灾害防治方案	国土局-地环处	2017 - 04 - 30
18	《A市自然灾害救助应急预案》	市政办发〔2017〕86号	2017 - 9 - 22
19	《A市重污染天气应急预案（2017年修订稿）》最新	市政办发〔2017〕110号	2017 - 11 - 30

《A市冰雪灾害天气应急预案》相关的预案如表10所示。资料来自《A市极端天气灾害应急预案》文本中提到的成员单位部门的官方网站以及市政府网站。

表10　制度改进网络预案列表

序号	名称	发布部门	时间
1	关于加强基层应急管理工作的意见	市政办发〔2007〕265号	2007 - 11 - 7
2	《A市气象灾害防御条例》	市政府	2007 - 6 - 1
3	《A市生活必需品供应应急预案》	市政办发〔2008〕174号	2008 - 8 - 28
4	《A市生产安全事故应急预案》	市政办发〔2010〕227号	2010 - 11 - 24
5	《A市网络与信息安全事件应急预案》	市政办发〔2011〕1号	2011 - 1 - 4
6	《A市大面积停电事件应急预案》	市政办发〔2011〕7号	2011 - 1 - 7
7	《A市地铁运营突发事件应急预案》	市政办发〔2011〕129号	2011 - 8 - 12
8	《A市自然灾害生活救助资金管理办法》	市财政局	2015 - 11 - 04
9	《A市支持引导社会力量 参与减灾救灾工作实施办法（暂行）》	市财政局	2016 - 9 - 27
10	《A市自然灾害救助应急预案》	市政办发〔2017〕86号	2017 - 9 - 22
11	关于印发极端天气灾害应急预案的通知	市安监发〔018〕36号（市应急管理局）	2018 - 03 - 09
12	《A市重污染天气应急预案（2018年修订稿）》	市政办发〔2018〕110号（市应急管理局）	2018 - 10 - 29
13	市政部门发布今冬桥梁除雪预案	市政部门	2018 - 11 - 13
14	《A市冰雪灾害天气应急预案》	市政办发〔2018〕117号（市应急管理局）	2018 - 12 - 07

续表

序号	名称	发布部门	时间
15	《A市城市道路交通文明畅通提升行动计划实施意见（2013—2020年）》	市政办函〔2018〕343号	2018 - 12 - 19
16	《A市蔬菜市场供应异常波动应急预案》	市商务局	2018 - 12 - 26
17	《A市突发地质灾害应急预案》	市政办发〔2018〕15号	2018 - 3 - 6
18	关于推进更高水平气象现代化建设的实施意见	市政办函〔2019〕27号	2019 - 01 - 21
19	突发公共事件应急预案	财政局	2019 - 2 - 17
20	（《冰雪天气线路运行应急预案》《冰雪天气、大雾天气专项应急预案》）	公安公交	2019 - 2 - 17
21	《A市道路交通安全工作行动方案》	市政发〔2019〕13号	2019 - 3 - 13
22	《保障城市轨道交通安全运行的实施意见》	市政办发〔2019〕20号	2019 - 3 - 19
23	《A市城管系统扫雪除冰工作预案》	市城管局	2019 - 11

两个预案表现出来的新版的应急预案响应网络密度较大，参与组织数量更多，并且组织间的联系次数更多、联系更紧密，组织之间实现协调和配合的速度更快，更能迅速响应、抵御灾害。

（三）对策建议

1. 众人拾柴火焰高：构建协同治理框架，充分挖掘社会力量潜能

（1）转变思想理念，倡导平等合作。

多元主体共同参与城市应急管理，需要创造良好的合作氛围。随着社会力量逐渐壮大，信息网络发展日益成熟，政府仅仅依靠强制行为，很难获得民心。因此，政府更需要转变管理思想，重视社会组织发展的积极作用，以平等的姿态和社会组织进行沟通合作。

（2）增强组织化水平，培养参与能力。

政府应进一步简政放权，适当减少行政手段使用频率，对于社会组织增加法律、行政等手段引导，培养社会组织参与城市应急管理能力，例如在本案例中便展现出了良好的公众参与积极性。通过榜样示范，对优秀社会组织进行鼓励激励，引导民众发扬助人为乐、无私奉献的主人翁精神，培育公民社会的意识基础。

（3）创新制度建设，营造合作氛围。

积极为社会力量参与应急管理提供良好的平台[60]，简化审批手续，给予社会组织发展空间，提供一定的资金保障。

2. 防患于未然：全过程管控，加强应急管理联动协作机制

（1）完善预警工作体系，降低政府公共危机应对难度。

预防准备重于应急处置。进一步健全政府公共危机预警机制，加强应急资源管理。一要不断提高全社会的风险意识和应急管理意识，汲取本次暴雪事件的经验教训，定期开展社会风险评估，通过应急演练不断积累经验。二要借鉴国内先进城市及西方发达国家经验做法。将这些经验融入政府应急管理机制建设工作中，提升政府应急管理的综合能力。三要做好应急物资储备工作,及时了解资源准备情况,提倡使用频率较低的一般性应急物资储备社会化,合理调配社会资源。

(2)完善应急管理响应机制,应对公共危机及时有效。

加强联动统筹体系建设,提升协同合作能力,逐步建立不同地区的应急响应和快速反应机制。一方面加强政府各部门之间的协调与配合,各方力量共参共建,政府应当将社会力量和民间力量充分整合起来,例如在B市暴雪事件中,公众和社会力量的参与便不容忽视。另一方面要依赖科技力量,迅速反应加强监控。大力支持监测预警等关键技术研发工作,推动 GIS、GPS、网络通信等技术发展,将新技术应用于雪灾等自然灾害的预防与应对中。

(3)完善应急管理组织机构,全力提升协调性。

2018 年 9 月,A 市委市政府经过机构改革,正式成立应急管理局,全面坚持和加强党对应急管理工作的集中统一领导,为城市应急管理提供组织保障。但是,如何提升协调性仍是应急管理组织机构面临的首要难题,还需进一步加强牵头协调的权威性。一要进行职能划分,建立协调配合机制。二要赋予各级地方党委政府应急管理一定的自主权。各地经济发展情况各不相同,突发事件也千差万别,应急管理工作基础不同。例如在案例中对于雪灾事件的应对,不同区县、不同街道间亦有一定区别。因此,在应急管理领域中,赋予地方政府必要的自主权,坚持原则性与灵活性,鼓励因地制宜设置机构和职能,避免各地应急措施千篇一律,应急预案笼统不清。

(4)完善应急管理恢复系统,引进公共危机管理问责机制。

严格按照分级负责原则,一般性灾害由地方政府负责,应急管理部代表中央统一响应,重大灾害时,应急管理部作为指挥部,协调中央指定同志组织应急管理工作,保证政令畅通、指挥有效。提高领导干部应急管理意识,通过完善追责办法,给全体领导干部以警示,提升公共危机发生时的应对速度及应对效率,推动问责办法形成尽快落实。结合 A 市的实际情况,既要构建协同治理框架,打造社会共建格局,又要重视全过程管控,形成高效问责机制。

"城市应急管理中的协调联动"案例课件

案例三 "玩笑"致人"社死"，
"真相"莫失莫忘

一、案例说明

本案例以"女子取快递遭诽谤"案件为例，讲述了网络舆情事件应对与治理的难点与不足。当前人类社会已进入数字化发展的大数据时代，网络信息的传播对政治、经济、社会等方面均产生了重大而深远的影响，同时也引发了人们对政府治理模式转变的思考。在信息传播方式发生深刻改变的今天，网络舆情应对已成为风险治理体系中不可或缺的重要环节。

本案例讲述了 W 女士因取快递被人诽谤的故事。事件中虚假信息的广泛传播对当事人造成了极大影响，也对社会公共秩序造成了极大危害。基于此，案例分析以网络中谣言事件引发的社会舆论为焦点，通过描述分析造谣事件全过程，明晰网络舆情治理现状及问题。在此基础上，立足风险应对与治理的相关理论与方法（详见理论篇），探究网络舆情事件中的多元主体沟通与风险放大问题，解析舆情风险的形成、发展机理。

二、案例正文

案例讲述了 W 女士因取快递被人诽谤，遭受网络暴力后被迫拿起法律武器艰难维权的故事。事件中，大量虚假信息以极低成本、极高速度传播，迅速俘获大批"吃瓜群众"。这不但使事实真相乏人问津，而且导致受害人"社会性死亡"。由此可见，"后真相时代"扑朔迷离的事实真相已使公众迷失在他者建构的情绪场域中，进而为网络舆情治理带来严峻挑战。

在分析过程中，本案例基于行动者网络理论构建分析框架，从人类行动者、非人类行动者等层面对"后真相时代"网络舆情发生、演化机理进行探析。研究发现，在信息传播动力机制、现实载体等多种因素叠加作用下，网络舆情呈现出复杂的发展演化趋势。参与主体在网络空间中的互动行为会在一定条件下形成"涌现"效应，进而引发网络舆情事件。

基于此，本案例以多元主体分析为切入点，结合"后真相时代"背景，从价值取向、平等共治、精准治理、监督反馈等不同维度，针对网络舆情环境优化、网络舆情治理体系构建等问题提出对策建议。

（一）引言

随着自媒体的广泛应用，人人都可以借助网络的力量成为新闻事件的发现者和传播者，正是这种随时随地低门槛"发声"的便利，使得我们逐渐步入"后真相时代"。一段截取的视频或是几张聊天截图，配上传播者的文字描述，就可以掀起一场舆论风暴，造就一个热点事件。再伴随着后续更多信息的浮现，事件还经常呈现故事的"反转"。国内类似的舆情案例频频发生，从 2018 年"重庆万州公交坠江事故"到 2019 年"新冠疫情吹哨人事件"，从"东航空姐陪睡门事件"到"大连幼师'默然之后蓦然'侮辱事件"，这桩桩件件无不深深刻上了"后真相时代"的印记。

一名年轻的普通女孩，一个取快递的平常举动，一段无意间被偷拍的视频，一些凭空捏造的聊天截图，一群无聊的"围观群众"，最终掀起一场不受控制的轩然大波。这就是2020年闹得沸沸扬扬的"女子取快递被造谣出轨"事件。这一切是如何发生的，让我们来一探究竟。

（二）案例介绍

1. 一朝快递祸事引，无辜受害未料及

2020年7月7日下午，盛夏的毒日正在渐渐西斜，办公室里身穿紫色碎花裙的"90后"W女士抬眼看了下表，刚好五点半，已到了下班时间。她轻松愉悦地开车回家，路上没有堵车，出乎意料的顺利，六点一刻就准时到了小区门口。

浙江杭州"女子取快递被造谣出轨"案件 一审宣判：两被告人获刑一年 缓刑两年

想到网购的几样东西到货了，W女士没有着急回家，而是像往常一样来到小区门口的快递驿站排队取快递。此时的她怎么也不会想到，就这么一个平平常常的举动会给自己接下来的生活带来一场"身心浩劫"。

2020年8月7日晚，已经熟睡的W女士被突然响起的电话铃声吵醒。深夜打来电话的正是W女士的闺蜜小A，小A和W女士同住在一个小区。"你醒着吗？出事了！"电话里小A的声音慌张又急促，W女士这才一下清醒过来，紧接着小A告诉她，两人共同的北京朋友在微信群里看到一段视频和聊天截图。视频恰好记录了W女士取快递时的场景，而那些聊天截图中的污言秽语简直是不堪入目。W女士睡意全无，她连忙找到小A，在看到这些被传播的素材时，W女士彻底懵了，整个人大脑一片空白。"这是我吗？"W女士不敢相信，可视频中拍摄的确实是她前一段时间去取快递的情形，但这些莫名其妙的聊天截图又是怎么回事？聊天截图呈现的故事中，她是一位在家带孩子的家庭主妇，住在E小区，多次背着自己的丈夫勾搭快递小哥，所言所行令人不齿。这些内容看得W女士又惊又怒，不知道自己是怎样被偷拍的，也不知道为什么会和一段"风流八卦"扯上关系。

此时的W女士还没意识到视频和截图能流传多广，因为截图中的人物信息、居住信息和她完全不相符，涉及的其他信息她也不知情，可以说截图内容和自己被偷拍的视频毫无关系。况且她就是一个普通人，并非引人注目的公众人物，怎么会被人偷拍又编成故事进行传播。彻夜难眠的她细数过往，明明自己2020年3月才和男友从北京搬来杭州定居，新工作还在实习期，平日里能接触到的人不多，与同事也相处融洽，并没有得罪过什么人。只因像其他同龄人一样爱好网购，所以在小区门口驿站取快递，这是再寻常不过的事。可转念想到视频中的场景距现在大约已有一个月，怎么远在北京的朋友都看见了？她隐隐觉得不安，究竟是谁在无中生有地造谣，始终想不明白。

2. 缘因闲人胡捏造，"吃瓜"群众来助力

原来，就在W女士当日等快递的间隙，一个偷拍的行为正在悄然开启一场闹剧。驿站隔壁便利店老板郎某正在店里百无聊赖，平日喜爱汽车改装的他加了个车友群，这天他正与群友在微信上有一搭没一搭地聊着天，并无意间拍下了一段周围环境的视频发到了正在闲聊的微信车友群里，W女士排队取快递的身影恰好入镜。这个车友群大概有三百人，或许是姣好的身材和容貌引起了群友的注意，大家开始纷纷起哄视频中的女子是谁。为了迎合群友，等W女士走出驿站的时候，郎某便又专门偷拍了一段长达九秒的视频，一时间群里开始八卦地讨论起来。同样无聊至极的何某看到这段视频，用微信小号扮演W女士和自己聊天："神经病吧？"

"谁啊？干吗偷拍我?"最后捏造成了一段 W 女士抱怨有人偷拍她的聊天记录并发到了车友群里。

　　起初看到这段截图的郎某信以为真，立即联系何某，让何某替自己向被拍的 W 女士解释。在得知这是何某的恶作剧时，才知道自己被耍了，郎某觉得这样玩还挺有趣，恰逢此时群友正因 W 女士的视频起哄讨论、兴致正高，郎某、何某一拍即合便萌生了继续戏耍群里其他人博取关注的想法。于是，这二人自导自演，郎某以快递人员的语气，与何某扮演的 W 女士，共同编造了一段孤独的少妇因不满自己的婚姻，婚内出轨送快递人员，并多次与其发生不正当关系的聊天记录。

　　2020 年 7 月 7 日，郎某在车友群发出第一张截图，在随后的三天时间里，郎某和何某陆续发了多张伪造的聊天截图，展示了寂寞少妇和快递小哥"香艳故事"的全过程。车友群的多个群友均在截图下面评论，聊天记录多达几百条。其间，也有群友识破二人的把戏，直接拆穿他们是在故弄玄虚用小号自己跟自己聊天，但这道破的真相瞬间被潮水般不断涌出的评论淹没，这个所谓的"八卦"在车友群里被整整讨论了三天。

　　事发后一个月，就在大家以为这件事过去了的时候，群友陶某后知后觉地看到了群里的视频和聊天截图，认为"有图有真相"的他并不知道聊天记录是捏造，以为这就是真实发生在大家身边的狗血故事。面对如此"大瓜"，陶某迅速将车友群里的相关视频和聊天记录汇总整理成一个八卦故事合集，并转发到了另外几个微信群。抱着"吃瓜"看热闹心态的"围观群众"一传十、十传百。加上故事本身内容低俗又博人眼球，这件事在网络上被大范围转发，一时间相关内容遍布微信群、公众号、论坛。就这样，W 女士被偷拍的视频，让两个陌生男人编造成一个极其龌龊的少妇出轨快递员的故事，在不明真相的"围观群众"的助力下迅速发酵，佐以伪造的微信聊天记录传播开来，成了大家茶余饭后的欢乐谈资。

　　令事件相关人员都没有想到的是，事态在传播中进一步扩大，且越来越不受控。由于伪造的聊天记录里中提到的地点都是当地比较有名的真实地点，围观群众开始进一步探究这身边故事的主人公究竟是谁，谣言最终从网络蔓延到了现实，甚至有不少人认出了传播素材中郎某的头像和视频中的 W 女士，而蒙在鼓里的 W 女士此时还对整个事件一无所知。

　　2020 年 8 月 5 日，郎某的一个微信好友询问郎某是否为网传聊天记录中的人，这才让郎某意识到消息已经传开了。经过一番打听后，他得知是车友群的陶某对群里的内容进行了汇总和二次转发。几乎与此同时，眼看着事态不受控制闯下大祸的陶某也于 8 月 6 日主动联系郎某，主动承认自己是在不了解情况的前提下开玩笑随意转发的，万万没想到互联网威力如此之大，现在已经告诉群友是假的了，让大家不要转发。

　　事情发展至此，原本也只是想开开玩笑的陶某都已经引火上身，而被偷拍、被编排的 W 女士又岂会一直蒙在鼓里？直至 8 月 7 日晚，最终东窗事发，一场飞来横祸无端地将 W 女士拉进负面舆论的深渊。郎某、何某、陶某以及每一个转发的"无知"网友，都是深渊里的黑手。

3. 被迫"社死"心不甘，法律武器维权益

　　"社会性死亡"是近来出现的网络流行词，这一词汇第一次被提及，是在美国作家托马斯·林奇的《殡葬人手记》一书中。其在书中描写道："亲友和邻居所公知的死亡，是社会性死亡。"如今在网络中，所谓的"社会性死亡"简称为"社死"，按其字面含义可以理解为非生理性死亡，而是名誉、声望等急速下降，或是在大庭广众下失去颜面。这里对于社会性死亡的理解与托马斯·林奇书中的描述既有一定的相似，也有一定的差异。

W女士目前遭遇的一切，已经使其被迫"社死"。而随着舆论的不断升级扩大、相关信息不断被转发，关于W女士的谣言在杭州、国内甚至国外都传播开了，小区内业主群、团购群等都热烈讨论，同事、朋友也相继询问，此事还登上了微博热搜。W女士被人肉搜索，个人信息被公开，大家站在道德制高点，电话、私信骂她不守妇道。甚至连已经在国外定居的友人也因为看到了相关信息而斥责W女士。W女士承受的伤害也早已超乎自己的想象。

其实W女士以前对"社死"并不了解，她也是从"清华学姐事件"等热门事件后才知道的。然而，最近经历的所有事情，让她深切体会到了"社死"的痛苦，她意识到自己被负面新闻笼罩着，不仅正在承受伤害，还不知道这伤害要持续多久。造谣和诽谤给她带来的伤害，不仅仅是自己被迫"社死"，深陷舆论漩涡，极大地损害了个人形象和名誉，连她在远方的父母也被此事连累，不敢出门。

事发后，冷静下来的W女士并没有因为害怕丢人的畏惧心理而冷却处理降低影响，相反，她选择第一时间报警，决心用法律武器来捍卫自己的权益。W女士坦然接受媒体采访，告知事件发生始末，积极收集证据，并在社交平台更新事件动态和维权进展。

2020年8月8日，W女士发布了自己第一则有关于"被造谣出轨"相关事件的微博，在微博上W女士并没有一味示弱、祈求大家的怜悯，而是号召大家帮其搜集证据。然而事实真相总是无比残酷，情况早已升级无法控制，无奈之下，8月10日，W女士拨通了报警电话。就在报警的当天下午，她在男友等人的帮助下，一起凭着视频中的线索找到了视频的拍摄者郎某，郎某承认了偷拍事实，并联系参与此次事件的何某、陶某一起前往派出所处理此事。在警方介入调查之后，W女士自始至终坚决地表示不接受任何调解，请求依法处理。

2020年8月13日，公安机关发布官方信息，造谣的郎某和何某因诽谤他人被处以行政拘留九日的行政处罚，并对此事件的相关内容进行了通报。

造谣的人受到了行政处罚，通过警方的通报，事件始末也公布于众，看似突如其来的灾祸终于可以告一段落。然而树欲静而风不止，一心想恢复平静生活的W女士却仍然遭受着这次风波的余威。

一篇起名为《这谁的老婆，你的头已经绿到发光啦！》的文章赫然出现在某微信公众号上，截至8月11日，这一文章点击量就已超过1万次。同一时间根据W女士搜集的资料显示，数篇相关内容的文案的网页浏览总量已高达6万余次，转发量超过200次。公众号及各类网络社群里，都充斥着大量的相似信息，数不清的谩骂和恶评都像众人不断丢来的臭鸡蛋一样砸在W女士身上。哪怕公安机关已经通过官方渠道发布了相关的澄清信息，但是所信者寥寥。甚至很多人在已知W女士本人的实际情况下，也更愿意通过歪曲的事实和没有依据的猜测进行评判。

"福无双至，祸不单行"，W女士那段时间还经历着现实和心理的双重打击。先是失业。那天被偷拍的时候，W女士拎着印有公司名称的定制纸袋，伴随着视频被大量传播，此次事件也给W女士所在公司造成了一定的负面影响。她的很多同事其实比她知道得还要早，只是这种不光彩的事大家都只背地里偷偷议论，没有一个人敢向她主动提及。加上自8月7日得知此事后，W女士就开始调查、报案，并配合公安机关处理此事，这期间一直向公司请假，不能也不敢去上班。在连续请假一周仍不能返岗后，她接到了公司经理打来的电话："既然你出了这个事情，你就彻底休息一段时间吧，不用考虑来上班的事情，也希望你后面再试试其他工作。"这表明了是在委婉地告知她被辞退的事实。W女士也预料到了，毕竟自己各种信息被人肉出来后，负面舆论也殃及了公司的声誉，只能以这种方式较为体面地离开，她没有再向公司争取便主动去办理了离职手续。等到公安机关澄清谣言之后，满心以为一切能重新开始的 W 女士开始尝试投简历找工作，但每次如实告知了上一份工作的离职原因后，结局总是以婉拒和同情收场。

此外，虽然这次事件最终真相大白了，但在真相到来之前，谣言的广泛传播让 W 女士彻底"出名"，她依然是别人口中的八卦谈资和取笑对象。甚至谣言比真相传播得广泛多了，谩骂和恶评不可能立刻被驱散，她已经不敢上网查看有关信息了，因为每看一次心中的痛苦、委屈和无奈就多一分。事发后的这段时间里，W 女士越来越害怕出门，怕被人认出来小声议论，更不敢再去取快递，日常事项尽量让男友出门代办。她总是把自己一个人关在家里，即便这样她还是止不住地胡思乱想，有时情绪失控起来会哭很久。好不容易熬到晚上还是整夜失眠，精神状态越来越差。W 女士觉得很憋屈，自己这么多年来与人为善，踏踏实实地学习工作，却为何会无端遭遇这样的祸事。她无奈地在微博里写下自己近期的状况，各种压力逼迫的她几近窒息，不想去想、去理会，但是又哪里有那么容易。一次次的回想使得自己精神已然处在崩溃的边缘。

2020 年 9 月 8 日，W 女士在男友的陪同下来到了医院，经医生诊断，W 女士处于抑郁状态。

4. 道歉赔偿终无果，抗争到底追刑责

身心遭受的双重打击令 W 女士意识到，这件事绝不应该只是被当作一场玩笑对待。为了恢复名誉，她去咨询了律师。原来自己遭遇的事情是可以以诽谤罪提起刑事自诉的，这意味着郎某和何某所面临的将会是刑事责任而非行政拘留这么简单。想到这些天来自己承受的痛苦，W 女士当即打算等公安机关的行政拘留处罚结束后，去法院起诉才能出了这口气。但受过高等教育的她深深明白，刑事案件可不是闹着玩的，追究刑责对一个人的影响是很大的。一贯善良的 W 女士犹豫再三又觉得，伤害已经造成了，自己要的是一个清白，让他们二人去坐牢会不会太残忍了。经过一番思想斗争，2020 年 8 月 30 日，W 女士通过微博宣布了自己的决定，只要郎某、何某能真心悔过，发布道歉视频并赔偿损失，她可以放弃自诉。

然而事与愿违，郎某和何某的认错态度又给 W 女士泼了一瓢冷水。道歉视频二人拍了，但避重就轻缺乏诚意；赔偿金额也是反复沟通双方无法达成一致。郎某的父亲甚至在外扬言："W 女士要赔偿是狮子大开口，郎某不过是个孩子，开了个玩笑，都道歉了还不依不饶。"

"我在不依不饶吗？"W 女士更觉得委屈，"我提出的赔偿金额远远无法弥补这件事带给我的实际损失和伤害，更何况事发至今，他们二人生活早已迈入正轨，该开店开店，该上班上班，甚至碰见了都从未当面跟我说过一句对不起！"或许起初她思考的是"为什么偏偏是我遇到这样的事？"但现在，她明白即便不是她被偷拍，也有可能是其他女孩子，而施害者这一次是郎某、何某，下一次就有可能是身边的任何一个人。为了更多的人，她也应该勇敢地站出来。

W 女士在接受采访时说："他们始终还是说我们只是开开玩笑，我觉得这样的态度就是证明，他们没有意识到自己的错误，虽然他们接受了 9 天的行政处罚，但是只是行政处罚而已。他们的行为涉嫌违反法律，是需要接受法律制裁、承担刑事责任的。可能故意伤害、故意杀人是大家可以肉眼看得到伤害，诽谤其实也是在伤害人，只不过这把刀是隐形的，这个伤口也是隐形的，究竟伤害有多大，可能只有本人才清楚。"

于是，下定决心自诉的 W 女士找到了专门致力于互联网方面网络安全及刑事风险防范问

题的 Z 律师。跟 Z 律师见面那天，W 女士精神状态仍然很不稳定，在讲述和回答的过程中数次情绪崩溃，不得已只能让男友代为转述。Z 律师在了解情况后，向 W 女士提出了两种解决方案：一种方案是以侵犯名誉权提起民事诉讼，这种方案赢得的可能性大，也比较主张赔偿。另一种方案则是以诽谤罪提起刑事自诉，这是一条更艰难的路，证据难以收集，能否立案都充满不确定性，而且即便胜诉能获得的赔偿也极其有限。

这一次，面临抉择的 W 女士没有丝毫犹豫，她坚定地跟 Z 律师说："我坚持走到现在不是为了赔偿，现在也不需要他们不真诚的道歉了。我需要他们为自己的行为承担后果，我需要法律还我一个公正。"

W 女士和 Z 律师一起，正式走上了刑事自诉之路。她们首先开始积极地在网上寻找证据，这期间也受到了很多媒体和网友的支持。当 W 女士发布了征集证据的微博后，很多网友都给她发来私信，提供了各种数据、截图，这令她非常感动，也更加坚定了信念。在众人的帮助下，W 女士和 Z 律师用一周左右的时间很快将手头的证据整理出来，并通过公证做了证据固定。

2020 年 10 月 26 日，W 女士通过 Z 律师正式提起诉讼，并且向地方人民法院递交了刑事自诉的诉状及相关证据，以郎某、何某捏造事实，通过网络诽谤 W 女士且情节严重为由，追究二者的刑事责任。

提交立案申请后的日子里，W 女士好像不能再做什么，她已失业在家，又因流言不敢出门，也不想和昔日的朋友联络，整个生活好像停摆了，只能静静地等待。12 月 10 日，W 女士再次通过微博发声为自己打气：绝不退缩，绝不和解！并希望通过自己的维权行动给类似的受害者依法维权提供一点点借鉴，让自己经历的不幸更有意义和价值。

直到 12 月 14 日，W 女士和 Z 律师终于接到了法院的立案通知，告知她们，经审查，该案件符合相关受理条件，法院已正式立案受理。这漫长的一个多月，W 女士每一天都过得忐忑，现在终于证明，她的努力没有白费，这条看似艰难的自诉之路，她们已经找准了前进的方向。W 女士在这天晚上将法院的立案通知书分享在了朋友圈，她兴奋地写道："我终于可以短暂地舒一口气了，过去的 129 天是我人生中的至暗时刻，到现在都不敢回想自己是怎么一天一天熬过来的。"

5. 自诉转为公诉案，无例可循破局难

我国刑法对于侮辱、诽谤的认定和量刑都有明确的法律规定，收到法院的立案通知书，这虽然已经迈出了关键的一步，但因此类案件取证难、认定难、追责难，且受害人大多迫于负面影响不愿意选择走司法途径，尤其是提起刑事自诉的更是寥寥无几，W 女士和 Z 律师在后期的庭审还是面临很大的挑战。

虽然本案以自诉案件立案，但毕竟涉及刑事追责，从惩治网络暴力的角度来看，检察院在其中又能扮演何种角色呢？刑法规定了诽谤罪的才处理，但同样载明严重危害社会秩序和国家利益的除外。那么在案件具体办理中，例外情况该如何认定？2013 年最高人民法院、最高人民检察院公布的《关于办理利用信息网络实施诽谤等刑事案件适用法律若干问题的解释》[法释〔2013〕21 号]做出了明确解释：同一诽谤信息实际被点击、浏览次数达到五千次以上，或者被转发次数达到五百次以上的可以认定为情节严重，利用信息网络诽谤他人引发公共秩序混乱的、造成恶劣社会影响的可以认定为严重危害社会秩序①。在 W 女士的案子中，诽谤"情节严重"已毋庸置疑，案件转折的关键点在于此次事件是否严重危害了社会秩序。早在本案在法院立案之际，余杭区检察院就非常重视，第一时间成立了专案组，向法院和公安机关详细了解事情经过，认真研判案情是否符合公诉情形，并及时就相关情况上报了最高检。

2020 年 12 月 22 日，余杭区检察院用实际行动回应了社会关切。根据最高检的指示，余杭区检察院向杭州市公安局余杭区分局发出检察建议书。

几百字格式工整、措辞严谨的建议书，为日趋杂乱的网络舆论环境打开了一扇大门，肃清了一片天地，针对网络诽谤等对社会公共秩序造成严重不良后果的行为，以更权威、更有效的方法整治网络暴力，向整个社会传达了网络并非是法外之地，一言一行都要慎以待之的信号。

2020 年 12 月 25 日，根据余杭区检察院检察建议，市公安局余杭分局对郎某、何某二人以涉嫌诽谤顺利立案展开调查，这意味本案迎来了关键转折。

检察院的工作人员第一时间联系了 W 女士，她在得知这一消息后，难掩内心的激动，这样的结果是她完全没有想到的，只觉得惊喜来得太突然了。回过神来，她才急忙向工作人员询问起其中缘由。案件承办人员娓娓道来："你和造谣的人是完全陌生的人，只不过刚好是你。事件中被造谣对象选择的随机性让我们任何一个人都有可能成为下一个受害者，令广大民众由此产生了恐慌感。他们的造谣行为不仅涉嫌诽谤罪，事件的进一步发酵也严重危害了社会秩序，危害了网络安全。提起公诉既是检察院职责所在，更是法律使然。"

自诉案件转为公诉虽然是个喜闻乐见的结果，但本案对于司法实践的探索并未停止。随之而来摆在检察院面前的第一个难题就是自诉该如何转公诉，程序上依然存在困难。一边检察院公诉立案了，另一边 W 女士自行诉讼的立案依然在途。对此，余杭区检察院的办案人员经过认真研究和讨论一致认为，由于本案中自诉和公诉都是一个"诉因"，自诉理应被公诉"吸收"，二者显然不能够并存。至于自诉转公诉具体如何操作，我国现行的法律和司法解释没有明确规定，实践中也无可以借鉴的先例。

面对无例可循的困境，破局之法唯有令自诉"消失"，即 W 女士撤销自诉或者法院裁定驳回起诉、终止审理。法院裁定驳回和终止审理都必须严格遵照法定情形，并不能适用本案，为今之计最为妥当的办法只有 W 女士先主动向法院申请撤诉。经与 W 女士沟通，她欣然接受了主动撤销自诉的建议，此举使得这个程序难题迎刃而解，案件向下一阶段推进。

立案后，国家相关部门积极介入，引导侦查，并且和公安机关一起调查取证。此时又一个难题摆在办案人员面前。因为事情发生在 2020 年 7 月，距今已经过去半年之久，其间郎某、何某捏造的信息被广泛传播引起舆情，W 女士 8 月份报警后公安机关又介入处理，最初发布谣言的车友群群主害怕担责早已将该群解散，群内其他人也纷纷退群。这使得办案人员在获取群内完整聊天记录这一关键证据时并不顺利。办案人员一方面将 W 女士前期自行搜集的证据重新进行了梳理、核实，固定成了更合规的电子证据；另一方面通过技术手段对两名嫌疑人的手机进行了重新勘查，发现了二人的传播行为一直从 7 月 7 日持续到了 7 月 16 日，存在明显的主观故意。此外，经过对所有证据线索的细致排查和又一轮的勘查，办案人员还有意外发

① 中华人民共和国最高人民检察院. 最高人民法院、最高人民检察院关于办理利用信息网络实施诽谤等刑事案件适用法律若干问题的解释[EB/OL]. (2013 - 09 - 10)［2021 - 11 - 10］. https://www.spp.gov.cn/zdgz/201309/t20130910_62417.shtml.

现,当初的车友群里有一位群友因平日不太看这个群的消息,所以在群解散后没有主动退群,群内的消息反而保留了下来,这才得以让完整的聊天记录证据被固定了下来。在公安和检察院的共同努力下,整个取证过程持续了将近一个月,最后形成了厚厚的十七卷案卷,录屏、录音、录像等电子证据制成的光盘多张,取证地点更是涉及北京、上海、广州、成都等多个城市。

终于在 2021 年 1 月 19 日,所有证据补充侦查完毕,公安机关将此案正式移交余杭区检察院。

6. 司法共惩公正还,始作俑者诽谤判

2021 年 2 月 26 日,余杭区检察院就此案正式提起公诉。检察机关起诉认定,两名被告人诽谤他人,对他人人格权造成损害,且事件在网络中传播广泛,严重扰乱社会秩序,将依法以公诉程序追究其诽谤罪的刑事责任。至此,无论最终判决结果如何,对 W 女士来说心里悬而未决的大石头总算是放下了。同样是静静的等待,此刻 W 女士的心境已不同于当初等待立案之时。从决定刑事自诉到检察院提起公诉,这期间的经历让她觉得自己不是一个人在孤军奋战,是整个司法系统和她一起在战斗。公诉了以后,警方立案侦查搜集的证据更权威、更全面,这些都将在未来的庭审中帮助到她。

2021 年 4 月 30 日,案件在人民法院开庭审理,人民检察院出庭支持公诉。案件经审理当庭宣判,两名被告人分别以诽谤罪判处有期徒刑一年、缓刑二年。判决书中指出,两名被告人出于博取关注等目的,捏造事实,在网络中散布虚假信息,且经大量阅读、转发,严重侵害被害人的人格权。其行为已构成诽谤罪。考虑到二人主动赔偿且真诚悔罪,因此采纳公诉机关判处意见[①]。

当庭审现场的 W 女士听到判决结果,她深深地呼了一口气,从案发到现在整整十个月了,苦苦追寻的公正,今天终于等到了结果。她不幸遭遇的无妄之灾,也终于可以过去了。

对于亲身经历的这一切,W 女士感慨良多,她深知能够维权成功绝非一己之力。一路走来,网友、媒体的鼎力相助,政法系统工作人员的尽心尽力和秉公执法,共同为惩治网络暴力、营造清朗网络空间努力着。在接受媒体采访时她谈起自己下一个心愿:"我想成为一座桥梁。桥梁的这边是一些正在遭遇和已经遭遇诽谤侵害的受害者们,桥梁的那边是媒体从业者、法务工作者和心理咨询师。这是我最近一直在思索的东西,能不能把这些力量集结起来,每个人抽出一些自己空余的时间去帮帮他们,可以给他们很多力量。反对网络暴力这条路还在继续。"

7. 网络并非法外地,如何治理惹争议

W 女士取快递被造谣出轨案是一起网络诽谤以公诉程序查处的案件,推动了刑事自诉案件转为公诉,被最高检选为 2020 年度十大法律监督案例,为明确"严重危害社会秩序和国家利益"提供了参考。此案由自诉转为公诉,是司法机关主动作为,是对刑法第 246 条规定的创新应用;既展示了司法机关的鲜明态度和坚定立场,有助于鼓励广大女性面对诽谤等违法行为侵害时,不做沉默的羔羊,勇于维护自身合法权益;又同时引导广大公民树立"网络不是法外之地"的正确观念,自觉规范网上行为,共同维护网络秩序。

2021 年 1 月,最高人民检察院检察长在会上点名"女子取快递遭诽谤案",要求加大惩治

---

① "杭州取快递女子被造谣"案,判了[EB/OL]. (2021 - 04 - 30)[2021 - 11 - 15]. https://www.163.com/dy/article/G8RVNRH40530X1P1.html.

网络违法犯罪，降低公民维权成本。数据显示，过去一年间，检察机关共起诉网络犯罪13.8万余人，占刑事犯罪总数的8.8%，同比增加3.6个百分点[①]。由此可见，近年来网络犯罪数量不断攀升。

我们身处信息爆炸的时代，信息传播的"碎片化"特征日趋明显。网络在丰富人们生活、为我们带来便利的同时，也沦为低成本违法乃至滋生网络犯罪的沃土。今天，一位女士因为取了个快递就被精心编排出一段莫须有的"香艳八卦"大肆传播，难保明天就不会有另一个人因"玩笑"被描绘成博人眼球的"人设"。当人们在做着一件再平常不过的日常之事时，都要去提防自己是否可能会被网络诽谤，都要对身边的每个人时刻提防、小心翼翼，那么一个社会的诚信体系如何维系？法治社会何以体现？对这种随时可能带来不良影响的网络舆情，司法机关不仅要管，而且必须管好。这已不是个案公正的问题，而是代表了整个社会法度的标尺。此次公安机关和检察机关的主动担当，向广大民众，特别是那些曾遭遇不法侵害的人表明了态度，那就是为无辜者撑腰，让无力者有力。

在国家大力整治网络犯罪的同时，我们还需清醒地认识到现阶段网络空间存在的诸多乱象及其导致的网络舆情治理的复杂性。以快递造谣案件为例，在搜集网络中关于本案例相关报道和评论的基础上，通过对网友的相关评论进行分析可以看出，即使在同一事件情境下，各方对于事件的整体评价也出现了差异化特征，按照评价角度的不同，大致可划分为以下两种类型：

第一，在情感评价层面，绝大部分公众均表露出对于W女士遭遇的同情以及造谣人员的痛恨和谴责，并在较大程度上强调了对于造谣动机的还原。

例如："一个人越缺什么，就越会刻意强调什么。既不关心被自己伤害的无辜路人，也不关心自己可能发生的违法入狱。这种刻在骨子里的对人性的漠然，是现在很多年轻人的病灶。没有朋友，找不到对象，高强度网上冲浪，别人都在炫耀我也得编点什么，哪怕群里的人都只是不靠谱的网友，哪怕这件事违法，也一定要决绝地按下发送键自爆。"在这样的表述中不难看到，由这起事件，引发了部分公众对于社会中少部分群体的道德质疑，并认为在特定情境下，对于这些个体的行为已经难以及时进行遏制了。

第二，在法律维权层面，公众的相关评价则出现了差异化趋势。一方面普遍认为"女子积极站出来维权的举动，不仅仅有着保护自己、讨公道的意义，更重要的一点在于，支持她，实际上就是在保护我们自己"，类似表述得到了其他网络围观者的广泛认同与支持。

但在另一角度中，针对两名涉案人员的判决，一部分公众认为有关部门严格按照法律，对违法人员进行了有力的惩处，而少部分基于情绪聚焦的公众，则认为判罚无法杜绝此类事件的再次发生，认为应当从严处理，以起到警示作用。

在分析公众观点后不难看出，即使针对同一事件，网络中也存在着完全对立的观点看法，这亦是"后真相时代"的网络空间所具备的显著特征之一。但无论评价如何，正如人民网所写到的一样，身处网络空间，我们需要的是阳光充盈的"数字化生存"，没有人希望目睹更多冰冷彻骨的"社会性死亡"。作为网络空间一员的我们，尤其要从我做起，理性上网，理性对话，为构建清朗的网络空间积聚力量。

[①]　中华人民共和国最高人民检察院.第十五次全国检察工作会议召开[EB/OL].(2021 - 01 - 11)[2021 - 11 - 15]. https://www.spp.gov.cn/spp/tt/202101/t20210111_505954.shtml.

8. "真相"滞后谣言起,舆情治理迎挑战

W 女士的事件结束了,然而值得我们每个人思索的是,当"后真相时代"来临,"真相"滞后而谎言肆虐,面对网络舆情,我们是否会一叶障目、难辨是非? 还是能时时保持理性中立地思考? 这不仅是摆在每个普通网民面前的问题,也是整个社会需要研究的课题。

近年来随着自媒体的快速普及,在已然来临的"后真相时代",人人都可以在网络中产生、接收和传播信息,这便对网络信息的真实性、准确性提出了极高的要求。但由于事件本身的复杂性以及信息传播的滞后性等特征,诸多网络信息并未能真实还原事件原貌,反而由于错误信息的大肆传播,造成了涉事主体的"社会性死亡"。

在错综复杂的网络信息中,个人在网络事件中的主体身份将不再有着明显界限,一位普通用户,有可能是"吃瓜群众",有可能是信息传播者,也有可能就是事件的涉事主体本身。同时在"后真相时代",网络舆情会进一步淡化个人传统的身份"标签",例如年龄、性别等,这些标签在其他近年屡上热搜的"社会性死亡"事件中亦有所体现。

2020 年 11 月,一位某大学本科女学生发帖称自己在食堂遭遇一男生性骚扰,后者以背包掩护摸了其臀部。在一切真相还未明的情况下,这位女学生就在朋友圈和学校论坛曝光了这位男生的信息。此事件一经传播至网络便受到网友的广泛关注。在查看监控视频之前,舆论普遍谴责该男生的"不道德行为"。然而,在查看监控澄清真相后,舆情快速发生反转,加之这位学生避重就轻的道歉引来网友反感,不少网友开始批判其过度的网络维权行为。

如果说在这起校园"骚扰"事件中,网络舆情对两名当事人均造成了"社会性死亡"的后果,那么在接下来这件案例中,网络舆情则对当事人造成了巨大的心理压力,甚至在某种程度上对当事人的人身安全造成了威胁。近日,刘某自杀事件引起网友热议,大家纷纷为其感到惋惜。在他身上同时存在着多重标签,例如"校园欺凌受害者、被男老师猥亵、寻亲男孩"等。在成长的路途中他在努力让自己变得更好,但在找到亲生父母后却被"二次遗弃",同时在网络上收到了网友的漫天污蔑,最终他倒在了舆论的重压之下,选择离开这个世界。

同快递造谣案一样,在这两起事件中,公众对于事件的关注点,除事件主体、发展过程等,还形成了几个不同层面的评价,如"伤害""轻描淡写""咎由自取""和稀泥""毫无诚意"等关键词,均体现出了公众在基于事件认知上的个体与集体评价,但存在着与快递造谣事件相比更为显著的差异化特征,由上述三个案例对比可以发现,在"社会性死亡"事件中,存在着事件发展脉络的大致相同,也存在着在公众评论、媒体报道以及公众媒体共鸣等方面的诸多差异,按照观察视角,大致可划分为以下两个不同的类型:

第一,在个人隐私层面,大部分公众认为无论事件的缘由、发展如何,均不可突破法律边界,在网络中大肆传播他人信息,造成当事人的"社会性死亡"。例如在上述校园"骚扰"案例中,女学生未经男学生许可将其身份信息在网上公开,按照《侵权责任法》第二条相关规定,已属于侵犯他人隐私权的行为。例如有很多公众认为女学生的种种行为已经严重侵犯了男学生的个人隐私,并对其精神造成了严重影响,因此应通过法律制度来保障男学生的应有权益。但在另一角度,网络中存在着的大量关于女学生的"人肉搜索"信息实在不可取,但这也表现出了在此类案件中部分公众对于个人隐私的极度淡视与对法律的不尊重。

第二,在事件处理层面,有公众认为不应当通过以平息舆论为导向来处理事件涉事主体,而应聚焦于问题本身,强调事件处理流程的公平、公正、公开。在上述事件中,学校通过双方商讨的方式来平息舆论,这样的处理方式变相地鼓励了女学生的行为,存在着和稀泥的嫌疑,同

时可以看出这样的处理方式显然难以有效平息质疑。但在另一角度,有公众认为无论事件对错与否,首先应当对涉事主体,尤其是被"社会性死亡"一方进行及时保护,在防止个人隐私进一步泄露的同时,也应当注重其心理健康的正确引导等,因此对当事人在网络上进行"人肉搜索"是十分不恰当的。

在这两起事件中,存在着与快递造谣事件同样广泛的网络讨论,以及同样复杂的舆论观点,这些观点基于不同角度、不同立场,显然难以简单以对错概之,这也正是"后真相时代"网络舆情治理的难点之一。

(三)结语

取快递被造谣出轨案最终以两位涉案人郎某、何某被处以"有期徒刑一年,缓刑二年"告终,始作俑者既接受了法律的制裁,同时也受到了舆论的道德谴责。W女士用整整十个月的时间,从一个人孤军奋战到寻求众人的帮助提起自诉,再转为公诉经由司法机关介入才走完了这条艰辛的维权之路,才经历了从路人指责到真相大白,才守住了社会的底线和正义。但在刘某寻亲事件中,当事人难以承受网络舆论重压最终选择自杀,又应当由谁来承担责任呢?因此在网络舆情事件中,是什么因素无形中助推了诸多的闹剧,有哪些关键的传播节点;身处"后真相时代",网络舆论的管控方面是否还存在制度匮乏等问题,还值得我们进一步探索。

三、案例分析

在互联网高速发展的环境下,在大数据渗透进方方面面的形势下,在新老媒体更新迭代的境况下,舆情危机事件层出不穷,网络环境的稳定俨然已经成为社会稳定的重要评判因素,网络舆情治理刻不容缓。

2020年7月,身在杭州的W女士因为一个日常的取快递行为,被附近便利店老板郎某偷拍。随后,郎某、何某为了制造噱头、博取关注,恶意编造W女士与快递人员的聊天记录,制造W女士品行不端、出轨快递员的谣言并肆意传播。此谣言传播的广泛程度达到令人瞠目结舌的程度,因其低俗性和涉及社会热点的"出轨"标签,大量不明真相的旁观者,站在道德的制高点对W女士进行人身攻击和网络暴力。

事件发生后,W女士第一时间选择向公安机关报案,公安机关依法对郎某、何某行政拘留,并发布相关澄清通报。但此事并未因官方的辟谣而告一段落,无数纷至沓来的热议不仅打乱了W女士的正常生活,使其被公司裁员、遭受身边人的非议,而且对W女士的精神造成了巨大的伤害,致其抑郁。在事件发展至此,两名造谣者不仅没有认识到自己的错误、积极向W女士表达歉意,反而因赔偿问题大肆宣扬W女士狮子大开口,见钱眼开,以博取同情反转舆论走向。忍无可忍的W女士最终走上了自诉维权这条最为艰辛的道路。

万幸的是,公道自在人间。我国检察机关在案件立案之初就成立了专案组进行调查,对于W女士所经历的事情,以其造谣对象的随机性对社会造成严重恐慌为由,将该起案件由自诉案转为了公诉案,并经过调查取证依法判处郎某、何某有期徒刑一年、缓刑二年。一纸判书终于为W女士取快递被造谣一事画上了一个句号。本案例详细时间线参见图1。

从W女士取快递被造谣事件中我们可以看到,在一件网络热点事件被爆出来后,大众在未知事件全貌的情况下开始对事件进行讨论、传播,这个过程中群众已忽略事情的真相,开始追求情感的表达,他们只相信自己的世界观而并非在乎是否正确,形成"情感诉求"大于"事实真相"的"网络舆情"现象,本事件则是大众对于富有群体及女性群体的"刻板印象"和认知偏

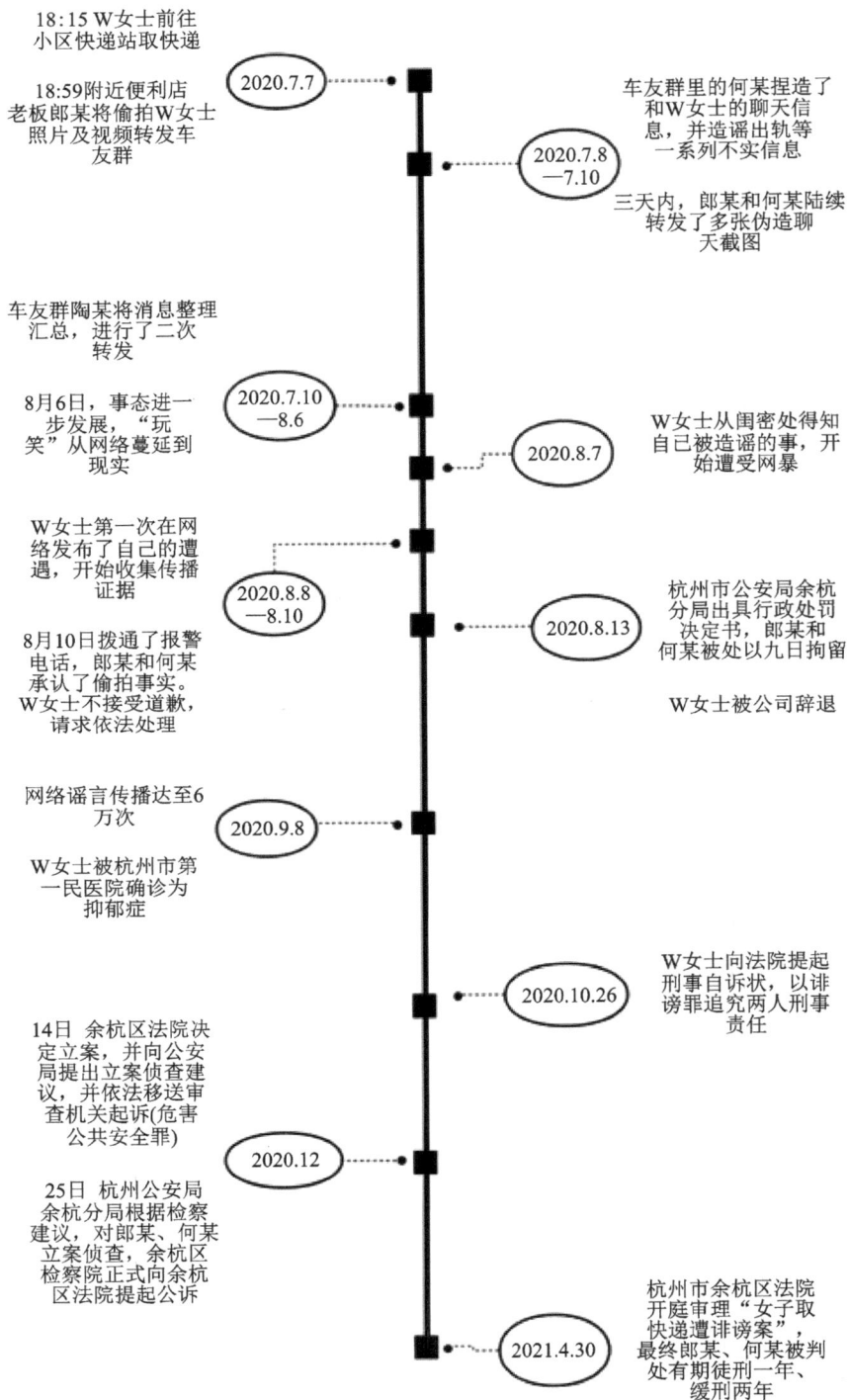

图 1　案件发展概况

18:15 W女士前往小区快递站取快递

18:59附近便利店老板郎某将偷拍W女士照片及视频转发车友群

2020.7.7

车友群里的何某捏造了和W女士的聊天信息，并造谣出轨等一系列不实信息

2020.7.8－7.10

三天内，郎某和何某陆续转发了多张伪造聊天截图

车友群陶某将消息整理汇总，进行了二次转发

8月6日，事态进一步发展，"玩笑"从网络蔓延到现实

2020.7.10－8.6

W女士从闺密处得知自己被造谣的事，开始遭受网暴

2020.8.7

W女士第一次在网络发布了自己的遭遇，开始收集传播证据

8月10日拨通了报警电话，郎某和何某承认了偷拍事实。W女士不接受道歉，请求依法处理

2020.8.8－8.10

杭州市公安局余杭分局出具行政处罚决定书，郎某和何某被处以九日拘留

2020.8.13

W女士被公司辞退

网络谣言传播达至6万次

W女士被杭州市第一民医院确诊为抑郁症

2020.9.8

W女士向法院提起刑事自诉状，以诽谤罪追究两人刑事责任

2020.10.26

14日 余杭区法院决定立案，并向公安局提出立案侦查建议，并依法移送审查机关起诉(危害公共安全罪)

25日 杭州公安局余杭分局根据检察建议，对郎某、何某立案侦查，余杭区检察院正式向余杭区法院提起公诉

2020.12

杭州市余杭区法院开庭审理"女子取快递遭诽谤案"，最终郎某、何某被判处有期徒刑一年、缓刑两年

2021.4.30

差。"后真相"已演变成一个时代的标志，它代表了这个时代的社会现状。

"后真相"通常指的是，人们对于事件真相的选择，不再是传统意义上对于事件本质真实的探索，而是通过选择自己愿意或是喜欢的真相方式，诉诸自己的情感和认知。在传统媒体盛行时期，真相是唯一的、标准的，也是客观的。但是，在现今社会真相不再单一，而是由"许多个真相串联起来的"。由于当今社会事实真相变得难以获取，但是情感依托却更容易实现，于是大家不再重视真相，而是更集中于情感或者说是情绪的抒发。人们通过情感达成共识，用情绪表达来充弥认知上的不足，以期获得虚妄的认同。这里的"真相"更像是真相、假相以及情感输出的不断相叠的产物。

从当前的社会表现来看，"后真相时代"开放自由的特点，的确在一定程度上为人们带来了便利，但也给发展中国家和政府带来了许多新的困难，比如内容虚假、夸大造作、混淆视听、煽动情绪等负面特点，新闻媒体传播也在不断顺应社会传播规律而不断调整。当舆情事件出现时，每一个人作为独立个体都有着强烈的表达欲望，以此寻找共鸣。"后真相时代"的传播是一把双刃剑，能否用好的关键还是在于如何引导和构建"真相"。

（一）理论基础及分析框架

2016 年 11 月，《牛津高阶词典》公布了当年的年度词汇"后真相（post-truth）"。意为"诉诸情感及个人信念，较客观事实更能影响民意"。随着"后真相时代"的到来，人们的思想观念发生转变，更加注重主体的观点、信念和情感的宣泄，甚至容易走向非理性和极端，从而导致了网络谣言、政治谎言和虚假新闻层出不穷。以"女子取快递遭诽谤"为例，整个事件成为一个表达在前、真相在后的闹剧，网络上的各方表达主体，都缺乏了自己的理性思考，一味地表达自己所想表达的内容，传递自己的情绪，没有人关注真相到底是什么。而当事情的真相和事实通报后，所造成的伤害和带来的不良影响已无法挽回。

1. 个体化现象严重

（1）个体情绪化导致传播情绪化。

在后真相时代，人们关注的焦点已从事实本身转换为情绪化的内容表达上，由于网络上的每个人都是独立的表达个体，他们会根据自己所看到的东西产生自己的情绪，进一步形成自己的观点，信息在传播过程中就会增加个体情绪的内容。然而，网络是一个虚拟的空间，在网络平台表达自己的言论不需要受到控制，网络就成了个体表达情绪观点的平台。在此事件中，虽然问题已经澄清，但 W 女士取快递被造谣所带来的不良影响却并没有结束。在 W 女士将此事件报给了杭州市公安局余杭区分局，警方调查公布了相关事实之后，仍有大量网民以侮辱性的语言对 W 女士进行攻击，此时大量个体在释放负面情绪，造成了整个网络舆情事件负能量过重，事件进一步升级。

（2）个体媒体素养缺失。

随着后真相时代的来临，传统媒体不再是唯一的信息源，受众不再信息的接受者，也是信息的产生者，人人都可以在网络平台发表自由言论。由于缺乏专业的媒体素养，在热点事件到来时，个体缺乏专业媒体辨别是非、提出质疑的态度，再加之缺少专业媒体广泛的信息来源，在不明真相的前提下开始选择情感思维表达。而受众中盲目跟从者总数多于理性分析者，再加之部分网民将自己在网络中的能力用于造谣，部分网民网络素养较高但却不习惯或者不愿意在网络中发言，经过不断的恶性循环，影响网络舆情事件发展态势，甚至歪曲事实。

2. 自媒体职业道德素养的缺失

在后真相时代,出现了一种新的表达模式"自给自足",这种模式的特点之一就是"流量变现",流量更多的人所传递的观点会吸引到更多人,他们更容易在网络舆论场中形成领袖意见,能够吸引更多的网民关注,从而获得利益。在这种模式下,出现了大量的自媒体,这些自媒体为了获得更高的关注度及更多的流量,就会在速度上及内容上下功夫,怎样获得更多人的关注成了最重要的问题,事情的真相已不再是重点。而在这种环境下,他们并不一定能够积极传递相关热点事件的正确言论,只是受利益所驱,表达自己能够博人眼球的内容,并不能帮助网民更好地了解事件的全貌,反而造成了不良的社会影响。比如据 W 女士搜集的资料显示,截至 9 月 20 日,多篇造谣网帖的总浏览量达 60660 人次,转发量为 217 人次。大量网站、微信公众号等对 W 女士取快递被造谣的言论合集转载推文。

3. 网络信息失真化

随着 5G 时代的到来,我们的阅读模式逐渐碎片化,在这种情况下,"眼球效应"变得更加重要,并且通过该效应进一步促进了"标题党"的产生。这些内容生产者为了能够获得更多的受众从而实现宣传、推广等目的,从传播源上会使得网络信息失真;而在传播过程中,传播者在整合的基础上添加自己的思想观点,形成新的传播信息,这就会导致信息进一步失真。以本次案例为例,群内陶某将聊天信息汇总整理成一个八卦故事合集,抱着"吃瓜"看热闹心态的"围观群众"一传十、十传百,最终导致在各种网帖、论坛还有网络社群中均能看到这些造谣信息,事件开展逐渐外延。在不明真相的"围观群众"的助力下迅速发酵,佐以伪造的微信聊天记录传播开来,成了大家茶余饭后的欢乐谈资,导致事态升级。

4. 网络环境与高速发展的国内环境不匹配

(1)社会发展不平衡。

我国正处于社会主义发展阶段,党的二十大报告提出,我国社会主要矛盾是"人民日益增长的美好生活需要和不平衡不充分的发展之间的矛盾"。在这种国情下,城乡发展差距大,财富、教育、医疗等资源分配不均匀,导致了劣势群体对社会的不满、对优势群体的憎恨,心理发生了一定的变化,甚至扭曲。长此以往,加剧了社会矛盾。而网络给了劣势群体发泄口,在网络舆情事件出现后,事件中优势群体的特征更容易遭到攻击,从而引发大量负面消息。

(2)网络舆情的制度环境匮乏。

就目前而言,我国目前仅有针对网络的相关法律法规及相关政策,关于网络方面的法律法规的设定主要还是以维护网络安全为主,对于网络舆情的法律监管体系尚未形成专门的法律体系。在网络舆情治理中,由于缺少法律制裁、法律责任、明文规定等内容,即使查处违法违规行为,我们也难以惩治。同时,网络舆论相关问题的主体难以确定,参与人数众多,事后追责难,相关事实证据不易固定,网络文字视频可能会被删除等都导致法律体系难以完善。以此案为例,W 女士依据"侮辱诽谤罪"追究两名造谣者的刑事责任向法院提起了自诉,在之后以"严重扰乱网络社会公共秩序,给广大公众造成不安全感,严重危害社会秩序"为由转为公诉。虽然事件得到解决,但从相关的诉讼依据来看,依据的均不是网络舆论的相关政策法规。

(3)政府的舆情监管不力。

近年来,政府虽已逐渐重视网络舆情应对,但总体来说,还存在监管、应对不力的问题。针对爆炸式的网络信息,传统的人工监测手段已不能保证获取网络信息的时效性,网络舆情监测和分析工作就变得十分复杂。而政府在舆情监管方面的监测、处理技术仅有国安、公安和宣传部门在使用信息收集处理技术，但针对网络大量的信息，没有专业的机构、人员去监测网络信息，这就导致不能及时获取到网络信息；再加之没有专业的机构去处理舆情事件，涉及多个部门之间时需要协调共治，可能出现应对迟缓的情况，网络舆情事件往往会愈演愈烈。

（二）分析要点

真相的本质是一种共识，要找到所谓的"真相"，就需要主观道德、情感的正确以及认知的统一，若达成以上两点就可以建构出"真相"。在"后真相时代"，新闻媒体的信任危机步步显露，虚假信息盛行、谣言泛滥都在动摇着原有媒体对于"真相"的垄断根基。在"后真相时代"，真相的构建再不仅仅是单一因素的考量，它需要多方因素（技术、事件主体、专业新闻主体、普通民众等）统筹理解，在这种情况下行动者网络理论则是后真相时代真相建构的关键。

1. 基于行动者网络理论的分析框架

（1）行动者网络理论概述。

行动者网络理论（actor-network theory，ANT），是由法国巴黎学派代表人物科学知识社会学家布鲁诺·拉图尔（Bruno Latour）、科学技术研究学者米歇尔·卡龙（Michel Callon）和社会学家约翰·劳（John Law）在 20 世纪 80 年代提出的社会学分析方法。最初创建该方法的目的是了解科学和技术的创新和知识创造的过程。

行动者网络理论认为最终目标的实现依赖于所有行动者的共同作用，单一行动者的缺失或是消极应对都会影响整个网络的正常运行。在行动者网络理论中有三个重要核心内容，分别是行动者（actor）、异质网络（heterogeneous network）和转译（translation）。

行动者不再是传统意义上的行为作为者，而是可以分作人类行动者和非人类行动者，二者没有明显的地位差别、没有中心化的主体。人类行动者可以看作是具有实体可直接接触具有物质性的行动者，例如政府部门、企业、民间机构、人群等。非人类行动者可以看作是非接触性事物意识层面的行动者，例如政策法规、观念、风俗、技术等。但是需要注意的是，只有通过制造差别改变了事物状态的东西才能被称之为行动者，否则就算置身于网络中但是没有任何行为、没有改变任何元素，也不能被称为行动者。

异质网络就是为了促成不同行动者中的联结，行动者就是网络构建中的一个个节点。行动者越活越，网络的联结性越紧密，网络的复杂性也会进一步提升，网络也会进一步升级扩散，使更多的行动者参与其中。而且不管是人类行动者还是非人行动者都紧密地被网络联结在一起。网络打破了扁平的人与非人行动者关系，打破了传统中的界限，使每个行动者在平等的环境下自由联结。

转译是不同的行动者构建网络的行为、方法和途径，其贯穿于整个行动者网络理论中。转译会改变行动者本意，是行动者主观能动性的体现。转译就好比一台复杂的机器，你知道输入进去的信息但是却无法预测输出的结果。卡龙把转译划分为四个"环节"：问题呈现（如何成为不可或缺的部分）、收益共享（如何留住同盟）、招募成员（如何协调各种角色）、动员（代言人是否有代表性）。在后续研究中又扩展为问题呈现、利益赋予、征召、动员、异议。在转译过程中，有些"不变的运动体"（immutable mobile）常常会去规约并引起其他行动者的变化，这样的"不变的运动体"就叫作"强制轨道点"（obligatory passage point，OPP）。行动者网络理论具体模型如图 2 所示。

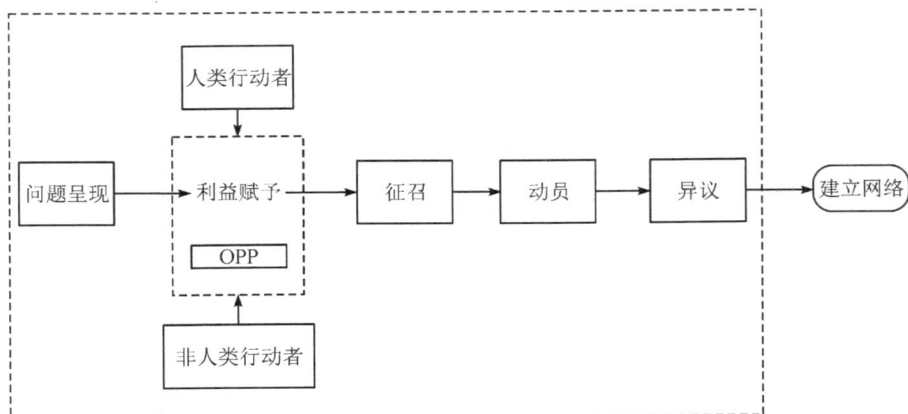

图 2 行动者网络理论模型

同时如图 3 所示,在行动者网络理论中,各行动者没有上下阶层关系、没有隶属关系、没有主次关系,所有的行动者都处于平等的自由联结状态,这样虽然突出了每个行动者的自主能动性、提高了社会活性,但是由于过于分散的权利会造成大量无序联结的出现,使一些简单问题复杂化或使一些事件失去控制。

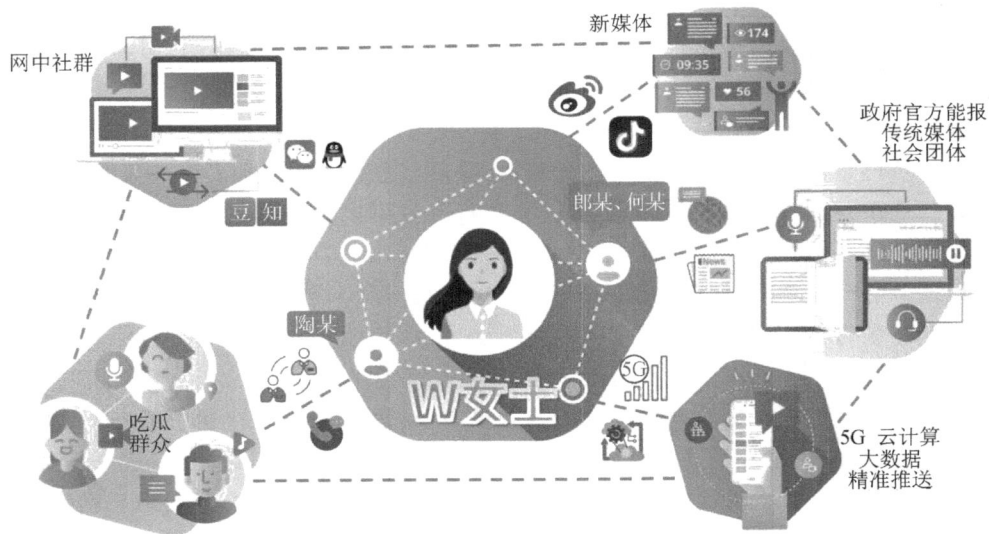

图 3 行动者网络具象化图谱

所以,本案例分析根据我国实际情况,在行动者网络的基础上,对行动者进行主次划分,确定具有权威性的核心行动者,并将转译过程围绕核心行动者所规定的 OPP 进行行为互动。

(2)行动者网络视域下案例分析。

行动者与强制轨道点:根据"女子取快递被造谣"案例中涉及的主要影响因素,从 ANT 视角出发,可以看出此案例是由多个行动者通过特定的方式联结形成网络,在网络中各个行动者互相作用、互相催化,最终实现事件顺利解决。其中涉及的主要行动者包括政府部门、传统媒体、新媒体、网络社群、网民个人、舆情事件、网络技术、信息要素、政策法规[61]。按照 ANT 的概念可以将这些行动者进行如下划分(见表1)。

表 1 "女子取快递被造谣"案例行动者

类别	行动者	具体代表	所属层面
人类行动者	政府部门	公检法、网络监管部门等	舆情主体
	传统媒体	地方卫视、各大报刊等	舆情主体
	新媒体	微信公众号、微博、B站、抖音等	舆情主体传播途径
	社会团体	中国网络空间安全协会、中国网络社会组织联合会等	舆情主体
	网络社群	论坛、贴吧、QQ群、微信群等	舆情主体传播途径
	网民个人	涉事人员、水军、公知大V、草根网民等	舆情主体
非人类行动者	舆情事件	被造谣事件	舆情客体
	信息要素	图像、文本、影音等	舆情载体
	网络技术	5G互联网、云计算等	网络技术
	政策法规	《中华人民共和国民法典》《中华人民共和国刑法》等	网络约束

如表 3-1 所示，在本案例中政府部门、传统媒体、新媒体、社会团体、网络社群及网民个人充当了舆情主体；舆情事件充当了舆情客体；新媒体和网络社群则充当了其中传播途径；信息要素充当舆情载体；网络技术和政策法规分别充当着技术层面及网络约束层面的作用。本案例行为者关系如图 4 所示。

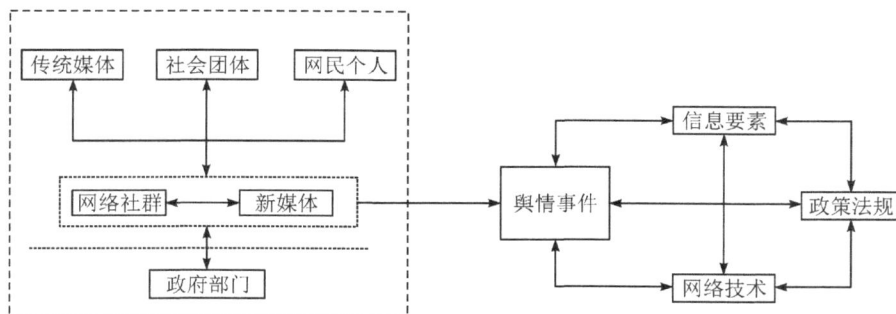

图 4 本案例行动者关系

由于政府部门本身具备的权威性、宏观调控性以及国家强制力的保障，使得政府部门在众多行动者中处于主要地位，也就成为该网络中的核心行动者。除政府部门外的全部人类行动者因其主观能动性均为主要行动者。政府部门将其他行动者利益诉求进行界定，通过协调解决各方冲突、矛盾，找到共同目标确定 OPP，即后真相时代社会热点舆情吸引流量、引发热议、获得关注、使人反思。

在本案例中各行动者通过强制轨道点"后真相时代社会热点舆情吸引流量、引发热议、获得关注、使人反思"构建了网络，但是由于行动者尤其是人类行动者之间的差异性以及利益诉求的不均等性导致网络运行中存在各类障碍，这里核心行动者的权威性就要发挥作用，时刻注意主要行动者的主体目标，随时准备消除障碍。

政府部门的主体目标是维护网络安全、维护公共秩序、保障人民利益、创建和谐安全网络环境，并且要不断完善政策法规为其他行动者提供政策支持。目前传统媒体存在的障碍是理论研究不充分，舆情事件的应急处理机制不够完善，舆情监测的反应时间过长。这需要加强技术支持、优化部门协同，紧跟实事民生更新政策法规。要在加快培养专业人才的同时，保障网络技术及人才培养的资金充足，坚持科学发展，创新管理办法，平衡行动者之间的利益。

传统媒体是"主导受众型"媒体，更注重质量，其主体目标是给广大人民群众传达准确无误且经国家主管部门认可的信息，也就是现在网络上所说的"官方信息"。目前传统媒体存在的障碍是信息及时度不足，由于自身附带的审核机制导致时效性较低，同时信息来源渠道较为单一。因其代表着官方的态度，审核机制绝对不能省略，但是可在审核时间及审核层级上进行精简。此外，传统媒体第一要素是保证信息的真实性，然后再去拓宽信息渠道。

新媒体是"受众主导型"媒体，更注重时效，其形式多样且新颖，网络文稿出稿速度快、篇幅短、标题醒目，其主体目标是第一时间抢占舆论先头地位，吸引大批量网民，提高点击率，增加传播率从而加强自身在市场中的竞争力。目前存在的障碍是信息审核不过关，导致大量虚假信息流通；为了吸引社会关注，获得更高的点击量，新媒体往往会夸大语言，同时截取部分信息主动迎合舆论，使得信息失真。这就需要加强监管，及时清查不当信息、叫停不当媒体，提高媒体自身审核机制，引入群众监督，畅通群众举报通道。

社会团体一般是指由一定数量的人群带有一定的目的（非营利）建立的准官方团体。网络类社会团体的主体目标基本是信息咨询、政策宣传解读、技术开发、人才培养等。社会团体的劣势在于：一是自身定位的局限性；二是管理体制不健全，政策支持不显著，法律体系不完善；三是社团内部由于缺乏选拔机制，整体素质不均衡；四是城乡发展不平衡。为了推开这些障碍需要社会团体学会转变观念，完善制度管理，加强内外监督机制，统筹发展，并加强自身建设。

网络社群是建立在网络中、网民自发联结的群体，这种群体一般具有相同的目标及期望且规模较小，其主体目标按照四种不同的分类[62]，分别是：友谊型，即彼此认识或熟人介绍，为了加强情感联系，实现异位交流；同好型，即彼此有相同兴趣爱好，未必相知相熟，为了分享交流日常爱好，共同探讨兴趣点；利益性，即因某种利益临时聚集，为了维护或实现某一共同利益而交流探讨、展开活动；崇高型，即因共同的理想、价值观、信仰结成的群体，往往不图回报，自发组织伸张正义或抗议不满。

从不同类型的网络社群主体目的我们可以看出，网络社群的出现主要就是满足了人们的交流、沟通、表达及社交愿望，其存在的障碍是社群内部人员素养、觉悟有高有低，导致社群内信息质量错落不齐。由于大部分社群以虚拟身份加入，使得管理相对困难。一旦社群内有权重较高成员被舆论风向左右，可能导致大批社群成员跟风。根据上述障碍可以看出网络社群需要加强自身管理监督机制，社群成员尽可能在前期进行身份验证，每个社群都需要有具备高素养、高觉悟的社群主管人员随时警惕不当言行，相关政府单位对网络社群也要起到监督引导作用。

网民个人作为单独个体，他的主体目标就是表达个人观点看法。其存在的障碍是个人素养参差不齐，部分个体被资本收买，部分个体易受当前舆论信息左右，从而使得网民发表出不当言论。这就需要网民个人加强自身素质建设，增强法律意识，必要时需要政府部门进行干预。

转译：网络舆情的治理体系是各个行动者互相联结、行为互动的动态网络，对于OPP，即维护网络良好秩序的实现关键在于转译。通过转译这个过程，给不同行动者的利益、角色、功能、障碍进行界定，从而通过OPP达成最终目标。

行动者网络形成：通过有效的转译过程，后真相时代舆情治理的行动者网络形成。由于网络运转的动态性和多变性，各个行动者需要不断加强合作，不断发现新问题，将异议反馈处理并开启新的转译，同时扩大行动者队伍，尽可能吸收更多于总目标有益的行动者，扩大影响力，从而实现最终目标。

2. 基于行动者网络理论的模型建构

（1）模型建构主要步骤。

核心问题的界定：后真相时代网络舆情治理主要需要解决的问题就是"如何以最恰当、最合理、最符合人民期望的方式尽快解决舆情危机事件"。在网络中所有行动者都将围绕这个问题进行行动。政府相关部门，也就是我们的核心行动者，根据舆情实际情况设置目标，提出需要解决的问题，并保证对于核心问题的界定不被外界干扰所偏移。

各方利益的赋予：政府部门是核心行动者，在网络运行期间政府主管部门需要出台舆情治理相关政策并监督落实，同时要成立相关领导小组强化其他行动者的角色定位并调动其积极性，照顾到各个行动者的利益诉求。

行动者的征召：政府部门要带头建立网络舆情治理体系；传统媒体、新媒体、网络社群、网民个人等行动者响应号召被征召，与政府部门形成联盟。

兴趣激发及动员：在整个联盟中，各个行动者都要贡献力量参与到网络舆情治理中去。而政府主管部门因其权威性与行政权力天然具备动员能力。通过政策支持、资金支持、法律保障激发各行动者落实计划、实现整体目标的兴趣。同时由于前期将自身目标与整体目标相结合被赋予利益，通过整体目标的实现也能实现自身目标。

异议的处理：每个行动者都应该通过目标的结合、利益的整合，消除分歧，排除异议。因为舆情事件具有复杂性、突发性及不易控性等特征，现有的整合机制不一定能满足舆情事件治理的需要。因此在此期间需要核心行动者对整个网络体系进行梳理，及时更改运行规则，排除异议。同时，各行动者也需充分发挥自身潜力不断探索新的解决办法。在这一阶段可以与PDCA循环（见图5）结合，以达到最符合期望的目标。

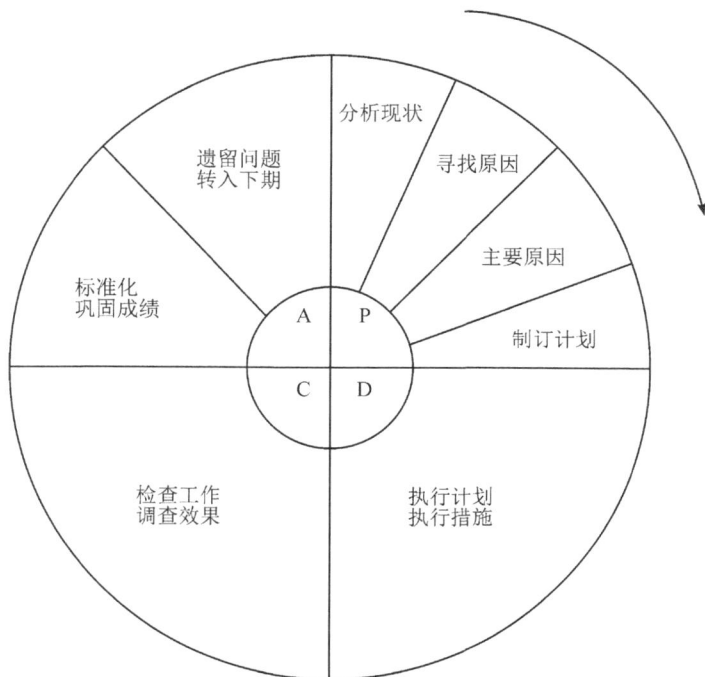

图 5　PDCA 循环模型

（2）模型的构成。

根据上述的转移过程,结合本案例,可以形成如下模型。

模型一(见图6)讲述了"女子取快递遭诽谤"这一案例中的网络建构路径。首先W女士无辜被造谣,成为事件最初的问题呈现,并被诸多人类行动者,例如政府部门、新媒体、网民等所普遍关注。同时经过政策支持,政府部门及其他相关行动者开始响应,经过"自诉转公诉"等动员行为,在还W女士清白的同时,还被列为典型案件进行复盘。上述网络的建构路径,既包括了政府等人类行动者的参与,同时也离不开非人类行动者,例如网络技术等的参与。但由图中内容可以看出,模型一是整体结构模型,不具备普适性,只适用于当前"女子取快递遭诽谤"这一具象案例。

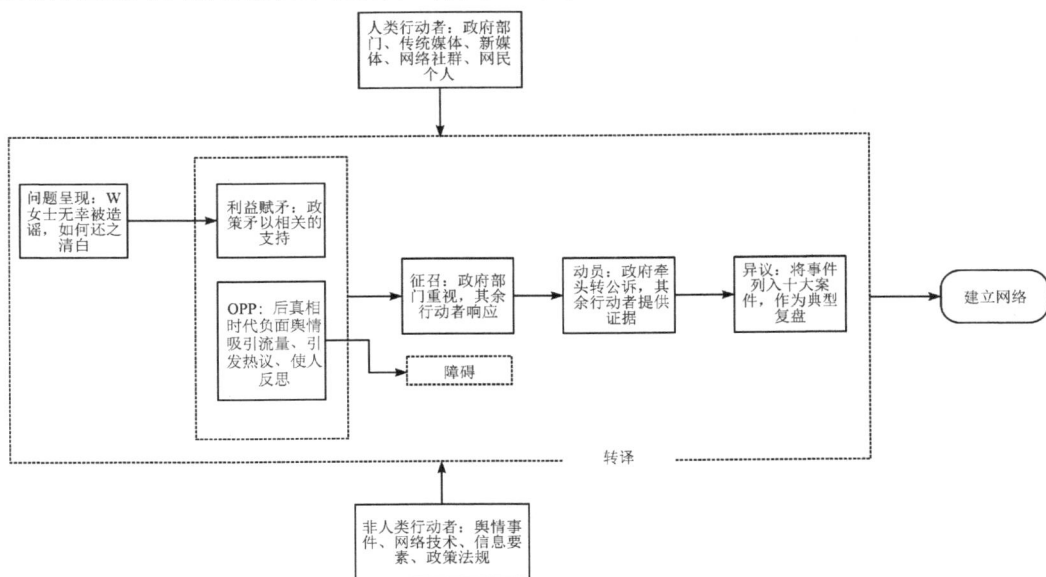

图6 模型一"女子取快递遭诽谤"案例行动者网络模型

模型二(见图7),即舆情导控过程模型,是根据我国实际情况,针对"后真相时代"舆情导控相关问题建立的模型,具有一定的普适性及参考性。模型以突发事件为起点,经过外部、内部刺激后形成不同规模的舆情,并传输至核心行动者。以核心行动者为中心,可联合其他行动者对突发事件形成关注,可对舆情的严重程度进行控制,亦可要求主流媒介等对舆情进行一定程度上的管控和引导,最终达到平息事件的目的。

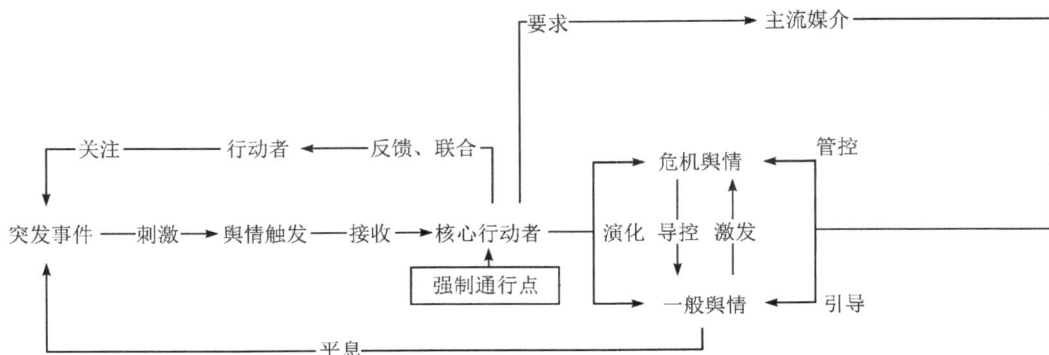

图7 模型二 舆情导控过程模型

模型三(见图 8)，即舆情导控具体行动者模型，对"女子取快递遭诽谤"案例行动者网络模型、舆情导控过程模型的内容进一步提炼，通过划分人类、非人类行动者，从具体行动者的视角出发，以政府部门为核心行动者，对人类、非人类行动者提供信息、监督、引导等，并分析了主体的关键特质，形成了主体改进的相关建议，以期达到舆情快速导控的目标。

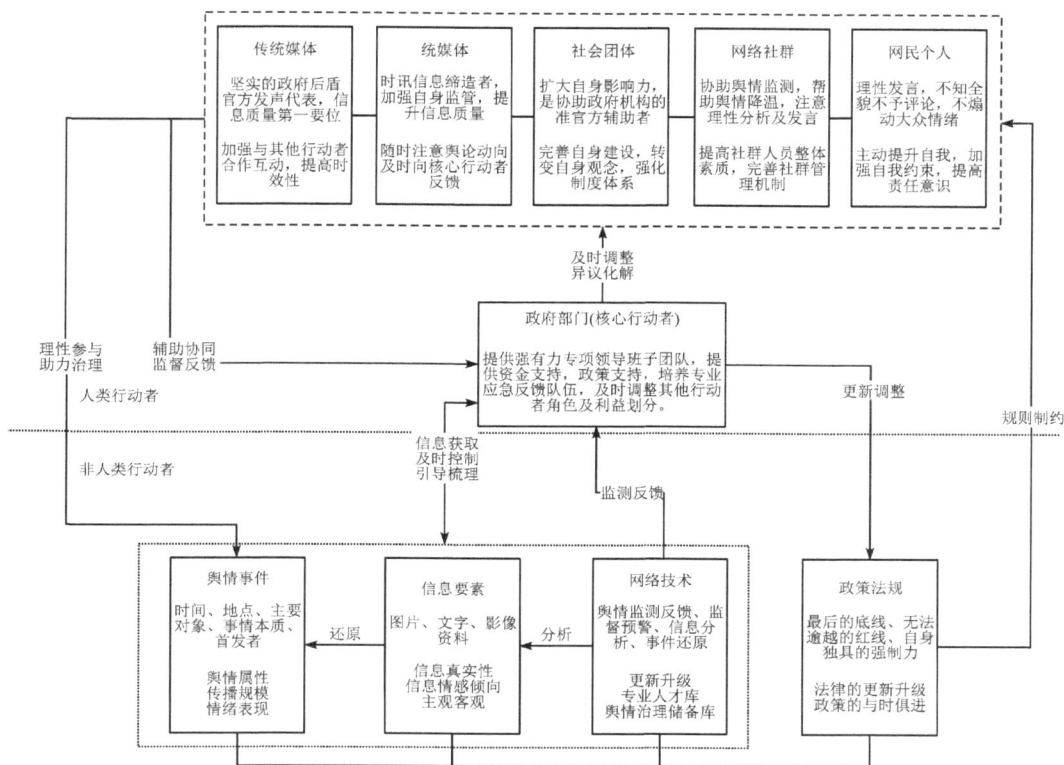

图 8 模型三 舆情导控具体行动者模型

(三)对策建议

1. 共识解构与权力重组

在后真相时代，每当公众找不到获取真相的出口、出现共识的缺失、产生不安的情绪时，就会产生舆情"动荡"，而当"催化剂"出现时，就会更进一步促使公众不安情绪的膨胀，使得社会中充斥着不理性的言论及思潮。后真相的出现实质上就是后现代社会所形成的民众与权力阶层之间的共识缺失、双方原本牢固的契约关系解构的具体体现。但实际上，"后真相时代"也是一种信号，它标示着"真相"不再被单一个体所把控，不再有绝对权威、唯一、标准的答案，所有的"真相"都将呈开放、动态的趋势。

后真相时代的信息早已不是当初的传统信息时代的单向输出，而是更复杂、更多维的相互反射。政府不再是信息的垄断者，其他的行动者也不再只单纯接收信息。行动者们既等待着政府的发布，又积极地参与信息的传播与转译。传统媒体日渐式微，新媒体则日渐强大。有别于传统媒体的"高不可攀"，新媒体这样的"小部落""草台班子"更适合群众的参与。网民们更倾向于"情绪"的表达,"理中客"则变成了大家嘲讽的对象。就像本案例中所描述的,社会团体、网络社群以及网民个人都在积极关注及推进着 W 女士的维权之路,而且越来越多的社会力量参与进了原本属于政府或官方的行动中,虽然期间几经波折,但是最终还是得到了较为圆满的结果。

我们要认识到在后真相时代,政府及官方媒体公信度在慢慢降低,这其实就是权力的逐步弱化,与之相对的,更多的权力下放到了其他行动者手中,使得原本只能被动接纳信息的行动者拥有了更多的话语权。因此,在后真相时代将出现新的权力格局,而这一格局将为真正的平等对话提供可能性。

2. 统筹协调与多元共治

(1)政府:事前、事中、事后全流程预警监控及查证纠偏。

网络舆情的发展大致可分为四个阶段,即萌芽阶段、发展阶段、爆发阶段、终结阶段。政府部门可以根据四个阶段的不同特性分别采取不同的措施。

首先,在萌芽阶段需要重视舆情的监测预警。由于目前监测预警技术薄弱,分析反馈技术低效,导致几乎不可能把舆情,尤其是负面舆情控制在萌芽阶段,这就需要进一步更新体制、升级技术。其次,在发展阶段需要重视舆情的分析预测。舆情在发展阶段需要政府相关部门的全程监测,对传播的信息进行实时的分析及反馈,及时做出应对策略的调整,同时预测舆情的后期走向,提前做好准备。再次,在爆发阶段要重视舆情的查证纠偏。一旦舆情事件彻底爆发开,这时候就需要政府部门及时收集多方信息,在最短的时间内查证出事实的真相,纠正偏离的事实,以官方的身份引导舆情的走向。最后,在终结阶段要重视的是舆情的总结反思。进入终结阶段,一切都将尘埃落定,但是政府的工作远远没有结束。从头到尾审视舆情的发展过程,及时寻找不足形成舆情分析总结,为下次的舆情治理工作打好基础。

(2)民众:提高全民媒体素养,改变刻板印象,重视理性思维。

在后真相时代,人民群众不再单纯是信息的接收者,而是传播者与转译者。随着互联网及5G 技术的发展,每个人随时随地都可以通过通信工具对信息进行获取、编辑、分享、传播、评价。在这样的大环境下,媒体素养的提高,除了加强人民群众的法制意识外,很重要的两点就是改变刻板印象和重视理性思维。

刻板印象会导致民众在看待信息时,带着固有偏见,而这种偏见很可能偏离事实。就像本案例中的 W 女士,因为其日常穿着时尚,配上郎某编造的"富婆""已婚少妇"人设,在没有看内容时,许多人就已经将其与"桃色信息"画上了等号,为 W 女士扣上了帽子。所以在后真相时代,我们一定要注意跳脱出刻板印象。

另外,要重视理性思维。在后真相时代,获取的信息很容易是片面的,这时候就需要具备理性的思维,多问问自己"事实真是如此吗?"需重视信息的来源,学会通过理性思维从庞杂的信息中获取真实。

(3)媒体:坚守真相,做好质量及时效的平衡。

网络舆情治理最重要的是要客观表达事实真相,真实性乃信息的生命力所在。信息要根据事实来描写事实,而不是根据所谓的热度和流量来捏造真相。但是,令人惋惜的是,在当前互联网快速发展的时代,在各类媒体竞争日趋激烈的时代,更多人追求的是"时效""市场""独家新闻",从而放弃了事实真相。在这个过程中,不仅连以往人们获得真相来源的新闻都失去了真实性,还给各类虚假信息提供了滋长泛滥的沃土。

　　这就要求新闻传播行业要完善相关制度，建立相应的奖惩激励规范。对那些只顾追求时效而致使报道失实、负面影响严重的媒体进行严重惩罚，不能以道歉或者罚款了事，形成威慑。同时嘉奖能够全面、真实、客观反映新闻事实的优秀媒体，形成竞争机制，推动网络舆情治理。

　　各类媒体从业人员以及信息传递人员也要坚持"真实是主客观的统一"的原则，遵守行业规则，在全面准确地反映客观事实的基础上追求时效，而不是凭个人主观情感或者利益驱动去制造新闻，博人眼球。

　　(4)社会：重视优秀媒体人，培养专业的舆情导向人。

　　根据沉默的螺旋效应，无论是社会传播还是网络舆论传播，都会有少数服从多数、少数认同多数的现象存在。在后真相时代，官方媒体、明星名人、行业专家、网络大 V 等都有名人效应，官方媒体、行业专家有自身的权威性，明星名人、网络大 V 自带流量，在人人都能发声的时代，这些自带名人效应的传播主体所发声产生的影响力是远远大于常人的，"网络领袖"在公众难以了解事件全貌时，可以发挥其优势，给予广大网民理性的引导和有逻辑的分析。

　　但由于这些"网络领袖"都是自由形成的，没有规范化、组织化、制度化的管理，因此，可以从政府角度出发，培育一些较权威的"网络领袖"，对这一类"网络领袖"进行媒体素养及其他相关内容的培训，对表现好的予以奖励，同时形成规范化的制度，加强对相关知名网络大 V 的监督管理，引导网络舆情走向，进一步规范网络舆情表达主体行为，使其为网络舆情传播的导控贡献出自己的一分力量。

"网络舆情事件的应对与治理"案例课件

参考文献

[1] 黄杨森,王义保.全球风险社会:治理观照与中国方案[J].中国软科学,2020(8):10-19.

[2] 范如国."全球风险社会"治理:复杂性范式与中国参与[J].中国社会科学,2017(2):65-83,206.

[3] MRNER N A. Natural hazards:natural, man-made and imagined disasters[C]. Natural Hazards Congress,2018,7:26-27.

[4] 史培军,吕丽莉,汪明,等.灾害系统:灾害群、灾害链、灾害遭遇[J].自然灾害学报,2014,23(6):1-12.

[5] GIANLUCA P, DAVID A. Understanding compound, interconnected, interacting, and cascading risks:a holistic framework[J]. Risk Analysis,2018,38(11):2245-2257.

[6] 文宏.基于整体性治理理论的灾害风险治理体系优化[J].西北师范大学学报:社会科学版,2015(4):111-115.

[7] 郭雪松,赵慧增.构建城市风险适应性治理体系[EB/OL].(2019-05-08)[2022-03-12]. http://ex.cssn.cn/zx/bwyc/201905/t20190508_4875479.shtml.

[8] 宋蕾.气候政策创新的演变:气候减缓、适应和可持续发展的包容性发展路径[J].社会科学,2018(3):29-40.

[9] CHABANE MAZRI. Defining emerging risks[J]. Risks Analysis,2017,37(11):2053-2065.

[10] Brocal F, González C, Sebastián M. A. Technique to identify and characterize new and emerging risks:A new tool for application in manufacturing processes[J]. Safety Science,2018,109:144-156.

[11] 张海波.探索危机管理之道:兼评吕孝礼助理教授新著《管理危机不确定性》[J].公共管理评论,2017(3):118-126.

[12] 强月新,余建清.风险沟通:研究谱系与模型重构[J].武汉大学学报(人文科学版),2008(4):501-505.

[13] LAM N N, REAMS M, LI K, et al. Measuring community resilience to coastal hazards along the northern gulf of Mexico[J]. Natural Hazards Review, 2016, 17(1):04015013.

[14] 朱正威,刘莹莹.韧性治理:风险与应急管理的新路径[J].行政论坛,2020,27(5):81-87.

[15] 王磊,王青芸.韧性治理:后疫情时代重大公共卫生事件的常态化治理路径[J].河海大学学报(哲学社会科学版),2020,22(6):75-82,111-112.

[16] 姚引良,刘波,汪应洛.地方政府网络治理与和谐社会构建的理论探讨[J].中国行政管理,2009(11):91-94.

[17] 钟开斌.中国应急管理体制的演化轨迹:一个分析框架[J].新疆师范大学学报(哲学社会科学版),2020,41(6):73-89,2.

[18] 卢文刚,黎舒菡.中美省、州级政府间应急管理协作比较研究:以"泛珠三角"和 EMAC 为例[J].北京行政学院学报,2015(5):28-35.

[19] 张海波.应急管理中的跨区域协同[J].南京大学学报(哲学·人文科学·社会科学),2021,58(1):102-110,161.

[20] 郭雪松,朱正威.跨域危机整体性治理中的组织协调问题研究:基于组织间网络视角[J].公共管理学报,2011,8(4):50-60,124-125.

[21] 郑功成.灾害经济学[M].北京:商务印书馆,2010:47-87.

[22] 伍麟,张璇.风险感知研究中的心理测量范式[J].南京师大学报(社会科学版),2012(2):95-102.

[23] THOMPSON M,ELLIS R,WILDAVSKY A. Cultural theory[M]. Routledge,2018.

[24] 华智亚.风险沟通:概念、演进与原则[J].自然辩证法通讯,2017(3):97-103.

[25] SEEGER,MATTHEW W,BARBARA R,TIMOTHY L S. Crisis and emergency risk communication in health contexts:applying the CDC model to pandemic influenza[M]. Handbook of Risk and Crisis Communication. Routledge,2020:493-506.

[26] 孟博,刘茂,李清水,等. 风险感知理论模型及影响因子分析[J]. 中国安全科学学报,2010(10):61-68.

[27] COVELLO,VINCENT T,JERYL M. Risk analysis and risk management:an historical perspective[J]. Risk Analysis,1985,5(2):103-120.

[28] 伍麟,王磊.风险缘何被放大?国外"风险的社会放大"理论与实证研究新进展[J].学术交流,2013(1):141-146.

[29] 蒋晓丽,邹霞.新媒体:社会风险放大的新型场域:基于技术与文化的视角[J].上海行政学院学报,2015,16(3):88-95.

[30] 高山,李维民,凌双.社会资本对风险的社会放大的阻抑作用研究[J].中南大学学报(社会科学版),2019,25(1):147-153.

[31] 黄仕靖,陈国华,袁勤俭.突发事件社会风险放大的信息作用机制研究[J].图书与情报,2021(2):54-66.

[32] 董幼鸿.系统脆弱性理论视阈下重大事故的生成机理探讨及运用:以 25 起特别重大事故为例[J].甘肃行政学院学报,2018(1):15-32.

[33] 申红艳,侯元元,付宏,等.政府主导的区域战略性新兴产业风险评估方法研究:基于产业竞争情报视角[J].情报杂志,2016,35(6):109-114.

[34] 王光辉,王雅琦.基于风险矩阵的中国城市韧性评价:以 284 个城市为例[J].贵州社会科学,2021(1):126-134.

[35] 刘洋,樊治平,尤天慧,等.基于故障树分析的堰塞湖溃坝概率估计方法[J].运筹与管理,2017,26(7):138-146.

[36] 蔡文飞,王汉斌.基于层次分析:模糊综合评价的煤矿应急管理风险评价[J].科技管理研究,2013,33(16):30-33.

[37] 张海波.中国总体国家安全观下的安全治理与应急管理[J].中国行政管理,2016(4):126-132.

[38] 童星.中国应急管理的演化历程与当前趋势[J].公共管理与政策评论,2018,7(6):11-20.

[39] 刘霞,向良云.公共危机治理[M].上海:上海交通大学出版社,2011.

[40] 滕五晓,夏剑霙.基于危机管理模式的政府应急管理体制研究[J].北京行政学院学报,2010(2):5.

[41] 希斯.危机管理[M].王成,宋炳辉,金谈,译.北京:中信出版社,2001.

[42] 周玲,彭宗超,薛文军.国外公共部门应急管理培训体系的初步比较[J].中国行政管理,2010,(3):84-88,112.

[43] 朱正威,蔡李,段栋栋.基于"脆弱性-能力"综合视角的公共安全评价框架:形成与范式[J].中国行政管理,2011(8):101-106.

[44] 朱正威,王玮,郭雪松,等.区域公共安全动态评价及关键变量甄别:基于"脆弱性-能力"的视角[J].公共行政评论,2012,5(6):97-117,171-172.

[45] 夏书章.行政管理学[M].4版.广州:中山大学出版社,2008.

[46] 张成福.公共危机管理:全面整合的模式与中国的战略选择[J].中国行政管理,2003(7):6-11.

[47] 钟开斌.国家应急管理体系:框架构建、演进历程与完善策略[J].改革,2020(6):5-18.

[48] 游志斌.美国第三代全国突发事件管理系统的变革重点:统一行动[J].中国行政管理,2019,000(02):135-139.

[49] 钟开斌.螺旋式上升:"国家应急管理体系"概念的演变与发展[J].中国行政管理,2021(5):122-129.

[50] 姜长云,姜惠宸.新冠肺炎疫情防控对国家应急管理体系和能力的检视[J].管理世界,2020,36(8):8-18,31+19.

[51] 张海波,尹铭磊.应急响应中的突生组织网络:"鲁甸地震"案例研究[J].公共管理学报,2016,13(2):84-96,156-157.

[52] 竺乾威.从新公共管理到整体性治理[J].中国行政管理,2008(10):52-58.

[53] 马亮.公共网络绩效研究综述:组织间网络的视角[J].甘肃行政学院学报,2009(6):46-54,126.

[54] AALST W,HEE K.工作流管理:模型、方法和系统[M].北京:清华大学出版社,2004.

[55] 高小平.中国特色应急管理体系建设的成就和发展[J].中国行政管理,2008,(3):8-11.

[56] 周利敏.复合型减灾:结构式与非结构式困境的破解[J].思想战线,2013,(6):76-82.

[57] 贺东航,孔繁斌.公共政策执行的中国经验[J].中国社会科学,2011(5):61-79,220-221.

[58] 郎玫,郑松.政策弹性、执行能力与互动效率:地方政府政策执行绩效损失生成机制研究[J].行政论坛,2020,27(3):113-120.

[59] 薛澜.转型期中国面临的挑战:公共危机管理[J].信息化建设,2004(11):15-17.

[60] 闪淳昌,周玲,钟开斌.对我国应急管理机制建设的总体思考[J].国家行政学院学报,2011(1):8-12,21.

[61] 袁红,李佳.行动者网络理论视域下社会热点事件网络舆情治理策略研究[J].情报资料工作,2021,42(6):31-44.

[62] 王琪.网络社群:特征、构成要素及类型[J].前沿,2011(1):166-169.